教育部人文社会科学研究规划基金项目
"民国时期我国中小学教员资格检定制度研究（1912—1949）"（14YJA880059）

近代中国中小学教员资格检定制度研究

申卫革　申海涛　著

江苏大学出版社
JIANGSU UNIVERSITY PRESS
镇江

图书在版编目(CIP)数据

近代中国中小学教员资格检定制度研究 / 申卫革,
申海涛著. — 镇江：江苏大学出版社，2018.12
ISBN 978-7-5684-1070-0

Ⅰ.①近… Ⅱ.①申… ②申… Ⅲ.①中小学－教师
－资格认证－制度－研究 Ⅳ.①G635.11

中国版本图书馆 CIP 数据核字(2018)第 302199 号

近代中国中小学教员资格检定制度研究

著　　者/申卫革　申海涛
责任编辑/米小鸽
出版发行/江苏大学出版社
地　　址/江苏省镇江市梦溪园巷 30 号(邮编：212003)
电　　话/0511-84446464(传真)
网　　址/http://press.ujs.edu.cn
排　　版/镇江市江东印刷有限责任公司
印　　刷/虎彩印艺股份有限公司
开　　本/718 mm×1 000mm　1/16
印　　张/13
字　　数/233 千字
版　　次/2018 年 12 月第 1 版　2018 年 12 月第 1 次印刷
书　　号/ISBN 978-7-5684-1070-0
定　　价/58.00 元

如有印装质量问题请与本社营销部联系(电话:0511-84440882)

目　录

第三章　基于中小学教员资格检定的近代师范教育研究

第四章　近代中小学教员资格检定的实施情况（一）
——清末和北洋政府时期（1909—1927 年）

第五章　近代中小学教员资格检定的实施情况（二）
——南京国民政府时期（1927—1949 年）

结语　近代中国中小学教员资格检定制度的启示

导　言

中小学教员资格检定制度是中小学教师任职资格认定制度的另一种提法，中小学教师任职资格的认定即通过对教师学历、知识、职业实践、任教能力、职业道德等方面的检定，颁发相应层级的教师资格证明。清末和民国时期的中小学教员资格检定制度奠定了中国近代教师资格认定制度的基础。本研究中的中小学教员包括小学教员、初级中学教员、高级中学教员，研究时间范围包括清末至民国时期，重点研究民国时期中小学教员资格检定制度和实施情况。

一、研究价值

（一）理论价值

近代中国中小学教员检定制度是我国教师资格认定制度发展的历史基础，对今天我国教师资格认定制度的发展和完善具有重要启示，教师资格认定是一定历史时期教育发展水平的反映，本书可为研究近代中国师范教育发展状况提供重要视角。教师资格认定制度是教师管理制度的重要内容，从既往对相关问题研究的梳理，发现对近代中小学教员资格检定制度的系统研究缺乏，大部分相关文献仅在教育史的研究中对这一制度稍有提及。本研究通过对制度文献的分析和具体实施的梳理为对这一问题的系统研究提供基础。

我国教师资格认定制度的历史研究是一个薄弱领域，本研究通过对清末和民国时期中小学教员资格检定制度和一些地区具体实践的研究，从理论上丰富这一研究领域。

（二）实际应用价值

近些年来我国教师资格认定制度的相关政策不断变化，从宏观上看这是社会对师资从数量满足到质量内涵发展要求变化的结果，从微观上看也是教师职业专业水平不断提升的反映。教师资格认定制度是一定时期教师职业的专业化水平发展的历史体现，也是推动教师专业化发展的政策动力。任何政策的发展都有一个历史的基础，我国教师资格认定制度的发展不仅受到国际教师专业化潮流的影响，更要观照基于本土的历史基础，对近代教师资格检定制度的研究可以为解决当下教师资格认定制度改革中的问题提供思路和启示。

二、近代中国中小学教员资格检定制度的研究现状

（一）近代中国中小学教员资格检定制度的历史文献

对近代中国中小学教员检定制度研究的直接文献是清末以来不同历史时期政府发布的相关制度文本，具体包括有关中小学法令法规中对"职员"的相关规定，以及关于中小学教员资格检定的制度文献。1909 年 12 月 31 日清政府发布的《学部奏遵拟检定小学教员及优待小学教员章程折》，其中《检定小学教员章程》规定了小学教员检定的检定组织及其成员资格、检定资格、检定内容及检定方式等，这是近代以来最早的关于教员检定的文件，为后来的教员资格检定制度奠定了基础。1912 年 9 月 28 日中华民国教育部公布《小学校令》和《中学校令》，《小学校令》中第六章"职员"一章对小学教员的认定资格做了规定，这是民国时期较早对教员做出任职资格检定要求的文件。1934 年 5 月 21 日民国教育部公布《中校及师范学校教员检定暂行规程》，规定中校及师范学校教员，由各省市教育行政机关组织中学及师范学校教员检定委员会，依照本规程检定之。该规程是比较系统的对初级中学、高级中学、师范学校的教员做出检定要求的文件，其中检定分为无试验检定与试验检定两种。无试验检定由检定委员会审查其各项证明文件决定之。试验检定，即除审查其各项证明文件外，并加以试验。试验检定至少每三年举行一次，无试验检定每学期开始前举行。同时该规程对资格检定要考试的科目、检定需要的具体条件、资格证的有效时限等做了详细规定。与此同时下发的还有《小学教员检定暂行规程》，对小学教员的检定条件做出了详细规定。负责教员检定的组织的构成也是影响检定制度的重要方面，1934 年 5 月 21 日民国教育部发布《中学及师范学校教员检定委员会组织规程》，对组织机构、组织成员要求及待遇都做出了规定。

在前面制度基础上，中华民国政府在 1944 年又两次发文对中学教员检定做出了规定，体现在《中学及师范学校教员检定办法》（1944 年）中，1946 年行政院和教育部又联合颁布了《国民学校教员检定办法》（1946 年），对中小学教员检定的标准、方法和过程做了更详细的规定。

（二）对近代中国中小学教员资格检定制度的研究

1. 近代学者对近代中小学教员资格制度的研究

民国初年，小学教师需求增大。庄禹在《小学教育现状论》中提出："民国成立，国事尚在争执之秋，独小学教育骤见发达，有一校学生数倍于原数者。南北各省，大都如是，此又我国年来之佳气象也。记者欣喜之余，敢进一言，曰今日小学之教育不患不发达，实患无发达之能力，又患无发达之人才。"① 不仅如此，当时小学教师待遇较差，导致这有限的师资队伍也极不稳定，"揆其致弊之由，不外乎社会事业轻视小学，社会用人轻视小学教员之故……抑吾更有进者，置身教育界，即当以教育为业务，任事之苦，岁俸之薄，教育界势所必然，小学尤甚"②。

虞箴在《小学教育之紧要问题》一文中，论及改良教育内容亦非常重要之急务，提出："教员之良否，关系于教育之成绩者最大。故简选教员，实为改良教育内容之第一要务。我国现今学校教员，无真实之资格而滥竽其间者，良非少数，虽有小学教员试验之举，而当事者恒视为具文，大抵敷衍了事而已。又学校欲得优良之教员，其俸给亦不得不稍稍从丰，今各县市乡之办学经费，类多支绌，故不良教员之滥竽，自所不免，欲免此弊，又非国家略与补助不为功矣。"③

李廷翰在《危哉！小学教育之前途》中阐述了小学教育最大的危机是小学教师待遇差导致的师资水平低且长久做教师的人也不多，文中提到一位小学教师因读错别字被辞退，学校又招来一位教师，但还没授课就被待遇更优的职位吸引而离开，这样学校就无人授课了。"故乡父老告我时，颇有忧色。余窃窃思，学校待遇教师，如此其枯薄，安能良好之人才。其召之即来者，非不健全即读别字或他处不能得事之人耳。此亦小学教育危机之显证也。"④

戴克敦在《论检定教员》中指出，学堂数逐渐增多，但是师范学校毕业生每年不过四五百人，期间还有很多退学不能毕业的，因此师范学校培养教员的途径不能满足当时日益增长的师资需求。教员检定制度是一个弥补师资不足的补救制度。"人不必进入学堂而亦能适于教员之资格。其合于初等小学教员之试验者则以之充初等小学教员，其合于高等小学教员之试验者则以之充高等小学教员……"⑤ 文中对主试之资格、主试之区域、主试之时期等

① 李桂林，等：《中国近代教育史资料汇编·普通教育》，上海教育出版社，2007 年，第 800 页。
② 李桂林，等：《中国近代教育史资料汇编·普通教育》，上海教育出版社，2007 年，第 802 页。
③ 李桂林，等：《中国近代教育史资料汇编·普通教育》，上海教育出版社，2007 年，第 806 页。
④ 李桂林，等：《中国近代教育史资料汇编·普通教育》，上海教育出版社，2007 年，第 810 页。
⑤ 戴克敦：《论检定教员》，《教育杂志》，1911 年第 3 卷第 1 期，第 12 - 20 页。

都做了论说。

很多学者对实行小学教员检定的合理性做了讨论。小学教员检定的初衷是为教育前途计，提高小学教员的学术水平，增强其服务兴趣，提高其教育效能。从整体而言，这项政策的执行是大势所趋，不少学者对此表示了认可。沈显芝在《从小学教员资格统计想到小学教员试验检定的需要》一文中从地方师资角度，关注到由于（无锡）很多县的本县师资不足，所以外地师资和不合格教师尚有生存空间。随着本地师范的发展，不合格教员终将被排挤淘汰，教员检定对教育部门和教员都很有意义。[①] 张世枃在《论检定小学教员之必要》中针对任人唯亲不唯贤的现状，指出了三大必要：淘汰不称职的教员，肃清教风不正之风；以考试代替科举，可选拔人才，专心教育；使素有名望之人亦能用心于小学教育。[②]

顾倬在《检定小学教员管见》一文中肯定了检定制度的合理意义，从整体上诠释规程。他也指出在各地推行检定制度之前要做一定的调查，特别关注以下内容：本地国立或省立师范毕业生人数及成员；本地公私立中学专门学校毕业生人数及成员；非学校毕业教员的成绩；当地对小学教员的公议；学校数目及所需男女教员数。调查的关键是要实际调整，不能搞形式主义。在实施检定时要做到确定额数及应急办法，笔试宜宽，口试宜密，注重教学方法的考察。[③]

由于现实条件的限制，小学教员检定的条件和具体实施存在很多问题，因此不少学者对小学教员检定存在的问题提出质疑。首先集中在关于教员检定规程的讨论上。从规程本身而言，学者的关注主要是以下几方面：免检资格、检定员资格，以及重受检定的必要性、检定内容、检定实施的现实困难等。

对规程第十四条关于免检资格的内容，较多学者提出了质疑。规程指出如下四类予以免检：① 毕业于中学并从事教职一年以上；② 毕业于甲中实业学校并积有研究者；③ 毕业于专门学校确适于某科目之职者；④ 曾任小学教员三年以上，且被地方最高行政长官确认有成绩者。宋敷五[④]、贾丰

① 沈显芝：《从小学教员资格统计想到小学教员试验检定的需要》，《无锡教育周刊》，1931 年第 157 期，第 15－17 页。
② 张世枃：《论检定小学教员之必要》，《教育周报》，1913 年第 8 期，第 4－8 页。
③ 顾倬：《检定小学教员管见》，《教育杂志》，1917 年第 9 卷第 10 期，第 173－185 页。
④ 宋敷五：《言论一：检定小学教员规程第十四条之质疑》，《教育杂志》，1917 年第 3 卷第 5 期。

臻①、成仁②等学者都对第一条、第四条提出了疑问。第一条的问题在于：① 非师范生从教是浪费资源。② 非师范生与师范生培养旨趣迥异。③ 非师范生从教挤占师范生教职。④ 师范生不被重视，具体表现为：重中学而不重师范；非师范中学毕业生也可谋教职。第四条的问题在于界限模糊，仅将学生报告作为成绩的确认，没有确切标准，易有徇私舞弊之风，因此建议有教育经验者通过听课来检定教员教学情况并判断其是否有免检资格。此外，师范未毕业生是否应参加检定也是一个问题。

戴克敦等学者对检定小学教员的具体办法及负责检定的相关人员（省视员）资格提出疑问。成仁在《对于检定小学教员之希望》中针对检定规程中关于"有三年小学教学经验经地方最高行政长官确认确有成绩者可以受无试验检定"的规定提出质疑，认为缺乏明确认证标准，仅凭视学员的判断容易导致"徇情滥保"。③ 顾倬在《检定小学教员管见》一文中对小学教员检定规程做了诠释并且提出了意见，作者在与日本教员检定制度做比较的基础上，认为教员检定办法应考虑地方教育发展情况、地方教育对师资需求等实际情况，最后作者还提出建议：立法宜宽，为期宜短。立法宽则及格者多，今日小学教育，不至有骤形缺乏师资之恐，以避免发生师资缺乏的情况，为期短则容易推陈出新，已受检定者时有戒心，未受检定者亦易于自奋。④ 戴克敦对检定内容、检定办法提出了质疑，特别是对清末遗留下的影响提出批评，对负责检定的人员资质提出质疑，认为一方面负责检定资格的考官人数过少，难以视察周到，另一方面相关检定人员自身能力有限，难以有效指导，部分人员名不正言不顺。对此，戴克敦提出了由专门人士充任检定委员，笔记试验需有教育学相关论文，加长其应检定期限等建议措施。⑤

晓初等在《来件：我对小学教员重受检定的意见》一文中从六方面阐述了小学教员五年期满强制重受检定是不必要的。⑥ 虽然重受检定不必要，但有学者指出检定应不定时，不定次。⑦ 对于小学教员检定内容，学者间的分歧较大。有学者指出对于宿儒而言，算术几何太难，宜从宽⑧；但也有学者

---

① 贾丰臻：《检定小学教员疑问》，《教育杂志》，1917 年第 9 卷第 12 期，第 205 - 210 页。
② 成仁：《对于检定小学教员之希望》，《教育周报》，1916 年第 142 期，第 31 页。
③ 成仁：《对于检定小学教员之希望》，《教育周报》，1916 年第 142 期，第 31 页。
④ 顾倬：《检定小学教员管见》，《教育杂志》，1917 年第 9 卷第 10 期，第 173 - 185 页。
⑤ 戴克敦：《小学教员优待及检定法》，《教育杂志》，1912 年第 4 卷第 5 期，第 97 - 105 页。
⑥ 晓初：《来件：我对小学教员重受检定的意见》，《思益附刊》，1923 年第 54 期，第 1 页。
⑦ 乐：《时评：检定小学教员感言》，《思益附刊》，1923 年第 54 期，第 2 页。
⑧ 顾倬：《检定小学教员管见》，《教育杂志》，1917 年第 9 卷第 10 期，第 173 - 185 页。

指出检定内容为四书五经，不合时宜①。

对于检定实施困难的讨论很多。从社会风气来说，有学者指出当时存有厚前清师范毕业生而薄民间讲习科毕业生的现象。② 从整体出发，顾倬③指出当时检定实施过程中还存在如下问题：① 鉴定制度不完善；② 因讲习科（速成班）人数比重大，其是否需检定存疑；③ 检定的面试、口试，理论可行而实操难行；④ 保证人制度，以校长、教员为保证人不妥；⑤ 规定可缓行地区，亦当严格设置，不可轻易缓行；⑥ 检定时间间隔宜缩短，加强考核。从教员检定的背景和现实情况分析，戴克敦指出小学教员享有的优待有赏赐顶戴、尊崇其父母，以及给予其金钱，前两者迂腐而不合时宜，后者则是徒有其名。对此他建议：加薪使其不愿放弃其职；提供免费住宅；予以恩俸；成立教员协会。④ 张鹤则从实施的可能性角度指出小学教员检定有四大困难：试验地点距离远，完成检定耗时过长，检定合格者难以获得相应职务，取缔不合格者存在困难。⑤ 诸多一线教员也表示这一制度带来了巨大压力。⑥

2. 当代学者对近代中小学教员资格制度的研究

中小学教员资格检定制度是中小学教员管理制度的一部分，既往研究近代中小学教员检定制度的文献大多渗透在教员任用和管理制度的研究中。

汪丞的《理想与现实——中国近代小学教师任用制度研究》（2009 年），对近代小学教师的任用、入职、在职、离职制度做了系统研究，其中在小学教师的任用和在职管理制度研究中，探讨了小学教师任职资格和资格检定制度，对民国时期教师任职资格的理想和现实做了客观分析，对不同类型教师资格检定及制度的落实情况做了研究。陈光春在《生成与失范——民国时期中学教师管理制度研究》（2016 年）中梳理了民国时期中学教师管理制度的内容，其中重点考察南京国民政府时期中学教师资格检定制度及实施情况，借助制度变迁理论研究了制度生成过程。霍东娇在其博士论文《中国百年师范教育制度变迁研究》（2018 年）中，从师范教育制度史的角度，对清末以来教师资格制度的历史沿革做了研究，分析了百年来教师资格制度的特点和实践路径。

---

① 戴克敦：《小学教员优待及检定法》，《教育杂志》，1912 年第 4 卷第 5 期，第 97 – 105 页。
② 贾丰臻：《检定小学教员疑问》，《教育杂志》，1917 年第 9 卷第 12 期，第 205 – 210 页。
③ 顾倬：《检定小学教员管见》，《教育杂志》，1917 年第 9 卷第 10 期，第 173 – 185 页。
④ 戴克敦：《小学教员优待及检定法》，《教育杂志》，1912 年第 4 卷第 5 期，第 97 – 105 页。
⑤ 张鹤：《余对于检定小学教员之反感》，《教育周报》，1918 年第 212 期，第 20 – 21 页。
⑥ 陶祀忱：《游戏文：检定小学教员序》，《余兴》，1916 年第 14 期，第 32 页。

对近代中国中小学教员检定制度的研究大多体现在相关史料中，在一些教育史、师范教育史中多有论及。崔运武在《中国师范教育史》（2006 年）中，对 1927 年到 1937 年实行的相关中小学教员检定制度做了研究，将教员检定的基本精神概括为：重视已有的小学教学和教育行政经历；重视师范的专业知识，即教育学科的学习和成绩；重视受检定者的专门知识和实际教学能力，即分科的知识基础和口头表达能力、实际教学能力和教学组织能力；注重对小学教育确有研究和心得者。俞启定（2009 年）等对中国教师资格认定的历史做了考察，其中论及民国中小学教师资格认定，认为民国时期已经突出资格考试认定，对非师范学历人员认定有一定的教学经验。[①] 此外，还有几篇学位论文、期刊论文的主题或者部分内容涉及民国时期教师资格制度的相关研究，比如韦潇梅《江苏省小学教师考核制度研究》（2011 年），陈少国的《民国时期小学教师资格检定制度研究》（2009 年），刘岩的《民国时期中小学教师资格检定制度及其实施研究》（2011 年），范星的《民国时期山东小学教员检定研究》（2012 年），为我们研究地方中小学教员检定制度提供了思考。李进江（2012 年）对民国时期小学教师资格证制度进行了考察，对检定机构、检定内容、检定要求、检定有效期等问题做了研究[②]，林钧（2018 年）等对民国教师资格检定机构做了研究，分析了清末以来教师资格检定机构由非专业走向专业化的历程[③]，等等。

3. 对近代中国地区师范教育的研究

由于各地经济发展和教育发展的差异，民国时期各地教师质量参差不齐，对教师资格检定制度的落实情况也有很大差异。一些学者对民国时期某些地区的师范教育做了研究。王向文（2009 年）对民国时期湖南师范教育做了研究，其中对湖南教师管理制度做了分析，为进一步了解湖南教师资格证制度的历史实践提供了基础。张德忠（2013 年）对北京地区的师范教育做了研究，为了解北京地区的师资情况提供了资料。段彪瑞（2016 年）对民国时期（1912—1937 年）的山西师范教育做了研究，曹彦杰（2018 年）对民国时期乡村师范教育做了研究，等等。这些关于地方师范教育和乡村师范的研究文献为了解近代中国中小学教员培养情况提供了研究基础。

总之，对近代中小学教员资格检定制度的研究，近代学者主要集中在对

---

① 俞启定，杨瑾：《中国教师资格的历史考察》，《河北师范大学学报（教育科学版）》，2009 年第 7 期，第 65 - 70 页。

② 李进江：《民国时期小学教师资格制度的考察与启示》，《教师教育研究》，2012 年第 3 期，第 63 - 67 页。

③ 林钧，蔺艳娥：《近代中国教师检定机构专业性发展路径分析》，《教育评论》，2018 年第 6 期，第 111 - 114 页。

特定问题的研究，特别是从时代社会发展和教育发展的状况反思这一制度实施的局限性。当下学者对这一问题的研究主要体现在教育史或者师范教育史中，缺少对这一问题的系统研究和专门研究，更缺少从历史的视角和宏观师范教育的视角对教师资格检定制度生成、发展和改革的实践的研究。

三、研究目标、研究内容、拟突破的重点和难点

（一）研究目标

1. 探讨我国近代中小学教员检定制度出台的历史背景，研究中小学教员检定制度及其在不同地域的实施情况。教师资格认定制度与社会发展状况及教育发展水平有关，师资的需求和资质要求是社会对教育要求的反映，在战乱频繁的近代中国，教员资格检定制度有着生成的时代背景，也有动荡不安导致的制度失范的必然性。探讨民国时期中小学教员检定的制度背景特别是与当时师范教育发展状况的逻辑关联是本课题的研究目标之一。

2. 提炼我国近代中小学教员检定的内容和基本标准，为研究近代教师职业发展状况和师范教育提供视角。根据清末以来中小学教员检定的主要内容和基本标准，分析近代中小学教员资格管理制度及中小学教师职业发展的状况，探讨教师专业素养、教员资格检定与近代师范教育培养模式之间的关系。

3. 探讨近代中国对不同类型的教师资格申请者入职检定的差异。近代对不同类型的教师资格申请者检定方式不同，尤其对师范生和非师范生检定的过程明显不同，这既说明当时社会师资需求与师范院校办学规模之间的矛盾，也反映了当时政府在认定教师资格的过程中不拘一格，对有志从教的非师范生也开放渠道予以吸纳，这是师范教育发展过程中开放性的体现。这种认定形式、认定内容的不同，为我们今天教师资格认定制度改革特别是对探讨非师范生职前和职后培养模式提供了借鉴。

4. 梳理和探讨近代中国中小学教员检定的组织制度。通过梳理近代中小学教员检定的组织机构及成员资质，探讨教师资格认定过程中组织机构的职能及对整个认证过程规范性和高效性的制度保证；同时通过分析具体认证机构及组织成员的资质要求，也为研究近代中国中小学教师职业素养要求提供了视角。

5. 探讨近代中国中小学教员资格视角下师范教育发展状况，研究教师资格与师范教育的培养目标、课程设置及实施的逻辑关联。本课题旨在在系统研究近代中国中小学教员检定制度的基础上，探讨特定历史时期教师资格

认定制度与师范教育发展的逻辑关联，为我国当下教师资格认定制度改革提供思路。

（二）研究内容

1. 近代中小学教员资格检定的制度背景。近代中小学教员资格检定的制度背景包括当时教育发展对师资的需求、在校师资数量和质量、师范教育发展的状况、当时教师职业的社会地位及政府对教育的价值导向等。清末以来中小学教员资格检定制度生成在特定时代背景下。

2. 近代中小学教员资格检定内容。分析近代中小学教员资格检定的学历要求、知识基础、实践经验、专业能力等基本条件，对教员检定考试的资格、笔试和面试的主要科目予以研究，以此揭示中小学教员资格检定要求的知识结构及能力结构。中小学教员资格检定内容是本课题研究重点之一。

3. 近代中小学教员资格检定的主要形式和主要办法。检定形式包括对师范生和非师范生在内的不同类型的教师资格申请者检定的形式。通过对相关文献分析，对近代中小学教员资格检定的主要形式予以研究，不同的检定形式意味着对不同师资的不同要求，也体现了对不同教育背景的从教者检定过程的不同。近代中国中小学教员资格检定办法是师资管理制度的重要内容。

4. 近代中小学教员资格检定组织。伴随中小学教员资格检定制度的出台，政府成立了专门的中小学教员资格检定组织专职负责教员资格检定。相关制度对教员资格检定组织成员的资质和待遇有明确规定，这些规定是中小学教员资格检定规范性的重要制度保障，为我们思考当下我国教师资格认定制度改革过程中不同组织、不同参与主体的资质提供了借鉴。

5. 近代中小学教员检定制度的具体实践。通过对近代不同时期中小学教员资格检定制度实践的研究，探讨制度的执行情况及地区差异，为研究近代中小学教员资格检定制度提供较系统的史料，以此反思我国今天的教师资格认定制度的改革及相关实践。

6. 近代中小学教员资格检定视角下的师范教育。中小学教员资格依据于教师职业素养，教师职业素养是师范教育的基本依据，但是我国师范教育发展一度脱离教育实践中对教师资格的基本要求，从近代不同时期教师资格检定情况观照当时师范教育发展情况，通过对二者发展逻辑关联的研究，拟为当下的教师教育改革提供借鉴。

（三）拟突破的重点、难点

1. 拟突破的重点

近代不同时期中小学教员资格检定的基本内容和从业标准、检定的基本形式、组织制度是本课题的研究重点。民国时期中小学教员资格检定制度直接为我们研究近代教师管理制度及当时师范教育状况提供了依据，也为我们反思今天教师资格认定制度改革提供了思路。

2. 拟突破的难点

（1）从近代中国这一特定的历史角度梳理特定时期教师资格认定的理论与实践的关系。教育制度某种程度上是理论的派生物，清末至民国时期教师资格认定制度与当时的实践之间的适应性及实践对当时教师资格认定制度的表征性（执行情况），是本课题拟突破的难点。

（2）如何通过对历史的研究，提炼教师从业标准与教师资格认定的匹配关系，探索师范教育与教师资格认定制度的关系等系列问题，以此观照当下我国教师资格制度改革的实践，这是本课题的一个难点。

此外，与本研究直接相关的研究资料很少，因此难点在于如何从近代不同时期相关教育史志中挖掘有关中小学教员资格检定的资料，并根据相应资料，结合研究内容，获得有价值的研究成果。

四、研究方法

（一）文献分析法

清末以来颁布的关于中小学教员检定制度的文件和当时的教育史志以及相关内容的近代报刊是本课题的原始文献，也是本研究的首要文献。通过对近代主要是民国教育史资料和相关文献的分析，本课题拟对清末以来中小学教员资格检定制度做一系统梳理和研究。通过对近代中小学教员资格检定相关史料的分析，对当时中小学教员资格检定制度予以分析评价。通过对近代中国教员资格检定制度的理论和实践的分析，特别是对民国时期教师从业标准、从业过程、检定组织主体资质的研究，观照当下我国教师资格认定制度的问题，为今天教师资格认定制度改革提供可借鉴的思路。

（二）历史分析法

本研究运用历史分析法对近代不同时期我国中小学教员资格检定制度生成的背景、检定内容、组织机构和检定方法做系统研究，揭示近代不同时期这一制度发生、发展和实施的历史脉络。教师资格认定制度对教师素质的知能结构、任职学历、职业道德等规定既有从历史贯穿到今天的某些相似的要求，也体现了不同时期的时代特点。

五、研究的局限性

本书基于历史文献的分析，对近代中国中小学教员资格检定制度及其相关的师范教育实践做了研究。如同所有历史研究的局限一样，由于缺乏在场的实践研究，本书对制度和制度实践之间的生成与失范缺少有力的揭示和论证。近代中国教育制度受西方国家影响较大，在当时的历史条件下，制度在实践中的落实难免遇到本土化难题，本研究对这个问题的分析有待进一步深入。

第一章
近代中国中小学教员资格检定考察

本研究分别从清末和民国两个时期对近代中小学教员任职资格予以考察。对民国时期中小学教员检定资格的研究分为民国初期（1912—1927 年）和南京国民政府时期（1927—1949 年）两个阶段。

一、清末新政以来中小学教员资格检定的制度开端

自清末开始，随着新式学堂的萌芽与发展，教育开始了从传统向现代的转变，建立起一支合格的、符合时代要求的教师队伍，成为当时教育发展的当务之急。

（一）清末教育的发展

清末新政以来，各种类型的教育发展迅速。从 1903 年到 1909 年的七年间，全国各省学堂总数由 769 所增加到 52348 所，增长了 68 倍；从 1902 年到 1909 年的八年间，全国各省学生总数由 6943 人增加到 1560270 人，增长了 225 倍。[①] 这与清末实施的系列教育改革直接相关。清政府于 1901 年将书院一律改为府州学堂；1904 年，颁布《奏定学堂章程》；1905 年，废除科举制。这些重大措施政令的颁行，极大地推动了各级各类教育的发展，如表 1.1 所示。

表 1.1　1907—1909 年全国中、小学教育概况[②]

时间	初等教育		中学教育	
	各种学堂总数	各种学堂学生总数	中学堂数	中学生数
1907 年	34650 所	918586 人	419 所	31682 人

---

① 陈启天：《最近三十年中国教育史》，台北文星书店，1962 年，第 166 页。
② 董宝良：《中国教育史纲（近代之部）》，人民教育出版社，1990 年，第 269、271 页。

续表

时间	初等教育		中学教育	
	各种学堂总数	各种学堂学生总数	中学堂数	中学生数
1908 年	41379 所	1192721 人	440 所	36364 人
1909 年	51678 所	1532746 人	460 所	40468 人

　　1878 年，张焕纶创办上海正蒙书院（1882 年改为梅溪书院），是清末创设最早的新式小学堂。"初办时学生四十余人，分大中小三个班级，课程有国文、舆地、经史、时务、格致、数学、诗歌等。"① 1895 年，津海关道盛宣怀奏设天津西学学堂，是中国近代最早的新式中学。"学堂分头等和二等两级，各四年毕业。头等学堂相当于大学，二等学堂相当于中学。二等学堂可说是中国最早的新式公立中等学堂。二等学堂招收 13 岁至 15 岁学生入学，修习科目有：第一年，为英文初学浅言、英文功课书、英字拼法、朗诵书课、数学；第二年，为英文文法、英文字拼法、朗诵书课、英文尺牍、翻译英文、数学并量法启蒙；第三年，英文讲解文法、各国史鉴、地舆学、英文官商尺牍、翻译英文、代数学；第四年，各国史鉴、坡鲁伯斯第一年、格物书、英文尺牍、翻译英文、平面量地法。"② 1898 年，在戊戌维新运动中，光绪帝令各省府州县将书院一律改为学堂。这些新式学堂从管理到教育内容都受西方教育的影响，是近代学校教育的开端。

　　1904 年《奏定学堂章程》的颁布推动了小学教育的大发展。《奏定学堂章程》是中国近代第一个正式以教育法令的形式颁布并在全国实行的学制，从此结束了清末新式学堂无章可循的历史。因 1904 年为癸卯年，所以又称"癸卯学制"。学制共包括《学务纲要》《大学堂章程》《中学堂章程》《初等小学堂章程》等 22 件，规定了学制系统、学校管理法、教授法、学校设置办法等。其将普通教育在纵向上分为 3 段 7 级。"第一阶段是初等教育，内分 3 级：蒙养院 4 年，不在正式学制之内；初等小学堂 5 年；高等小学堂 4 年。第二阶段是中等教育，仅设立中学堂一级 4 年。第三阶段是高等教育，内分 3 级，即高等学堂或大学预科 3 年，分科大学 3 到 4 年，通儒院 5 年。"③《章程》规定，初等小学堂设于府州县各城镇，大县城至少设 3 所，小县城设 2 所，大镇 1 所；高等小学堂以州、县设立为原则；中学堂以府立

① 董宝良：《中国教育史纲（近代之部）》，人民教育出版社，1990 年，第 268 页。
② 董宝良：《中国教育史纲（近代之部）》，人民教育出版社，1990 年，第 269 页。
③ 金林祥：《中国教育通史（11）·清代卷（下）》，北京师范大学出版社，2013 年，第 297 页。

为原则，州县最好能设。以上三种等级学校均分官立、公立、私立三种类型。

清末新政以来，兴办新式教育成为各界共识。而《奏定学堂章程》成为新式学堂发展的指导性文件。紧接着，持续一千三百多年之久的科举制于1905年被废除，于是，书院改学堂开始在全国大规模铺开，新式教育由此得到了较大发展。比如，到1909年，山东的小学教育有了一定规模的发展，已有新式小学堂3803所，学生55019人（其中高等小学堂138所，学生4327人；两等小学堂129所，学生4518人；初等小学堂3536所，学生46174人）。此时，山东仅有初级师范15所，一年毕业的师范传习所44处，勉强担负着培养和训练小学教员的任务。① 早在1902年，湖北就成立了襄阳府中学堂（后改为简师）；同年，吴宝炬等人在武昌马家巷创办日新预备中学，为湖北民办中学之肇端。湖北省在清末共兴办中学堂21所，其中官立13所，公立6所，私立2所。②

（二）清末教员资格检定制度的开端

清末新政以来，特别是"壬寅学制""癸卯学制"的颁布和科举制度的废除，一改以往学校作为科举附庸的情况，开启了近代意义上以普及教育为旨归的国民教育。1904年《奏定初等小学堂章程》中提出："国民之智愚贤否，关国家之强弱盛衰；初等小学堂为教成全国人民之所，本应随地广设，使邑无不学之户，家无不学之童，始无负国民教育之实义。"1904年颁布的《奏定任用教员章程》对小学正、副教员资格做了初步规定：初等小学堂正教员，以曾入初级师范专列中等及得有毕业文凭者充选，暂时以师范传习生充选；副教员，以曾入初级师范得有修业文凭者充选，暂时以师范传习生充选。虽然在制度上对教员资格做了规定，但是当时师范教育处于萌芽阶段，其培养师资的数量和质量都无法满足小学堂的师资要求。

1909年清政府颁布了《检定小学教员章程》③，这是近代以来颁布的第一个关于教员检定的制度文件。章程规定由检定委员会负责教员检定事务，检定委员会的选拔"由督学局或提学使司遴择深通科学并谙教育理法之学务职员，及学望优著之专门教员，或初级以上师范完全科毕业生（初级师范完全科毕业生曾充教员已满三年者），或高等以上各学堂毕业生，派充检定员，

---

① 王坦：《山东考试通史》上卷，山东教育出版社，2011年，第339–340页。

② 董宝良：《中国教育史纲（近代之部）》，人民教育出版社，1990年，第270页。

③ 即《学部奏拟检定小学教员及优待小学教员章程折》（并单），1909年12月31日发布。

秉公考核"。① 可见，教员检定对清政府而言是教育工作中的一件重要事情，检定组织及其成员的资格体现了师范素养，这也是教员资格的基本条件。尽管当时这个检定机构的专业性还存在很大问题，但是作为一个专门负责检定教师资格的机构，仍然开启了近代教师检定组织专业化的第一步。章程还规定了教员检定的方式分为两种：无试验检定和试验检定。无试验检定由督学局暨各省提学使司随时举行。得受无试验检定者资格如下：

一毕业于中学堂，或中等以上各学堂，及与中学同等各学堂者；二毕业于各种学科专修科，期限在二年以上者；三在他省领有检定文凭认为合格者；四在外国师范学堂（即与本国初等师范学堂程度相当者），中学堂及与中学堂程度相当，或中学程度以上之学堂学习完全科目，确系毕业领有文凭者；五学有专长，具有普通学历，曾充官立高等小学教员一二年，确有经验，督学局或提学使司认许者。②

这个无试验检定资格的学历要求基本是中学堂及同等学历者，如果学历不达标，就需要教学经验补偿，教学经验必须由督学局或者提学使司认可。从第三条可以看出，当时各个省的教员检定文凭是全国通用的。

试验检定的资格要求如下：

一官立初级师范简易科毕业生，年限在二年以下者；二官立初级师范简易科年限在二年以上，毕业在下等者；三毕业于民立初级师范简易科者；四毕业于师范传习所讲习所者；五在外国学习师范简易科，及各种科学速成科毕业生，年限在两年以下者；六举贡生监中文理通达，及通晓各项科学，愿充小学教员者；七有受无试验检定准充初等小学教员之资格，而愿受高等小学教员检定者。

有试验检定资格要求从学历层次上比无试验检定降了一级，将科举制度下考取的"举贡生监"也纳入了小学教员资格检定资格之列，这是当时社会的教育制度和政治制度状况的反映，尽管科举制度当时已经废除，但是其余威尚存，对当时师资选拔有一定影响。在当时民众受教育程度普遍比较低的情况下，科举考试中胜出的人算是当时的知识阶层，这个群体无疑是师资来源的渠道之一。

从上述对无试验检定和有试验检定的资格要求看来，教员资格要求并不严格，但是相对于当时民众受教育水平及政府给予的受教育机会，能满足教

① 李桂林，等：《中国近代教育史资料汇编·普通教育》，上海教育出版社，2007 年，第 49 页。
② 李桂林，等：《中国近代教育史资料汇编·普通教育》，上海教育出版社，2007 年，第 49－50 页。

员检定要求的人数还是很有限的，有文献记录，宣统三年（1911 年）应考者 3 万余人，而合格者只六千人。①

清末对教员资格的后续管理在章程中也有明确规定。取得教员资格者，如果在后来的教学实践中不能履行教学职责，也有被辞退的风险，如果表现优秀确有成绩，可以获得永久文凭。"在堂教授如有不能尽职之处，或因事故致失教员资格者，令其辞退或撤销检定文凭；相反，如教授年满、成绩优著者，则给予教授年满实力尽职文凭，得此文凭无需再行检定。"②

清末中小学教员资格检定制度是近代中国教员资格检定制度的开端，民国中小学教员资格检定制度在不同的历史时期有某些调整，但是整个蓝本是建立在清末制度的基础上的。清末新政以来中小学教员检定形式、检定资格要求、资格证管理等相关制度为后续教员资格检定制度提供了范式。

二、民国初期中小学教员检定资格的制度分析（1912—1927 年）

（一）民国初期教员资格检定的背景

从 1911 年辛亥革命到 1919 年五四运动，是国内国际局势严重动荡的历史时期。国内推翻了两千多年的封建帝制，建立了中华民国，但是接着就是政权更迭、军阀混战，一些受西方影响的社会精英有志于通过教育救国，无奈时局动荡，尽管许多教育制度纷纷出台，但是实施起来举步维艰。

1912 年元月南京临时政府任命蔡元培为教育总长，开始改革旧制，颁布新规。首先发布《普通教育暂行办法通令》，其中改学堂为学校、男女同校、小学废止读经科、废止旧时奖励出身等项规定体现了对清朝旧制的革除，同时又对课程设置做了改革，废止"有碍民国精神及非各种学校应授之科目"（《教育部禁用前清各书通告各省电文》，《临时政府公报》，1912 年 3 月 8 日第 32 号）。蔡元培主导下的一系列教育革新措施，为新学制的建立提供了基础。1912 年 9 月 3 日，中华民国发布了第一个《学校系统令》，史称"壬子学制"。整个学制横向分为普通教育、师范教育、实业教育，纵向分为三等五段，整个学制系统总共十七到十八年。"壬子学制"颁布后到 1913 年，教育部陆续颁布了系列学校教育令，《小学校令》《中学校令》等系列规程皆是对"壬子学制"的修正或者补充，两个学制综合后成为一个统一的学制

① 戴克敦：《论检定教员》，《教育杂志》，1911 年第 3 卷第 1 期，第 12－20 页。
② 李桂林，等：《中国近代教育史资料汇编·普通教育》，上海教育出版社，2007 年，第 52 页。

"壬子—癸丑学制"，该学制对各级各类学校的修业年限、办学宗旨、课程设置、校务管理等各方面都做了系统规定，该学制一直推行到 1922 年新学制建立。"壬子—癸丑学制"规定小学学制为 7 年，其中初等小学校修业年限 4 年，为国家义务教育，义务教育的制度化是民国初年教育发展中的重要事务。几经讨论，1915 年教育部颁布《义务教育施行程序》，规定："吾国亦定初等小学四年为义务教育年限，但国民罕知义务，往往放弃其青年可贵之光阴。"① 1915 年开始，义务教育分两期在全国实施，同年 7 月教育部颁布了《国民学校令》，1916 年教育部又颁布了《义务教育实施细则令》，四年义务教育改为国民教育，特别突出"国民道德之基础及国民生活所必须之普通知识技能为本旨"。②

由于教育部大力推进，民国初年，全国初等义务教育获得显著发展。"据教育部调查，全国初等小学学生数，1912 年为 2398472 人，1913 年为 3040778 人，1914 年为 3461313 人，1915 年为 3700604 人。据此分析：全国初等小学学生数，1915 年比 1912 年增加 64.8%，其发展速度和增长率是很高的。"③ 有的省份，如山西、江苏等有更大幅度增加。随着广修新学，社会对小学教员的需求日增。

民初新学制促进了小学校的发展，对师资需求增加，师范教育日益被重视。很多人都看到教育发展必须要有师资。梁启超早在《论师范》中就提出培养本土师资的必要性。李超英在《中国师范教育论》中也强调师资对普及教育的重要性，他总结了民国初年师范教育发展的几个特点：师范教育的效果以实现"师不外求为成效"，"以全国人民识字日多为成效"；注重师范生的人格训练；重视师范生学历训练，延长师范学业年限；国家统制师范教育；职业学校师资训练；等等。④ 师范教育无意识地模仿日本导致了实施成效不够；当时小学教员均需正规师范学校（或教育总长指定之学校）毕业，或是经小学教员检定合格者。1912 年民国政府先后颁布了《师范教育令》和《师范学校规程》，1913 年教育部公布了《高等师范学校规程》，它们对师范学校的培养目标、办学宗旨、课程设置、师资要求、道德训育、教员资格要求等方面都做出了详细规定，这些文件是研究近代中国师范教育的重要文献。从师范教育实践方面，1897 年盛宣怀在上海设立的南洋公学师范院一直被视为中国

①　璩鑫圭、唐良炎：《中国近代教育史资料汇编·学制演变》，上海教育出版社，1991 年，第 767 页。
②　李友芝，等：《中国近代师范教育史资料》，北京师范学院内部交流资料，1983 年，第 240 页。
③　李华兴，等：《民国教育史》，上海教育出版社，1997 年，第 415 页。
④　李超英：《中国师范教育论》，商务印书馆，1938 年，第 14 页。

近代师范教育的开端。民国成立后，师范学制在清末学制的基础上，将师范教育分为两级：高等师范学校（即清末学制的优级师范学堂）和师范学校（即清末学制的初级师范学堂）。直到 1922 年新学制发布，师范教育制度并没有特别大的变化，政府对师范教育的投入和管理相对稳定，师范教育获得较大发展。

（二）民国初期小学教员资格检定的主要内容（1912—1927 年）

1912 年 9 月教育部公布《小学校令》，这是民国时期较早对小学教员资格做出具体规定的制度文件，在该文件"职员"一章，对小学教员资格内容做出了具体规定。

小学的不同学科和职务对其教员学历和职称要求不同。"第二十五条 凡教授小学校之教科者，为本科正教员；其传授手工、图画、唱歌、体操、农业、缝纫、英语、商业之一科目或数科目者，为专科正教员；辅助本科正教员者为副教员。"[1] 教授不同的科目，对教员资格要求不同。凡教修学、国文、算术之科目的教员，需要"专科正教员"，教授手工、国画、唱歌、体操、农业等科目之教员，则为"专科毕业正教员或副教员"就可以了。不同科目对教师资格要求不同，体现了学科不同特点及其在中小学的不同地位。《小学校令》明确规定："凡充小学教员者，须受有许可状。"这说明小学教员资格要求教员须师范学校毕业或者具有经过检定的教师资格证书。尽管对小学教员资格有具体规定，但实际上，由于当时师资普遍匮乏，大部分地区难觅符合资格要求的中小学教员，因此《小学校令》又特别规定："第二十八条 虽有特别情事，小学校教员不敷时，得以未受许可状者代用小学校教员。"

除普通小学教员，对小学校长一职有较高的资格要求，特别规定"小学校长以本科正教员兼任"。

1915 年 7 月，民国教育部公布《国民学校令》（1916 年 10 月修订），国民学校代替了之前的初等小学校，国民学校教员任职资格在"教员"一章中，做了明确规定。

第二十九条 凡担任国民学校全部教科之教授者，为正教员。

因特别情事，正教员亦不得担任手工、图画、唱歌、体操、缝纫之一科目或数科目。

专任手工、图画、唱歌、体操、缝纫之一科目或数科目者，为专科

---

① 舒新城：《中国近代教育史资料》，人民教育出版社，1981 年，第 448 页。

教员。

辅助正教员者为助教员。①

这个规定与 1912 年的《小学校令》相比，对教员资格要求区别不大，除明确规定唯有正教员才可以担任全部教科，辅助正教员由之前的"副教员"改为"助教员"。要获得国民学校教员资格，须在师范学校或者教育总长指定的学校毕业，或经检定合格且有教员资格。

第三十条 国民学校教员，须在师范学校或教育总长指定之学校毕业，或经国民检定委员会检定合格，而受有许可状者。

国民学校检定规格，由教育总长定之。

第三十二条 国民学校校长，以正教员兼任之，但在四级以上之学校得变通之。②

与《国民学校令》同时公布的《高等小学校令》中对教师资格的要求几乎没有变化。

民国初期对小学教员资格做出详细规定的文件则是 1916 年 4 月教育部公布的《检定小学教员规程》，其中对无试验检定和有试验检定资格分别做出了规定。

第十四条 具有下列资格之一者，得受无试验检定：

一、毕业于中学校，并充小学教员一年以上者。

二、毕业于甲种实业学校，并积有研究者。

三、毕业于专门学校，确适于某科目教员之职者。

四、曾充小学教员三年以上，经地方最高级行政长官认为确有成绩者。③

具有第一款资格，经检定合格者，准充国民学校正教员、高等小学校本科正教员。具有第二、第三款资格，经检定合格者，准充国民学校专科教员及高等小学校专科正教员。具有第四款资格，经检定合格者，准充国民学校正教员、助教员或专科教员并准充高等小学校本科、专科正教员或助教员。

第十五条 具有下列资格之一者，得受试验检定：

一、曾在师范学校、中学校或其他中等学校修业两年以上者。

二、曾任或现任国民学校、高等小学校教员满一年者。

三、曾在师范简易科毕业，期限在六个月以上者。

---

① 舒新城：《中国近代教育史资料》，人民教育出版社，1981 年，第 462 页。
② 舒新城：《中国近代教育史资料》，人民教育出版社，1981 年，第 463 页。
③ 李桂林，等：《中国近代教育史资料汇编·普通教育》，上海教育出版社，2007 年，第 506 页。

四、曾研究专科学术，兼明教育原理，著有论文者。①

上述对小学教员的资格要求，充分体现了民国初期对教师资格的要求基于以下三个方面的标准：

1. 学历。对小学教员有明确学历要求，无试验检定要求毕业于中学校或甲种实业学校或者专门学校。其中毕业于中学校者，可直接担任国民学校正教员、高等小学校本科正教员。国民学校专科教员及高等小学校专科正教员则需于甲种实业学校和专门学校毕业。

2. 实践经验。小学教员资格看重实践经验，无试验检定者，其中一条除要求毕业于中学校，还要求有一年职业经历，而有小学教员三年以上从业经历且经地方最高级行政长官确认"有成绩者"亦可免于试验检定。对受试验检定者，要求在国民学校、高等小学校工作一年。这些规定说明民国初期小学教员资格要求极为重视实践经验。

3. 研究能力。除去学历、实践经验外，民国初期小学教员资格要求对研究能力也极为看重。对无试验检定者的要求之一为，"毕业于甲种实业学校，并积有研究者"，对受试验检定者，要求"曾研究专科学术，兼明教育原理，著有论文者"。

除了上面对小学教员资格的明确规定，民国初期还主张小学教员能够承担全科教学之任务，小学各科"惟年级担任"，以达到"能萃一人之精神贯注于全级"。1914 年 12 月《教育部整理教育方案草案》提出：

小学教授概用学级担任，以贯达教授统一之旨。

小学教员必以曾受师范教育者充之。师范教育必授以普通科学及各科教授法者，即以师范生毕业后，其力足以担任小学各科教授为原则；今之小学校间有深明此理设学级主任者，然其数不多见，往往科各异人；其弊也彼此不相谋，深浅不一贯，教授亦徒劳而无功。夫小学各科不在专精之研攻，而在教授力之普及，故惟年级担任，乃能萃一人之精神贯注于全级，谋所以熔铸之；分科担任，在中等以上学校可以施行，若在小学则欲求教授上之统一，断自学级担任始。②

这个草案一方面强调师范教育对培养小学教员的重要性，另一方面强调小学全科型教师的重要性，小学教学任务不强调精专，在于"求教授上之统一"，中等学校可以实行分科。这个理念是根据小学教育和小学生发展的特

---

① 李桂林，等：《中国近代教育史资料汇编·普通教育》，上海教育出版社，2007 年，第 506 页。
② 舒新城：《中国近代教育史资料》，人民教育出版社，1981 年，第 235 页。

点提出的，对后来的师范教育课程和小学教员资格检定有长远影响。

（三）民国初期中学教员资格没有明确检定要求

1912 年 9 月，民国教育部公布《中学校令》，对"职员"没有特别规定，只简单提出"中学教员以经检定委员会认为合格者允之"。在 1912 年 11 月颁布的《中学校令暂行规则》中规定："凡为中学校长及教师，不得兼任他职。教师均由校长聘任，如是省立中学，须呈提省行政长官；如是县立中学，则须呈由县行政长官转提省行政长官。"清末民初对小学教员资格检定有明确的制度，但是中学教员资格检定制度是缺失的，主要原因在于中学教育发展缓慢和中学师资匮乏的现实，政府难以通过制度限制中学教员资格，否则会陷入严重的师资恐慌。

（四）民国初期教员资格检定制度没有真正落实，各地教员履职情况不乐观

尽管对小学教员任职资格有明确规定，但是由于师资匮乏的现实，政府又用"代用教员"作为师资的补充，代用教员亦有一定的任职要求。1917年 1 月公布的《施行检定小学教员办法》，其中对代用教员资格做了规定，即：检定不合格者，但有某科成绩在六十分以上即得有科目成绩证明书者；试验不合格但平均成绩在四十分以上者。[1]

代用教员制度是解决当时师资匮乏的权宜之计，从当时教育视察报告来看，中小学教员履职情况并不乐观。民国初年，教育部有视学制度，全国视学区分为八个，每区域派视学二人。视学资格为：毕业于本国或外国大学或高等师范学校且任学务职一年以上者；或者曾任师范学校中学校校长或教员三年以上者；或者曾任教育行政职务三年以上者。[2] 可见视学的专业资格要求比较严格，视学的任务也比较明确，视察的内容包括：教育行政状况；学校教育状况；学校经济状况；学校卫生状况；对学务各职员执务状况；社会教育及其设施状况；教育总长待命视察事项。

1913 年视学视察第一学区（直、奉、吉、黑）学务总报告中，对教职员的报告里提出："中等学校各职员除实力尽职者外，颇不免以兼营政界之活动，致校务进步甚为迟缓。至各乡镇小学，只以教员为主体，随意旷课，

---

① 李桂林，等：《中国近代教育史资料汇编·普通教育》，上海教育出版社，2007 年，第 510～511 页。

② 舒新城：《中国近代教育史资料》，人民教育出版社，1981 年，第 306 页。

任意放假，尤为关系较重之通病，不可不矫正之。"①

与第一学区情况类似的还有第七学区（闽、粤、桂），1914 年的学务视察报告中指出："其余各学校教职员，实力尽职者不乏其人，而于政界上兼营并骛者，亦复不少。查教职员兼差弊病，约有数端，而来去无常，随便旷课，尤其显焉者也。职务既多，则精神不能专注，心有所歉，故对于学生不免多所敷衍；且东驰西突，迹近罔利，尤易启学生轻侮之渐。近来学风之坏，固由学生气习之嚣张，而教职员亦不能不分任其咎也。"②

当时对第三学区（皖、苏、浙）视察的总报告中，对江苏部分的学务情况持肯定态度，对学务各职员执务情况予以肯定，且点名表扬了几个中小学校长和师范学校校长。"苏教育司黄炎培干练勤敏，通达治体，主持一切具有条理；各科职员及省视学，类多夙昔办学人员，故对于教育既多经验，又具热心。各学校组织，大率职员均担任学科，管理训练两得其宜。外如第三师范校长顾倬之朴诚，第一师范校长杨保恒之笃实……万竹小学校校长李廷翰之明达，浦东中学校长朱叔源之勤能，皆以教育为己任，谆谆不倦，不易得也。"③

民初小学教员资格检定制度比较健全，但是由于战乱频仍，国力衰微，教育发展缓慢，制度和实践之间差距很大。对中学教员则没有明确的检定制度，对中学教员任用随意性大，一般由校长决定，乃至出现"新进者既无限制，久任者又无以促其进修。教学之效率不增，学生之程度自难以提高，为矫正此项弊端起见，实有厉行老师检定之必要"。④ 鉴于中学教员良莠不齐的现实，为了提高师资水平，有人提出实行中学教员检定制度的必要，"如果这个问题，再不谋彻底解决，恐非未来之福，所以教育当局今日首先应注意的问题，就是严行检定制度"。⑤

三、南京国民政府时期中小学教员资格检定要求（1927—1948 年）

（一）历史背景

南京国民政府时期师范教育的发展经历了政策上的变化，这与 1922 年新学制有关。1922 年新学制（亦称"壬戌学制"）是在新文化运动的背景下

① 舒新城：《中国近代教育史资料》，人民教育出版社，1981 年，第 310 页。
② 舒新城：《中国近代教育史资料》，人民教育出版社，1981 年，第 314 页。
③ 舒新城：《中国近代教育史资料》，人民教育出版社，1981 年，第 320 页。
④ 程时烽：《厉行中学教师检定制度以重师资案》，第三次全国教育会议报告，1939 年，第 164 页。
⑤ 司马融：《略谈我国现行高级师范制度》，《教育通讯》（复刊），1948 年第 3 期。

酝酿产生的，它是中国近代史上影响长远、持续时间也最长的学制。1922 年学制建立在对原有学制问题解决的基础上，认为旧学制存在学校种类简单、学校名称不准确、学校教育目的贯彻不到位、学校阶段不能很好衔接、学校年限不当等许多问题①，经过几年的讨论，在分析旧学制问题和借鉴外国学制的基础上，1922 年 11 月公布了《学校系统改革案》，即"壬戌学制"。"壬戌学制"提出了普通教育的"六三三"分段，小学 6 年分为两段，前面 4 年为义务教育，且根据地方情况可适当延长，中等学校修业年限为 6 年，分为初、高中两级，分别为 3 年，但是个别地方根据各自情况可采用二、四分段（初级中学 2 年、高级中学 4 年）或者四、二分段（初级中学 4 年、高级中学 2 年）。这个新学制比较灵活，充分考虑到当时社会经济发展的需要，体现了 7 项标准：适应社会进化的需要；发挥平民教育精神；谋个性发展；注意国民经济力；注意生活教育；使教育易于普及；多留给地方伸缩余地。②新学制对中小学教育的发展产生了一定的积极影响，突出表现为学校数量的增长。《第一次中国教育年鉴》统计，1922 年小学校共有 177751 所，学生 6601802 人，1929 年，学校增加到 212385 所，学生增加到 8820777 人；1922 年全国共有中学 547 所，1928 年 954 所，其中增加了 591 所公立中学。③

　　尽管 1922 年学制促进了中小学教育的发展，但是对师范教育的发展并没有起到积极作用。1922 年到 1932 年的十年间，师范教育制度变更频繁，师范教育整体地位有所下降。师范教育从清末以来一直是独立的体系，从学制上体现了师范教育的重要地位。1922 年"壬戌学制"后，师范教育是否独立设置成了争论的焦点。高师并入大学，师范学校并入中学，非独立的师范教育建制，大大降低了师范教育的水平。1922 年到 1928 年，师范学校数、学生数、经费数大幅度下降。"1922 年全国师范学校数 385 所，学生数为 43846 人，经费数为 4633919 元，而 1928 年全国师范学校数减为 236 所，学生数减为 29470 人，经费数减为 3468072 元。在这七年中师范学校减少了 63%；学生数减少了 49%；经费数减少了 34%。这种激减的情况，很显然是由于 1922 年颁布新学制即壬戌学制后，师范学校与中学合并造成的。一因师范成为中学的一科，班次大为减少；二因教育界一般人士轻视师范教育，所以师范教育在中学里是不占主要地位的。"④

---

① 朱有瓛：《中国近代学制史资料》第三辑上册，华东师范大学出版社，1990 年，第 57 页。
② 李国钧，王炳照：《中国教育制度通史·民国时期》，第七卷，山东教育出版社，2000 年，第 50 页。
③ 李国钧，王炳照：《中国教育制度通史·民国时期》，第七卷，山东教育出版社，2000 年，第 63 – 64 页。
④ 刘问岫：《中国师范教育简史》，人民教育出版社，1983 年，第 54 页。

由于学校数量增长对中小学教员需求的增加与师范教育在学制上的削弱产生了矛盾，1922 年新学制对师范教育的削弱遭到了社会各界的质疑和反对。比如北平师大师生发表《北平师大实习师范教育独立请愿书》详陈师范大学独立的理由，特别提到当时师资需求量大，而师范毕业者少，"按世界文明国最低标准计，即需中学教师二十万人，查现师范大学及高师毕业者，仅三千人，为数之差，竟达十九万七千人。即以现在之中等学生十五万人计，亦尚需四千五百人。师资之缺乏如此，国家正应多立师范大学，以济急需，则已有之师范大学岂有归并之理？"[1]，后来在各界教育人士的呼声中，直到 1932 年，才相继颁布了《师范学校法》（1932 年）、《师范学校规程》（1933 年）、《师范学院规程》（1938 年），这些法令从师范办学体制、课程设置、行政管理等方面规范了师范教育，师范教育的独立地位才逐渐恢复。

（二） 小学教员资格检定要求的制度分析

民国政府在沿用 1922 年新学制的基础上，在这一阶段颁布《小学法》《中学法》等法令法规完善教育制度，同时进一步推进义务教育的实施。"壬子—癸丑学制"规定义务教育为初等小学 4 年，1920 年开始全国分期实施义务教育。但是因为军阀混战，时局动荡，义务教育不曾真正落实。南京国民政府成立后，义务教育又被提出，在 1930 年第二次全国教育会议上通过《厉行国民义务教育与成人补习教育》，规定义务教育使全体儿童接受初级小学 4 年教育，且计划用 20 年完成，前 5 年用于培养师资，后 15 年用力普及。在随后公布的《小学法》和《小学规程》中又对实施义务教育提出了具体策略，比如通过联合小学区、二部制教学和巡回教学等策略推进义务教育的落实，解决失学儿童的入学问题。尽管这些措施并没有真正落实，但是仍然推进了国民教育发展，初等教育在这一阶段获得明显发展。1929—1936 年全国小学发展情况如表 1.2 所示。

表 1.2　1929—1936 年全国小学发展情况[2]

学年度	1929 年	1930 年	1931 年	1932 年	1933 年	1934 年	1935 年	1936 年
学校数（所）	212385	250840	259863	263432	259095	260665	291452	320080
儿童数（人）	8882077	10943979	11720596	12223066	12383473	13188133	15110199	18364956

---

① 《北平师大实行师范教育独立请愿书》，《教育杂志》，1928 年第 20 卷第 8 期，第 5–6 页。
② 《第二次中国教育年鉴》，商务印书馆，1948 年，第 1455 页。

1.《小学规程》

1936年7月，教育部修正公布《小学规程》，其中"职员"一章对小学教员的资格要求、聘任、待遇等做出了详细规定。下面是对小学教员资格和校长任职资格的有关规定：

第六十二条　凡具有下列资格之一者，得为级任教员或专科教员：

一　师范毕业者；

二　旧制师范学校本科或高级中学师范科或特别师范科毕业者；

三　高等师范学校或专科师范学校毕业者；

四　师范大学或大学教育学院教育科系毕业者。

第六十三条　小学级任或专科教员无前条所列资格之一者，应受主管教育行政机关所组织之小学教员检定委员会之检定。

第六十四条　具有第六十二条资格之一或经检定合格之教员服务二年以上具有成绩者，得为小学校长。①

上述对小学教员资格的要求首先体现出了师范优先的理念，凡有师范教育经历者才有资格充任小学教员，否则要通过检定委员会检定才可能获得教员资格，对小学校长要求较普通教员更高，必须有师范教育经历或者作为合格教员服务两年以上。师范教育制度在1922年到1932年的十年间，经过了"高师改大"和"中师合一"的制度变更，师范的独立地位尽管遭到削弱，但是经过激烈的讨论，考虑当时国情，师范教育的独立地位从1932年之后逐渐恢复。通过《师范学校法》（1932年）、《师范学校规程》（1933年）、《师范学院规程》（1938年）等系列法令法规的制定，从制度上建立了一个以中等师范教育和高等师范教育为主体的师范教育体系。师范教育基本形成规范的培养模式，在课程标准、训育制度、实习制度、招生制度等方面形成了标准化的制度体系，师范教育质量作为中小学教员质量的重要保障已经被认可，在小学教员资格要求中，师范教育经历作为首要资格，具有师范教育经历者无须经过检定。

2.《小学教员检定暂行规程》

为了进一步明确小学教员检定制度，1934年民国教育部发布《小学教员检定暂行规程》，规程将教员检定仍然分为无试验检定和有试验检定。对无试验检定和有试验检定的教员资格分别做出要求：

第五条　具有下列资格之一者得受无试验检定：

---

①　宋恩荣，等：《中华民国教育法规选编》，江苏教育出版社，2005年，第269页。

一、毕业于旧制中学，或高级中学以上之学校，曾充小学教员一年以上或曾在当地行政机关或大学教育学院，师范学校等所办之暑假学校补习教育功课满二暑期者；

二、毕业于二年以上之师范讲习科，或简易师范学校，简易师范科，曾充小学教员二年以上，或曾在上述暑期学校补习满三暑期者；

三、曾充小学教员三年以上，经教育行政机关认为确有成绩，或曾在上述暑期学校补习满四暑期者；

四、曾充小学教员三年以上，有关于小学教育之专著发表，经主管教育行政机关认为确有价值者。

第六条　具有下列资格之一者，得受试验检定：

一、曾在旧制中学或高级中学毕业者；

二、曾在师范学校或高级中学修业一年并充小学教员一年以上者；

三、曾在师范讲习科、简易师范学校或简易师范科毕业者；

四、曾任小学教员三年以上者；

五、学有专长并充小学教员一年以上者。[1]

规程中关于无试验检定条件概括有三：一是中等学校或者相关中等学校毕业且有一年教学经验；二是参加过相关教育部门举办的且符合时限的暑期进修；三是有三年小学教学经验且有专著发表。这个资格要求充分考虑到当时小学师资现状和国情，检定条件的弹性很大，对教育经历要求比较低，有试验检定要求比无试验检定更宽松。这个资格要求本身就说明当时很多小学教员没有教员资格证，他们先入职，待积累了相应的教学经验或者补上进修经历后再申请资格证，这是当时普遍的师资情况。无试验检定资格要求对师范经历的要求也不是必要的，只需要中等学校毕业且有一年教学经验就可以，这说明当时师范教育无法满足师资需求，放宽教员资格实属权宜之计。造成这种局面的原因除了社会发展状况，还有当时的师范教育制度。在《初级师范教育应急谋独立完整与统制以造就优良小学师资案》（1939年）中，分析当时的小学师资特别是优良师资匮乏的原因时提出：

自旧制前期师范改为初中，取消公费待遇后，贫穷优秀之学生，多失去升学之机会，埋没人才，对于国家损失殊大。

自前期师范改为初中后，各师范区每年初中毕业人数过少。师范学校招生，常感投考人数不足，而无选取优材生之余地，以致降低师范生之程度，

---

[1] 李友芝，等：《中国近代师范教育史资料》，北京师范学院内部交流资料，1983年，第376—377页。

而间接降低国民教育之水准。

过去小学师资之训练与任用，因未严加统制，故师范毕业生，常患失业而各地小学反缺乏合格之师资，以致发生供求不能相应之流弊。①

这表明从生源方面来看，一方面由于师范生公费制度的取消，贫寒优秀学生失去了受师范教育的机会；另一方面从师范改为初中后，初中毕业人数少，师范学校招生受到影响；第三方面由于管理的原因，师范毕业生与就业之间关系没有协调好，师资培养和后续聘用管理存在很大问题，致使发生师范毕业反而没有岗位的现象。

从清末师范教育肇始，师范生一直享受免费待遇，1904年的"癸卯学制"从制度上确立了师范生免费政策，这种政策一直持续到1922年"壬戌学制"建立，这个新学制效仿美国，取消了师范教育的独立地位，师范生免费政策终止。在教员待遇较差的前提下，师范教育收费导致有志于教育事业的贫寒学生无缘教师职业，影响了师范学校的招生，加上收费的师范教育不再制约毕业生服务教育的年限，师范毕业生从事教育工作的人数下降。这些最终影响师资整体素养和国家基础教育质量。接下来师范教育独立和师范生免费的呼声日渐高涨，1932年12月，国民党四届三中全会通过《关于教育之决议案》，明确提出："师范学校及师范大学概不收学费，师范学校并以由政府供给膳宿制服为原则"；"师范学校及师范大学学生修业完毕后由教育部或省教育厅市教育局指定地点派往，服务期满始发给毕业证书，始得自由应聘或升学。其有规避服务或服务不尽力者，取消资格并追缴费用"。②

《初级师范教育应急谋独立完整与统制以造就优良小学师资案》（1939年）也提出几点建议：

一、恢复六年完全师范制，统筹省立单独设校，以期实现师资之专业化与统制化。

二、六年制师范完全公费，以予贫穷优秀学生以升学之机会。

三、关于师范区之划分与师范学校之设置应由省教育厅通盘计划呈部核办。

四、关于师范学校之招生与毕业生之任用，应由教育厅根据本省之实际需要，统筹办理，以收供求相应之效。

五、高级中学或中等职业学校毕业生非受合法检定及格或入特别师范科

---

① 国立西北联合大学：《初级师范教育应急谋独立完整与统制以造就优良小学师资案》，《第三次全国教育会议报告》，1939年，第205—206页。
② 《关于教育之决议案》，《教育部公报》，1932年第4卷第51—52期，第22—25页。

毕业者，不得充任小学教师。①

伴随着社会各界免费师范教育的呼声，《师范学校法》（1932 年）、《师范学校规程》（1932 年）相继公布，师范学校独立建制和师范教育免费政策逐渐恢复，这为小学优良教员的补充奠定了有力的制度基础。

3. 《国民学校教员检定办法》

1946 年，民国教育部颁布《国民学校教员检定办法》，其中对国民学校教员资格做了翔实规定。

第三条　国民学校教员未具有下列资格之一者，均应依本办法检定：

一、师范学校毕业者；

二、旧制师范学校本科或高级中学师范科或特别师范科毕业者；

三、高等师范学校或专科师范学校毕业者；

四、师范学院或大学教育学院教育科系毕业者。②

这说明满足上述四点要求者不需要进行检定即可以担任小学教员，这四点意味着凡毕业于不同类型的师范学校者均可以免于教员检定，这是对师范教育经历的认可。师范毕业生免于教员资格检定的制度一直延续下来，直到近几年我国在教师资格认定制度改革中，才要求师范生也要通过国家教师资格证考试获得教师资格。

检定分有试验检定和无试验检定，分别具有不同资格要求。

无试验检定者需满足下列要求：

第十二条　具有下列资格之一者，得视其学历或经历，分别受国民学校初级部或高级部级任教员或专科教员或幼稚园教员之无试验检定。

一、简易师范学校或简易师范科毕业者；

二、旧制乡村师范学校或县立师范学校毕业者；

三、幼稚师范学校毕业者；

四、合于前三款资格之一充教员二年以上，或曾参加假期训练三次成绩合格者；

五、高级中学、旧制中学或其他同等以上学校毕业，充代用教员一年以上或曾参加假期训练二次成绩合格者；

六、曾充代用教员三年以上，经主管教育行政机关认为确有成绩且嘉奖有案者；

①　国立西北联合大学：《初级师范教育应急谋独立完整与统制以造就优良小学师资案》，《第三次全国教育会议报告》，1939 年，第 205－206 页。

②　李友芝，等：《中国近代师范教育史资料》，北京师范学院内部交流资料，1983 年，第 537 页。

七、曾充代用教员三年以上，有关于国民教育之专著发表，经主管教育行政机关认为确有价值者；

八、国民教育师资短期训练班或义务教育师资短期训练班或师范讲习科毕业，曾充代用教员三年以上，并参加假期训练三次成绩合格者。

具有前项一、二、三、八各款资格者，以受国民学校初级部及幼稚园教员之无试验检定为限。①

有试验检定者需要满足下列要求：

第十三条 具有下列资格之一者得依其志愿分别受国民学校初级部或高级部级任教员或专科教员之试验检定：

一、高级中学旧制中学或其他同等以上学校毕业者；

二、师范讲习科毕业者；

三、师范学校或高级中学肄业一年曾充代用教员一年以上者；

四、初级中学毕业曾充代用教员二年以上者；

五、国民教育师资短期训练班或义务教育师资短期训练班毕业曾充代用教员二年以上者；

六、曾充代用教员三年以上者。②

《国民学校教员检定办法》对教员资格的要求基本沿袭了之前相关小学教员检定制度，对教员学历、教学经验和教育研究三个方面的条件提出了相应要求，不同检定方式要求不同。总体上这个教员职业的入门要求还是比较低的，这与当时的社会条件有关，国民党发动了内战之后，国家再一次陷入战乱中，政治动荡，经济凋敝，教育事业遭到重创，师资待遇急剧下降，小学教员难以维持生计，尽管采用代用教员制度补充小学教员的不足，可是师资整体水平仍然较低。1940 年民国教育部公布《各省小学教员总登记办法大纲》规定："各地方因登记人数过少不敷支配时，得举行代用教员登记，并由县教育行政机关举行代用教员甄别试验，将录取人员呈报省教育厅核准后，分别派充职务。""合格教员登记核定后，由主管教育行政机关发给甲种登记证，其代用教员发给乙种登记证。"③代用教员制度也属于面对当时师资匮乏局面的一种救济措施。

① 李友芝，等：《中国近代师范教育史资料》，北京师范学院内部交流资料，1983 年，第 538－539 页。
② 李友芝，等：《中国近代师范教育史资料》，北京师范学院内部交流资料，1983 年，第 539 页。
③ 于述胜：《中国教育制度通史》第七卷，山东教育出版社，2000 年，第 113 页。

（三）中学教员资格检定要求

1933 年颁布的《中学法》和《中学规程》，标志着国民政府时期中学教育制度已经基本实现了规范化。抗战时期，为了推动教育救国，设立国立中学，又为了平衡各地中学教育，1938 年实施中学分区制。尽管这些制度由于各种原因并没有完全落实，中学教育在这个阶段仍然获得了一定的发展。1928—1945 年全国中学教育发展情况统计表见表 1.3。

表 1.3　1928—1945 年全国中学教育发展情况统计表①

学年度	学校数（所）	班级数（个）	学生数（人）	毕业生数（人）
1928	954		188700	
1929	1225		248668	
1930	1874		396948	
1931	1893	10360	401772	74865
1932	1914	10677	409586	73902
1933	1920	11002	415948	68028
1934	1912	10892	401449	73878
1935	1894	10541	438113	73878
1936	1956	11393	482522	76864
1937	1240	6919	309563	52532
1938	1246	8472	389009	52532
1939	1652	10024	524395	64285
1940	1900	13063	642683	83978
1941	2060	14932	703756	126673
1942	2373	17575	831746	479111
1943	2573	19229	902163	202209
1944	2759	20122	929297	212783
1945	3727	28352	1262199	255688

由上表看出，南京国民政府成立最初的十年，中等教育获得显著发展，学校数量和学生数成倍增长。1930 年后，国民政府发展职业教育，限制普通中学，中学校发展速度有所减缓。抗日战争时期，中等教育尽管遭遇重创，

---

① 李华兴，等：《民国教育史》，上海教育出版社，1997 年，第 631–634 页。

学校数量增长速度有起伏，但总体上还是呈发展趋势。抗日战争胜利后，由于国民党倒行逆施，发动内战，中等教育的发展处于风雨飘摇中。

《中学规程》是民国成立以来对中学教育做出详细规定的主要制度文件。其中第 107 条到 112 条对中学教员资格做出了规定。

中学教员必须品格健全，其所任教科目为其专业学习的学科。除满足此条件，初中教员还须合于下列规定之一：

一、经初级中学教员考试或检定合格者；

二、具有高级中学教员规定资格之一；

三、国内大学本科，高等师范本科或专修科毕业者；

四、国内外专科学校或专门学校本科毕业后，有一年以上教学经验者；

五、与高级中学程度相当学校毕业后，有三年以上教学经验，于所任教科确有研究成绩者；

六、具有精练技能，专适用于劳作科教员者。①

这个初级教员资格对毕业院校、学习经历、教学经验视情况做出了不同规定，对劳作科教员特别要求具有精练技能，制度同样体现了师范教育毕业生任职教员资格的绝对优势，其他非师范毕业者要求必须有教学经验。

对于高级中学教员资格，除满足"品格健全，其所任教科目为其专业学习的学科"外，高中教员须合于下列规定之一：

一、经高级中学教员考试或检定合格者；

二、国内外师范大学毕业者；

三、国内外大学本科、高等师范本科或专科毕业后有一年以上教学经验者；

四、国内外专科学校或专门学校本科毕业后，有二年以上之教学经验者；

五、有价值之专著发表者。②

高级中学教员资格要求比初级中学教员资格有相应提高，特别增加"有价值之专著发表者"，说明科研能力也是教员资格的条件之一。

规程同时对教师职业道德和心理健康的要求做出了明确规定，提出有下列情况，不能任用为中学教员：

一、触犯刑法、证据确凿者；

---

① 宋恩荣，等：《中华民国教育法规选编》，江苏教育出版社，2005 年，第 381 页。
② 宋恩荣，等：《中华民国教育法规选编》，江苏教育出版社，2005 年，第 381 页。

二、成绩不良者；

三、旷废职务者；

四、怠于训育及校务者；

五、患精神病及身有痼疾不能任事者；

六、行为不检或有不良嗜好者。①

《中学规程》对中学教员资格的规定总体上体现了如下特点：

第一，强调师范教育背景。师范教育经历是中学教员资格的重要条件，这一点一直有争论，乃至在1922年新学制实行之后，在师范教育是否该独立的讨论中，这个问题成为师范教育历史上的"公案"。规程发布的时候，师范教育已经基本恢复了独立地位，人们对合格师资需要师范教育的理念基本达成共识。《小学教员检定暂行规程》（1934年）、《中校及师范学校教员检定暂行规程》（1934年）颁布后，由于没有明文规定师范大学毕业生免于检定，引起师大学生坚决反对，他们认为这种检定办法是变相取消师大，"将师范大学与普通大学相提并论""中学与师范学校相提并论"都是不合理的，认为师范院校毕业生不能免试是对师范院校办学质量的怀疑。②

第二，强调教学经验，对没有师范教育背景的，要求有一定教学经验作为弥补。教学经验作为教员检定资格条件是清末教员资格检定制度确立以来的基本条件，它是形成教师专业素养的重要途径。

第三，强调科研著述。初级教员对任教科目有成绩、高级教员有研究著述发表皆成为教员资格的基本条件之一，说明科研素养作为教师职业素养的体现在那个时期已经获得广泛认识。

尽管1932年颁布的《中学法》对中学教师任职资格做了基本规定，但是针对中学教师资格检定的章程是1934年颁布的《中学及师范学校教员检定暂行规程》，其中对中学教员任职资格的检定有了统一规定。其中检定方式分为两种：无试验检定和有试验检定。

无试验检定者的任职资格要求须满足下列条件：

第四条　具有下列资格之一者，得受无试验检定：

（一）高级中学教员

1. 教育部认可之国外大学本科毕业者；

---

① 宋恩荣，等：《中华民国教育法规选编》，江苏教育出版社，2005年，第381页。

② 《北平师大学生抗受中学师范教员检定》，《中华教育界》，1935年第23卷第3期，第89～90页。

2. 国内师范大学、大学本科、高等师范学校毕业后，有二年以上之教学经验者；

3. 国内外专科学校或专门学校本科毕业后，有二年以上教学经验者；

4. 曾任高级中学教员五年以上，经督学视察认为成绩优良者；

5. 有价值之专门著述发表者。

（二）初级中学教员

1. 具有高级中学教员无试验检定规定资格之一者；

2. 国内外大学本科、高等师范本科或专修科毕业者；

3. 国内外专科学校或专门学校本科毕业后，具有一年以上教学经验者；

4. 与高级中学程度相当学校毕业后，有三年以上教学经验，于所任教科确有研究成绩者；

5. 曾任初级中学教员五年以上，经督学视察认为成绩优良者；

6. 具有精练技术者（专适用于劳作科教员）。

第五条 具有下列资格之一者得受试验检定；

（一）高级中学教员

1. 国内大学本科毕业者；

2. 国内专科学校或专门学校本科毕业后，有一年以上之教学经验者；

3. 检定合格之初级中学教员；

4. 曾任高级中学教员二年以上者；

5. 具有精练之艺术技能者（专适用于图画音乐教员）。

（二）初级中学教员

1. 国内专科学校或专门学校本科毕业者；

2. 与高级中学程度相当学校毕业后，有一年以上之教学经验者；

3. 与高级中学程度相当学校毕业有专门著述发表者；

4. 曾任初级中学教员二年以上者；

5. 具有精练之艺术技能者（专适用于图画音乐教员）。①

从上述对中学教员检定资格的规定可以看出，中学教员的主要来源是国外大学、国内师范大学、国内非师范大学、高等师范院校、中等学校及其他没有学历但是有教学经验者，教员资格的多渠道来源说明中学教员构成的复杂性，这与当时师范教育和高等教育发展的状况有关。

表1.4 至表1.6 所示是不同时期中学教员不同来源构成的统计，从这些

---

① 李友芝，等：《中国近代师范教育史资料》，北京师范学院内部交流资料，1983 年，第 371－373 页。

数据可以看出，民国初期中等学校教员中师范毕业生不足总数的16%，有接近总数的32%的教员没有高等学校或专门学校教育经历。南京国民政府时期由于海外留学人数增加和高等教育发展，中等学校教员来自大学毕业生和师范院校毕业生的人数有所增长，大学毕业和师范院校毕业连同海外留学的人数占了将近80%的比例，当然这个比例统计来自当时教育比较发达的几个省份，从全国的统计数字来看，这个比例尚不足70%，说明全国中等学校教员学历还是比较低的。

表1.4　第一次中国教育年鉴统计的民国中等学校教职员资格①

资　格	教　员	职　员
留学外国者	6.63%	4.38%
师范大学毕业者	4.39%	3.55%
大学毕业者	24.83%	17.52%
高等师范毕业者	11.42%	9.71%
专门学校毕业者	20.74%	17.22%
其他	31.99%	47.62%

表1.5　六省中学教师资格情况表②

毕业学校 \ 人数 \ 省份	浙江	江西	湖北	湖南	山西	河北	总计	百分比（%）
国外留学	107	76	84	113	73	49	502	7.08
大学毕业	539	338	294	418	264	361	2214	31.23
师范大学毕业	31	56	66	117	39	52	361	5.09
高等师范毕业	157	157	113	344	84	160	1015	14.32
专门学校毕业	465	257	243	387	96	161	1609	22.69
其他	531	165	77	272	166	178	1389	19.59
总计	1830	1049	877	1651	722	961	7090	100

---

① 《第一次中国教育年鉴》，开明书店，1934年，第127页。
② 杨亮功：《对于训练中等学校教师之一个建议》，《教育杂志》，1935年第25卷第7期，第111页。

表1.6　1930 年全国中等学校教员资格比较①

资　格	人　数（人）			百分比（%）
	专任	兼任	合计	
留学外国得有博士学位者	44	74	118	0.29
留学外国得有硕士学位者	179	172	351	0.85
留学外国得有工程师学位者	30	28	58	0.14
留学外国得有学士学位者	361	300	661	1.60
留学外国者	947	600	1547	3.74
师范大学毕业者	944	873	1817	4.39
大学毕业者	6082	4187	10269	24.83
高等师范毕业者	2933	1788	4721	11.42
专门学校毕业者	5187	3391	8578	20.74
其他	7973	5257	13230	32.00
总计	24680	16670	41350	100.00

中学教员检定条件的规定，与之前中小学教员资格检定维度基本相似，学历、教学经验、科研成绩是三个主要的检定指标。有试验检定与无试验检定的区别在于学历、教学经验、研究能力三个指标的差异，这与《中学规程》中对教师专业素养的认定相一致。规程特别提到在高级中学教员无试验检定资格条件中，对教育部认可的国外大学只需要毕业，没有教学经验要求，而国内大学本科毕业且没有教学经验者则需要接受有试验检定，这显然有崇洋之嫌疑，国外大学毕业者不一定熟悉中国国情，更何况教学技能的训练必须在实践中才能完成。

1944 年，民国教育部颁布《中学及师范学校教员检定办法》，针对 1934 年《暂行规程》中对教师资格的要求做了修正和补充。中学教员资格检定仍然分无试验检定和有试验检定。

中学教员无试验检定的资格要求如下：

第五条　有下列资格之一者得受无试验检定：

一、高级中学教员

1. 国内外师范学院或师范大学毕业者；

---

① 廖世承：《抗战十年来中国的师范教育》，《中华教育界》，1947 年第 1 期，第 30 页。

2. 国内外大学研究院所研究期满得有硕士或博士学位者；

3. 国内外大学教育学院系毕业或其他各院系毕业曾修习教育学科二十学分以上有证明书者；

4. 国内外大学各院系高等师范本科或专修科毕业后有一年以上之教学经验者；

5. 国内外专科学校（修业年限在三年以上并系招收高中毕业生者）、专门学校本科并大学专修科毕业后有二年以上之教学经验者；

6. 曾任高级中学或其同等学校教员五年以上，经主管教育行政机关考核认为成绩优良并有专门著述发表者；

7. 具有精练技术者（专适用于劳作科教员）。

二、初级中学教员

1. 具有高级中学教员无试验检定规定资格之一者；

2. 国内外大学各院系高等师范本科或专修科师范学院初级部或师范专科学校毕业者；

3. 国内外专科学校（修业年限须在三年以上并系招收高中毕业生者）、专门学校本科系大学专科毕业后有一年以上之教学经验者；

4. 曾任初级中学或其同等学校教员五年以上经主管教育行政机关考核认为成绩优良者；

5. 具有精练技术者（专适用于劳作科教员）。①

《中学及师范学校教员检定办法》（1944 年）对中学教员的资格要求，与十年前的《中学规程》相比，在学历要求上明显提高，这与十年间留学教育和高等教育发展有关。一方面，政府加大了海外留学资助力度，大力发展留学教育，形成了留学生选拔、资助、管理等比较健全的制度体系。另一方面，这一时间我国高等教育受西方高等教育的影响，尽管在战乱中，也仍然获得了一定的发展，为国家培养了一批人才。

中学教员有试验检定的资格要求如下：

第六条　具有下列资格之一者得受试验检定：

一、高级中学教员

1. 国内外大学各院系毕业者；

2. 国内外专科学校（修业年限须在三年以上并系招收高中毕业生者）、专门学校本科或大学专修科毕业后有一年以上之教学经验者；

---

① 李友芝，等：《中国近代师范教育史资料》，北京师范学院内部交流资料，1983 年，第 495－496 页。

3. 检定合格之初级中学教员在检定后有一年以上之教学经验者；

4. 曾任高级中学教员三年以上者；

5. 具有精练之艺术技能者（专适用于图画、音乐教员）。

二、初级中学教员

1. 国内外专科学校（包括五年制专科学校）、专门学校或大学专修科毕业者；

2. 与高级中学程度相当学校毕业后，有二年以上之教学经验并对所受检定学科确有研究成绩或有专门著述发表者；

3. 曾任初级中学教员三年以上者；

4. 具有精练之艺术技能者（专适用于图画、音乐教员）。①

与《中学及师范学校教员检定暂行规程》相比，1944 年颁布的《中学及师范学校教员检定办法》，在对有试验检定的资格要求方面，对专科以下学历者的教学经验要求提高了，从之前的两年教学经验延长至三年，教学经验年限延长，说明教师资格检定越来越强调教学实践。

（四）党义教师和公民教员资格检定的特殊要求

公民教员指充当公民课程的教师。公民课程，或称公民训练课程，从清末修身科发展而来。1922 年新学制课程标准改修身为公民课，1928 年在此基础上增加三民主义，次年根据三民主义教育宗旨和三民主义改公民课为党义课，1932 年，又改党义课为公民训练。②

南京国民政府时期，为加强国民党对政治、经济、文化的全面控制，推行党义教育，强调教育作为国民党意识形态工具的功能，同时对党义教师资格予以特别规定和检定。从 1928 年到 1933 年，先后发布《检定各级党义教师条例》（1928 年）、《检定党义教师委员会组织通则》（1929 年）、《检查各级学校党义教师条例》（1929 年）、《审查党义教师资格条例》（1931 年）。1932，教育部公布《中学课程标准》，把党义课程改为公民课程，又进一步加强对中学校公民教员资格审查。1933 年颁布《审查中等学校公民教员资格条例》。党义教师和公民教员除了要具有一般教师资格外，还需要满足一些特殊的要求。

---

① 李友芝，等：《中国近代师范教育史资料》，北京师范学院内部交流资料，1983 年，第 497 页。

② 李国钧，等：《中国教育制度通史·民国时期》第七卷，山东教育出版社，2000 年，第 105 页。

1. 党义教师检定组织

《各级学校党义教师检定委员会组织通则》（1928 年），对党义教师资格检定组织即党义教师检定委员会规定如下：

党义教师检定委员会的组成。党义教师检定委员会由各级党部训练部与各该级教育行政机关共同组织之，为检定便利起见，分下列四种：

大学及高等专门学校党义教师检定委员会，由中央训练部与全部最高教育行政机关共同组织之；

省（或特别市、区）立学校及直接管辖之私立中小学党义教师检定委员会，由省（特别市、区）党部训练部与省（特别市、区）教育行政机关共同组织之；

县立学校及私立中小学校党义教师检定委员会，由县党部训练部与县教育行政机关共同组织之；

市立学校及私立中小学校党义教师检定委员会，由市党部训练部与市教育行政机关共同组织之。

各种党义教师检定委员会的委员以 5 – 9 人为限，除各级党部训练部部长及各该级教育行政长官为当然委员外，由各级党部训练部就党员中明确党义、精研教育且有教育经验的人聘任。[1]

可见，党义教师检定委员会直接由国民党党委训练部和教育行政机关人员组成，党义教师检定委员会成员也经过严格筛选，由精研党义教育的人员组成，目的是确保国家对党义教师的控制，更好地维护国民党统治，钳制党义教师的思想，为国民党党化教育服务。

2. 检定方法和检定科目

党义教师的检定方法分为两种：无试验检定和试验检定。无试验检定只适用于高等教育的党义教师。中等教育与小学教育的党义教师都要接受试验检定。无试验检定方法分下列二项："1. 审查第四条所规定各该党义教师之资格；2. 审查各该党义教师所采用或自编之党义教材。"试验检定除审查其党义教师资格外，还应以下列科目分别考试："1. 中等教育之党义教师，应考试之科目为建国大纲、建国方略、三民主义、本党第一次全国代表大会宣言；2. 小学教育之党义教师应考试科目为孙文学说、民权初步、建国大纲、三民主义。"[2]

---

① 《各级学校党义教师检定委员会组织通则》，《河南教育》，1928 年第 1 卷第 5 期，第 3 页。
② 《检定各级学校党义教师条例》，《中央周报》，1928 年 8 月 13 日，第 10 期，第 13 页。

中小学党义教师申请检定前要填写志愿书，获得检定合格者颁发资格证书，有效期两年，到期后须重新接受检定。党义教师资格检定特别强调个人意愿，强调国民党党员的身份。

《检定各级学校党义教师条例》（1929 年）规定，全国各级学校之党义教师，即各级学校现任或志愿担任党义课程之教师，均应接受检定党义教师委员会之检定，未经检定或经检定而不及格者不得充任。但各级学校之讲述党义课程者，得暂免检定。1931 年国民党中央委员会通过《审查党义教师资格条例》，全国各级学校现任党义教师中的未经检定者，或志愿充任党义教师者，除由本人径向党义教师资格审查委员会请求审查外，得由"各级学校、各级教育行政机关、各级党部"提请审查之。

全国各级学校的党义教师，须一律受党义教师检定委员会的检定。应受检定的党义教师，暂以担任"建国方略、建国大纲、三民主义、本党第一次全国代表大会宣言"科目者为限。同时规定各级学校的训育主任，也适用本条例的规定检定。这个条款规定了担任不同党义科目的教师和训育主任都要接受党义教师检定委员会的检定。

3. 受检定的党义教师资格和公民教员资格

受检定的党义教师首先是国民党党员，然后合于该地教育行政机关所规定的教员资格。这个规定体现了接受党义教师资格检定的基本条件。国民党党员是政治身份要求，教员资格是检定的基本条件，这种双重要求保证了党义教师资格的政治性和教师职业专业性。党义教师资格和公民教员资格要求的具体制度如下：

（1）申请党义教师人员资格

本党党员具有与各该级学校教师相当之资格者；

本党党员具有下列资格之一者：曾任或现任县市党部干事以上之职务满二年，或直属区党部委员并曾在初级中学肄业满二年，或旧制中等学校肄业满一年者，得请求给予充任小学党义教师之资格；

本党党员曾在与各该级学校教师资格相当之党务学校毕业者；

本党预备党员曾服务教育三年以上具有与各该级学校教师相当之资格者。

这个申请检定资格特别强调具有党校教育经历或者从事党务工作经验，对学历要求不高。

（2）免审查资格的规定

对于免于审查资格，《条例》规定：中央审查党义教师资格委员会对于具有下列资格人员之一者，得酌给合格证书，并免除其他手续："1. 曾任或现任中央委员会委员者；2. 曾任或现任省、特别市党部委员，并曾服务教育一年以上者；3. 本党党员曾任专科或旧制专门以上学校教授满二年以上者。""本党党员具有党义教师之检定合格者、曾任检定党义教师委员会委员者、曾任党义教师二年以上者等资格之一者，得免审查，但须提出证明资格之文件，向党义教师资格审查委员会于规定时间内请求登记，经登记后，得各按其资格上之学校级别，取得各该级学校党义教师之资格。""凡经审查合格及具有免审查资格的党义教师，除由审查党义教师资格委员会发给合格证书外，并将其姓名在中央或地方党部，或教育行政机关之公报上公布。"①

需要审查的党义教师资格在学历上要求比较低，但是要求有党务学习或者工作经历。无论是需要审查还是免予审查的党义教师，一经认定合格，个人信息要在公共平台上公布，这对党义教师起到监督和控制作用。

（3）公民教员资格检定

国民党全面推行党义教育的做法招致很多不满，在各界对党义教育的质疑声中，1932 年，教育部公布《中学课程标准》，把"党义"课程改为"公民"课程，为确保中等学校公民教员由合乎资格的教员担任，1933 年 8 月颁布《审查中等学校公民教员资格条例》，要求各省对公民教员资格进行资格审查，规定全国各中等学校之公民教员均应受审查训育主任、公民教员资格委员会之审查，其在各该地审查训育主任、公民教员资格委员会开始办公三月后未经审查，或审查而不合格者不得继续充任。②

凡本党党员（包括预备党员）或尚未入党而对于三民主义曾有研究之人具有下列各款资格之一者，得请求受中等学校公民教员资格之审查：

一、在专门以上学校研究社会学科毕业者；

二、具有教育行政机关所规定之中等学校教员资格曾教授社会学科者；

三、具有教育行政机关所规定之中等学校教员资格，对于社会学科确有研究而有著述者。

凡请求审查者除应呈缴本条例第五条所规定资格之各种证明文件外，并应呈缴下列条件；

一、本人最近二寸半身照片二张；

二、志愿书；

① 《审查党义教师资格条例》，《中央周报》，1931 年 1 月 26 日，第 138 期，第 24 页。
② 李友芝，等：《中国近代师范教育史资料》，北京师范学院内部交流资料，1983 年，第 362 页。

三、履历书。①

公民教员资格相比党义教师资格要求比较宽松，在身份上并不要求一定是国民党党员，社会学科毕业者或者对于社会学科确有研究而有著述者皆可以申请公民教员资格。

除了需要审查的公民教员，符合下面条件的免于审查：

本党党员具有下列资格之一者得免审查，但须提出证明资格之文件向审查训育主任、公民教员资格委员会请求登记，经登记后取得中等学校公民教员之资格：

一、取得中等学校党义教师检定或审查合格证书，且有中等学校教学经验一年以上者；

二、前检定党义教师或审查党义教师资格委员会委员并曾任中等学校教员者；

三、现任或曾任审查训育主任、公民教员资格条员会委员者。②

针对师资不足的情况，除了正式的公民教员，也采用代用教员制度，对代用教员的资格做了如下规定：

第九条　各地遇有缺乏本条例符合规定资格之人员时，得由各该校长拟聘对于党义确有认识与信仰，对于公民教学确有研究与经验，且具有合于教育行政机关所规定教员资格者，向审查训育主任、公民教员资格委员会申述理由经核准后为代用公民教员。

第十条　各中等学校聘用代用公民教员之前，须将该代用公民教员之志愿书、履历书、学校毕业证书或其他足以证明教员资格之文件及最近二寸半身相片二张，其有著述者应连同著述一并呈送，经审查合格给予代用公民教员证书后方得聘任。③

为了加强公民教员资格的党性，《审查中等学校公民教员资格条例》规定：

第十一条　凡非党员而经审查合格之公民教员及代用公民教员，得由审查训育主任、公民教员资格委员会代请省或特别市党部委员二人介绍为本党预备党员。④

民国公民教员资格检定的过程是国民党加强党国教育，以达到维护其统治地位的目的的过程，尤其是前期党义教育，政治性更强。党义教师过渡到

① 李友芝，等：《中国近代师范教育史资料》，北京师范学院内部交流资料，1983年，第363页。
② 李友芝，等：《中国近代师范教育史资料》，北京师范学院内部交流资料，1983年，第363页。
③ 李友芝，等：《中国近代师范教育史资料》，北京师范学院内部交流资料，1983年，第364页。
④ 李友芝，等：《中国近代师范教育史资料》，北京师范学院内部交流资料，1983年，第364页。

公民教员之后，虽然仍然保留过去党义教育的内容，但是在教育内容方面发生了很大变化。公民教员资格认定与之前党义教师资格认定也有较大差异，这种差异体现了国民党加强教育统治的方式发生了一些变化，但是通过教育加强对人民思想控制的实质和目的没有改变。

四、民国时期中小学教员资格检定的特点

（一）中小学教员资格有明确的制度规范，但生硬移植西方而缺少本土意识

1. 清末教员资格制度奠定了近代中国教员资格检定制度的基础

清末以来，关于中小学教员资格的要求体现在不同阶段的教育制度文献中，尽管近代中国一直处于战乱中，中小学教育的发展也在乱世中举步维艰，可是对中小学教员资格的要求尚有较为明确的制度规范。这些制度最初源于对日本教育的模仿，而日本教育制度更多模仿德国，因此20世纪20、30年代之前近代中国的教育大多模仿日德教育制度，教员资格检定制度直接效法日本。日本具有重视教育的传统，对教师质量格外重视，早在1875年日本政府就颁布了师资审定制度，1891年颁布《关于小学教师审定规则》，将检定分为无试验检定和有试验检定，专门成立了教员检定委员会，负责根据学历、品行、身体等方面对拟申请教员资格者予以检定。1904年清政府公布了第一个现代学制《奏定学堂章程》，其中包括《奏定任用教员章程》，这是近代中国第一次对教员资格做出制度规定，该文件对普通中学堂、初级师范学堂正、副教员，高等小学堂正、副教员，初等小学堂正、副教员的任职资格要求做出了明确规定。

普通中学堂及初级师范学堂正教员，以优级师范毕业考列最优等及优等，及游学外洋高等师范毕业考列优等中等及得有毕业文凭者充选。

普通中学堂及初级师范学堂副教员，以优级师范毕业考列优等及中等，及游学外洋得有高等师范毕业文凭者充选。

......

高等小学堂正教员，以初级师范毕业考列最优等等级，及游学外洋寻常师范得有优等中等文凭者充选。

高等小学堂副教员，以初级师范学堂毕业考列中等及游学外洋得有寻常师范毕业文凭者充选。

初等小学堂正教员，以曾入初级师范考列中等及得有毕业文凭者充选。

初等小学堂副教员，以初级师范得有修业文凭者充选。暂时以师范传习生充选。①

1909年，清政府颁布了《学部奏遵拟检定小学教员及优待小学教员章程折》，1911年颁布了《学部奏定初级师范学堂中学堂教员及优待教员章程折》，这两个文件明确规定了中小学堂教员任用资格要求及检定制度的具体内容，对检定组织机构、具体检定办法、检定内容方面做了详细规定，这是近代中国教师资格检定制度的开端，为民国教师资格检定制度奠定了基础。具体见表1.7。

表1.7　清末中小学教员检定制度一览表

检定组织	检定方式	检定程序	检定有效期
教师资格检定委员会由深通科学并谙熟教育原理法之学务职员及学望优著的教员及毕业生组成。	试验检定无试验检定	试验检定每年一次；无试验检定随时进行，由督学局和各省提学使司执行。检定合格并复核通过者发给检定文凭，根据程度不同担任正、副教员。中学教员平均成绩未满六十分但是在五十分以上者充任副教员。	试验检定获得的教员资格，初级小学为5年，高等小学为4年。有效期满后，教授年满成绩优著得有相应教员行政机关授予的"实力尽职"之文凭者无需再受检定，未获得"实力尽职"文凭者需再受检定。中学教员资格的有效期为5年，获得"实力尽职"文凭者免检定，否则需再受检定。

2. 民国时期教员资格检定制度在不同时期变化不大

从1912年《小学校令》《中学校令》到不同时期颁布的教员检定规程，教员资格要求变化不大，制度上体现了前后承接的特点。民国初期主要沿袭清末的教员资格检定制度。国民政府时期，随着《小学规程》《中学规程》《国民学校法》等系列法令法规的制定，关于教员资格检定的制度也相应出台，《小学教员检定暂行规程》《中学及师范学校教员检定暂行规程》《审查中等学校公民教员资格条例》《国民学校教员检定办法》等系列文件对中小学教员资格皆做出了具体规定，这些文件对教员任用资格的要求有些许变化，但是基本沿袭清末民初的制度，在具体内容方面变化不大。

3. 教员资格检定制度生硬模仿外国而缺少对本土国情的观照

清末以来的教员资格检定制度是教育领域向西方学习的结果。最初几乎

① 李友芝，等：《中国近代师范教育史资料》，北京师范学院内部交流资料，1983年，第60－61页。

是全面模仿日本的教师资格制度，二三十年代逐渐转为学习美国。教育制度的建构和发展离不开借鉴他国经验，但是也要植根于本土文化和国情。近代教员资格检定制度在资格内容要求上不考虑国情，最终在实施的过程中漏洞百出而难以落实。制度很美，但是需要观照现实。在当时旧中国政治经济发展水平比较低的情况下，国民基础教育水平也比较低下，师资数量严重匮乏，加上教师待遇极差，那时候不可能追求师资的优质。教员资格检定制度作为一种师资不足的救济制度是合理的，但是想通过这一制度提升师资质量，在当时的情况下注定难以实现。任何制度都需要本土化，教员资格检定制度源于日本、美国等国家，当被移植到风雨飘摇的旧中国后，制度失范是不可避免的结果，因为教育必须植根于社会的现实土壤。

（二）不同类型的教员有不同的要求

民国时期教员资格检定制度对不同类型的教员在学历和具体任用资质方面有不同要求。

中小学教员任职资格最明显的区别就是学历要求不同。小学教员需要"毕业于中学校"或者"曾在师范学校、中学校或其他中等学校修业两年以上者"。高级中学教员需要"教育部认可之国外大学本科毕业者"或者"国内师范大学、大学本科、高等师范学校毕业后，有二年以上之教学经验者"。中学教员学历要求比小学教员高，这个制度背后的预设是中小学对教员专业素养要求的不同，直接阐述就是，小学教员资格要求的知识水平比中学教员低，这种预设一直影响到今天的教师资格制度。这种预设背后的主张是小学教员的专业素养比中学教员低，中学教员资格可以替代小学教员。这种逻辑是否成立？我们认为，中小学教员属于不同类型的教师，而不是不同层次的教师，小学教员资格低于中学教员资格的观点是不合理的。

民国中小学教员资格检定制度对不同级别教员资格的要求不同。1916年颁布的《检定小学教员规程》中对小学校本科正教员试验科目和助教试验科目就有不同要求。

第十六条　高等小学校本科正教员之试验科目及其程度，应依照师范学校第一部课程，但在男子，得缺法制、经济、手工、农业、商业、外国语之一科目或数科目；在女子，得缺法制、经济、手工、家事、园艺、外国语之一科目或数科目。助教员之试验科目与前项正教员同，但其程度应分别酌减。[①]

---

① 李桂林，等：《中国近代教育史资料汇编·普通教育》，上海教育出版社，2007年，第506－507页。

同时，中小学教员资格检定制度对不同任教科目的教师资格要求也不同，这一方面与任教学科在整个课程体系中的地位有关，另一方面与学科特点有关。

第十七条　国民学校正教员之试验科目及程度，除农业、商业、家事、园艺、外国语可毋庸检定外，应比照前条第一项之规定，酌减其程度行之，但因特别情事，并得缺图画、唱歌、体操、缝纫之一科目或数科目。[①]

1934 年颁布的《中校及师范学校教员检定暂行规程》中，对劳作科教员特别要求"具有精练技术者"，对图画音乐教员要求"具有精练之艺术技能者"。这些规定体现了对专科教师在专业技能上的特殊要求。

（三）重视师范教育经历、海外经历、教学实践经验和教育科研能力

民国中小学教员资格要求具有变通性的特点，在资质要求方面并不是采用一刀切的办法，体现了各个方面协调平衡的特点，从对各个阶段的制度文本分析，可以看出：民国中小学教员资格检定重视师范教育经历，重视海外经历，重视教学实践经验和教育科研能力。

在 1916 年教育部公布的《检定小学教员规程》中，第一条就提出：

国民学校高等小学校教员，除国立或省立师范学校本科毕业生暨别有规定外，以照本规程检定合格者充之。[②]

这说明国立和省立师范学校本科毕业生是排除在教员资格检定对象之外的，这两类学校毕业的师范生基本可以直接胜任国民学校高等小学教员。

1936 年，教育部修正颁布的《小学规程》中，在"教职员"一章第六十二条规定，凡具有下列资格之一者，得为级任教员或专科教员：

一、师范学校毕业者；

二、旧制师范学校本科或高级中学师范科或特别师范科毕业者；

三、高等师范学校或专科师范学校毕业者；

四、师范大学或大学教育学院教育科系毕业者。[③]

凡是没有上面所列资格者，必须受主管教育行政机关所组织之小学教员检定委员会之检定。中小学教员资格对师范教育经历的重视说明对师范教育功能和质量的认可，也是对教员职业训练必要性的认同。由于民国时期接受师范教育的教员人数有限，按照政府相关规定，师范生服务期内不得从事其

---

①　李桂林，等：《中国近代教育史资料汇编·普通教育》，上海教育出版社，2007 年，第 507 页。
②　李桂林，等：《中国近代教育史资料汇编·普通教育》，上海教育出版社，2007 年，第 504 页。
③　宋恩荣，等：《中华民国教育法规选编》，江苏教育出版社，2005 年，第 269 页。

他职业，各师范中、小学教员应先任用师范生。"凡在服务期限以内之师范生，除经教育总长特别指定外，不得任意营谋教育以外之事业，以符定章。……各地方师范中学及国民高等小学校等，遇有管教教员缺额，应就高等师范及师范学校毕业者，尽先分别任用。其偶有特别情形必须变通者，准其声叙理由，呈请主管官署核示，一面仍有各属视学详为考察。"①

1935 年颁布、1947 年修订的《中学规程》在对教员任职资格的规定中，规定"国内外师范大学毕业者"具备高级中学教员资格且不需要参加检定。

关于中小学教员检定的制度中，特别是关于中学教员资格的要求中，对国外大学毕业者特别优待。比如对高级中学教员、师范学校教员资格无试验检定的要求中规定，"教育部认可之国外大学本科毕业者"就可以了，但是国内师范大学毕业必须有二年以上之教学经验，没有教学经验的国内大学本科毕业者必须接受试验检定。这种盲目重视海外经历的政策引起很多人的质疑。林元乔在《对于现行中学及师范学校教员检定办法之商榷》中提出："拿外国大学本科毕业者列在首项，国内的师范大学反居其次，这一点更值商榷。"② 重视国外大学文凭是当时的中国在经济落后、教育也不发达的情况下的盲目崇洋、文化自卑的表现。实际上许多海外留学归来的人未必了解现实国情，未必比国内大学毕业者更能胜任教员资格，因此这项规定是不合理的。

中小学教员资格重视教学实践经验。除了对学历的要求，实践经验也是重要指标。学历不达标者靠实践经验补充。对小学教员无试验检定资格的要求，其中两条有实践经验的要求。

毕业于中学校，并充小学教员一年以上者……曾充小学教员三年以上，经地方最高级行政长官认为确有成绩者。③

对小学教员有试验检定资格要求规定：

曾任或现任国民学校、高等小学校教员满一年者。④

对高级中学教员无试验检定资格要求规定：

国内师范大学、大学本科、高等师范学校毕业后，有二年以上之教学经验者；国内外专科学校或专门学校本科毕业后，有二年以上教学经验者。⑤

---

① 李友芝，等，《师范生服务期内不得改就他职，各师范中小学教员应先尽师范生任用》，《中国近代师范教育史资料》，北京师范学院内部交流资料，1983 年，第 249 页。
② 林元乔：《对于现行中学及师范学校教员检定办法之商榷》，《福建师范》，1937 年第 2 期，第 247 页。
③ 李桂林，等：《中国近代教育史资料汇编·普通教育》，上海教育出版社，2007 年，第 506 页。
④ 李桂林，等：《中国近代教育史资料汇编·普通教育》，上海教育出版社，2007 年，第 506 页。
⑤ 李友芝，等：《中国近代师范教育史资料》，北京师范学院内部交流资料，1983 年，第 371 页。

对初级中学教员无试验检定资格要求规定：

国内外专科学校或专门学校本科毕业后，具有一年以上教学经验者；与高级中学程度相当学校毕业后，有三年以上教学经验，于所任教科确有研究成绩者；曾任初级中学教员五年以上，经督学视察认为成绩优良者。[1]

1944 年公布的《中学及师范学校教员检定办法》中对高级教员无试验检定的资格要求提出：

国内外大学各院系高等师范本科或专修科毕业后有一年以上之教学经验者；国内外专科学校（修业年限在三年以上并系招收高中毕业生者）、专门学校本科并大学专修科毕业后有二年以上之教学经验者。[2]

对试验检定资格要求有一条"曾任高级中学教员三年以上者"，即使没有大中专学历，只要有三年的教学实践经验也可以参加教员资格检定。教学实践经验是教员教学能力形成的途径，是教员师范素养养成的主要方式。

科研能力是中小学教员资格检定的另一重要维度。在 1916 年公布的《检定小学教员规程》中，对无试验检定资格的要求提出："毕业于甲种实业学校，并积有研究者"，对有试验检定资格的要求提出："曾研究专科学术，兼明教育原理，著有论文者"。[3] 1934 年公布的《中校及师范学校教员检定暂行规程》对中学教员无试验检定资格要求提出：有价值之专门著述发表者，意即凡是发表过有价值的专门著述，就可以参加高级中学教员资格的无试验检定。1944 年公布的《中学及师范学校教员检定办法》对高级教员无试验检定资格提出，"曾任高级中学或其同等学校教员五年以上，经主管教育行政机关考核认为成绩优良并有专门著述发表者"[4]，对初级中学教员有试验检定的资格要求中，也提到科研要求，"与高级中学程度相当学校毕业后，有二年以上之教学经验并对所受检定学科确有研究成绩或有专门著述发表者"[5]。这些规定说明科研能力是教师专业素养的基本内容，是教员检定资格的重要条件。

（四）重视教师职业道德

师德是教员资格的重要维度。1915 年《国民学校令》在"第六章　教员"第三十八条提出，教员受国民学校许可状后，如果犯以下条款，教员许

---

① 李友芝，等：《中国近代师范教育史资料》，北京师范学院内部交流资料，1983 年，第 372 页。
② 李友芝，等：《中国近代师范教育史资料》，北京师范学院内部交流资料，1983 年，第 495 页。
③ 李桂林：《中国近代教育史资料汇编·普通教育》，上海教育出版社，2007 年，第 506 页。
④ 李友芝，等：《中国近代师范教育史资料》，北京师范学院内部交流资料，1983 年，第 495 页。
⑤ 李友芝，等：《中国近代师范教育史资料》，北京师范学院内部交流资料，1983 年，第 497 页。

可状视为无效。

一、被处徒刑以上之刑，未复权者；

二、失财产上之信用，被人控实，尚未结清者。[①]

在1916年教育部颁布的《检定小学教员规程》中提出：

第十一条　有下列情事之一者，不得受检定：

一、被处徒刑以上之刑，未复权者。

二、失财产上之信用，被人控实，尚未结清者。

三、受褫夺许可状之处分，尚未满三年者。[②]

1916年这个规程在《国民学校令》对教员职业道德规定的两条的基础上，又增加了一条，即"受褫夺许可状之处分，尚未满三年者"。[③] 1936年，教育部修正公布《小学规程》在"教职员"一章中，对解职的条件要求中提出，"违犯刑法，证据确凿者，行为不检或有不良嗜好者，任意旷废职务者，成绩不良者"等，这说明对小学教员在道德品质方面有明确要求。[④]

《中学规程》（1935年公布、1947年修订）（中华民国教员法规选编，381页）中第一百一十二条，规定有下列情形之一者不得任用中学教员：

一、违犯刑法证据确凿者；

二、成绩不良者；

三、旷废职务者；

四、怠于训育及校务者；

五、患精神病或身有痼疾不能任事者；

六、行为不检或有不良嗜好者。[⑤]

以上条款除了对身体和成绩方面的要求，皆是对心理和道德品质的要求，这体现了师德在教员任职资格中的重要性。职业道德是现代社会对专业性职业的基本要求，是作为专业的职业的重要特质。近代教员资格对师德的要求，体现了教师资格的专业化趋向。

（五）对不同类型的教员资格申请者有不同的检定标准

由于师范教育不能满足师资需求，多渠道吸纳教师是我国近代师资补充的重要途径。教员资格检定制度对不同来源的申请者规定的检定要求不同。

---

① 宋恩荣，等：《中华民国教育法规选编》，江苏教育出版社，2005年，第213页。
② 李桂林，等：《中国近代教育史资料汇编·普通教育》，上海教育出版社，2007年，第506页。
③ 宋恩荣，等：《中华民国教育法规选编》，江苏教育出版社，2005年，第213页。
④ 宋恩荣，等：《中华民国教育法规选编》，江苏教育出版社，2005年，第271页。
⑤ 宋恩荣，等：《中华民国教育法规选编》，江苏教育出版社，2005年，第271页。

对非师范毕业者的教学经验要求较高，这种强调实践经验的检定理念是对教师专业素养之教学实践能力的重视，且认为能力主要源于教学经验。当学历不足的时候，能力就成了重要的补充。多元的检定标准体现了多元渠道选拔师资的可能。当学历不够、教学经验也不达标的时候，具有教育研究成果也可以成为教师资格检定的条件，这个理念基于对教师专业素养之研究能力的肯定，教师作为专业性职业，需要持续的研究做支持，研究能力是教师职业素质结构的重要内容。对不同类型的教师资格申请者设计不同的检定标准是近代师资检定制度为当下教师资格制度改革提供的重要思路。

五、民国时期对中小学教员资格检定制度的争鸣

教员资格检定制度是近代教育改革的新事物，是我国在教师管理制度方面学习西方的产物。中小学教员资格检定制度的公布，引发了各界的思考和争议。

林元乔在《对于现行中学及师范学校教员检定办法之商榷》[1] 中对中小学教员资格要求提出质疑，他认为教员检定应该以资格和经验为根基，但是现行制度则规定达到某些资格要求的可以不要经验，即资格不够才需要经验补充，如果有丰富的经验则不需要资格，"可见，现行办法，资格和经验有一项便为做教员的充分的条件。只有资格不够经验不足的，才拿第二种条件来补足"。该文认为，"教育要含有学与术两个因子，优良的教员不但要有高深的学问，而且需具巧妙的技术。专看资格不问经验，是闭门造车，未必能合格；尤其是拿外国大学本科毕业者列在首项，国内的师范大学反居其次，这一点更值商榷"。

成仁在《对于检定小学教员之希望》中提出，教员检定本来是一件好事，但是在规程中规定"凡充小学教员三年以上者经地方最高行政长官认为确有成绩者得受无试验检定。其所谓确有成绩者不知何为标准，徇情滥保，势所必至。如此宽泛之规定，适足以开幸进之门，长钻营之风"。[2]

错石在《对于检定小学教员之商兑》中提出，在许多地方师资缺乏的情况下，教员检定应该因地制宜。首先，他提出教员检定之必要，"夫我国师范教育迄今犹未发达，穷乡僻壤欲求一师范生而不得焉。目前普及教育计，

---

① 林元乔：《对于现行中学及师范学校教员检定办法之商榷》，《福建师范》，1937 年第 2 期，第 247 页。
② 成仁：《对于检定小学教员之希望》，《教育周报》，1916 年第 142 期，第 31 页。

不得不更求其次，于是得检定许可状之教师尚矣。否则令一毫无学识之人以主持教务，其败坏教育也何如。故曰检定小学教员为整顿地方教育之必要"。① 同时又提出，根据当时情况，师资本来就匮乏，如果再按照检定要求，必然加剧地方师资的匮乏，"谨闻命矣，师资之缺乏固也，然而就现在之教员而严行检定之，其影响于地方教育也何如？今日之小学教员大都具部颁检定规程第十四十五两条所规定者为多。若一一严行检定之，师资之更形缺乏也必矣"。② 为了解决这个问题，他提出检定的一条原则——因地制宜。联系小学教员检定规程，制度中也体现了这一原则。"今者部颁检定规程其充当小学教员之资格，于严密之中仍寓宽容之意。第十四十五两条各欤之规定，固与检定者以酌量地方情形，定严密宽容之标准，大抵繁盛之区，学校林立，人才既众，视听所系，其检定也必须严密，不比穷乡僻壤。为谋及普及教育起见而宽予优容也。是在各省区之检定委员善守规程、酌量运用而已。"作者认为宽容也是因时而异，且宽容是有条件的，是在教员品行达标并且有望及格的情况下才可以试用。"余之所谓宽容者，谓被检定者之品性学力苟有及格之希望，不妨予以宽容之许可状，庶几于求过于供之时，减办学者之困难，是亦因时制宜之一法耳。且教育部施行检定小学教员办法第八条：检定合格教员仅与五年至八年之有效期间，代用教员则缩短为二年至三年，亦以数载。而后教育事业日新月异，既经检定之教员亦须重加考核也，乌得谓为失检定小学教员之本旨乎？"③

中小学教员检定制度也遭到了很多人的质疑，很多人认为检定制度不符合当时的现实情况。《余对于检定小学教员之反感》④ 一文中，作者对小学教员检定提出四点"反感"，认为教员检定制度形同虚设，实施堪忧。首先，认为教员检定成本太高，给本来清贫的小学教员带来负担。"试验地点之距离太远也。查吾浙检定试验地点，以道区分行之。行旅费用，远者数十元，近者亦十余元。夫小学教员至清苦也，应检定试验者，寒士尤居多数。每月所得，瞻家不足。区区薪水，焉有积蓄？今欲借贷典质，跋涉辛苦以应试验，取舍尚不可必，而数月之薪金已为之耗尽矣。吾于此知应试者必不能如报名之数矣。此余反感一也。"⑤ 这是说检定地点路途太远导致检定费用过高，一些教员不能应试。另外，检定日期设置不当，也会给报名者带来困

---

① 锴石：《对于检定小学教员之商兑》，《绍兴教育杂志》，1917 年第 22 期，第 1 - 4 页。
② 锴石：《对于检定小学教员之商兑》，《绍兴教育杂志》，1917 年第 22 期，第 1 - 4 页。
③ 锴石：《对于检定小学教员之商兑》，《绍兴教育杂志》，1917 年第 22 期，第 1 - 4 页。
④ 张鹤：《余对于检定小学教员之反感》，《教育周报（杭州）》，1918 年第 212 期，第 20 - 21 页。
⑤ 张鹤：《余对于检定小学教员之反感》，《教育周报（杭州）》，1918 年第 212 期，第 20 - 21 页。

难。"试验日期之迟缓也。查吾浙检定试验日期八月二十日起至二十四日止。应试者须于十七日前报道。是则路途窎远、交通不便之区，往返须十余日。当次小学暑假开学之时，准备设置，诸多待理。今来应试验，则校务废弛，其困难又为何如乎？吾于此知应试者又必不能如报名之数矣。此余之反感二也。"① 作者又提出检定日期不当，导致检定合格者可能不会被聘用，而那些无检定者反而被聘用的情况。"任用检定合格者之难也。日长如年，汗流如雨，奔途跋涉，伏案焦思。彼应试者辛苦万分，所希冀者不过谋教员一席耳。今检定试毕，各校已纷纷开学，所聘教员已完全就绪矣。检定合格者又何从而得位置耶？夫检定合格而又不得任用，又何足以劝将来。此余之反感三也。"②

作者认为，检定的种种困难会导致实际参加检定的人很少，检定合格者亦很少的情况，最终导致制度难以实施。"取缔不受检定者不易也。检定教员既实行，则非师范生及得许可状者，断不容滥竽充数有碍教育之进行。查吾浙七十二县，小学不下三千余校。每校教职员又不止一二人，则统计全省小学教员已不下万人。现在，教育厅布告无试验检定只一千四百余人耳，试验检定报名之不踊跃历见报纸。又值上述之困难，则检定及格者有几何人？而事前又未能如日本之偏设速成师范以养成之，其势欲取缔不检定者，则教员缺乏有碍学校推广，亦非计也。如不加取缔，则开侥幸玩忽之渐，下届检定恐无报名之人矣。此余之反感四也。"③ 作者的分析很中肯，其对制度能否落实的质疑是考虑到当时的实际情况。

贾丰臻在《检定小学教员疑问》中提出关于小学教员检定规程和检定办法的疑问。④ 南京国民政府成立后，许多人对中小学教员检定存有疑问，比如之前检定合格者可否免于重新检定，以前检定合格在有效期内成绩优良者可否准其延长有效期限⑤，等等。

作为教育制度的新生事物，特别是在当时师资严重匮乏、社会政治动荡、经济比较落后的情况下，中小学教员资格检定制度受到广泛质疑是难免的，也恰是这种争议成为重要的教育思想遗产，为后来的制度革新提供了思路。

————————

① 张鹤：《余对于检定小学教员之反感》，《教育周报（杭州）》，1918 年第 212 期，第 20 – 21 页。

② 张鹤：《余对于检定小学教员之反感》，《教育周报（杭州）》，1918 年第 212 期，第 20 – 21 页。

③ 张鹤：《余对于检定小学教员之反感》，《教育周报（杭州）》，1918 年第 212 期，第 20 – 21 页。

④ 贾丰臻：《检定小学教员疑问》，《教育杂志》，1917 年第 9 卷第 12 期，205 – 210 页。

⑤ 公牍：国立中央大学训令检字第二号（十七年七月五日）：《关于检定小学教员疑问之解释》，《金山县教育月刊》，1928 年第 9 期，第 43 – 46 页。

第二章
近代中小学教员检定组织和实施办法研究

近代中小学教员检定制度实施需要检定组织机构，检定组织的规范化和专业化水平直接影响检定制度实施效果。近代中小学教员检定组织状况体现了特定时期的教育制度理念和教育管理水平。

一、近代中小学教员资格检定的组织机构

自清末公布教员检定制度以来，教员检定皆由官方负责，这是教育界的一项重要事务。中小学教员资格检定制度需要检定组织机构来实施，组织机构成员构成及其资格、职责直接关系到教员检定制度的实施效果。

（一）中小学教员资格检定委员会的主要成员

1916 年教育部公布的《检定小学教员规程》对检定委员会及其组织成员做了明确规定：

第二条　凡施行检定，应由各省区行政公署组织检定委员会，并得就所属地方酌量地点分行检定。

第三条　检定委员会应以下列人员组织之：

一、会长；

二、常任委员；

三、临时委员。

第四条　会长由各省区行政公署教育科科长充之。

常任委员额设二人至六人，由各省区行政长官择有下列资格之一者充之：

一、教育科科员；

二、省、道、县视学；

三、师范学校校长、教员。

临时委员无定额，由各省区行政长官于施行试验时，择有下列资格之一者充之：

一、省、道、县视学；

二、师范学校教员；

三、中学以上学校教员。

本条第二、第三项规定之资格遇地方特别情形，得变通办理，但须报经教育总长认可。①

常任委员和临时委员皆由行政长官组织，成员一般由教育行政部门人员、师范学校校长或教员、中学教员构成。这个教员检定组织机构考虑到行政机构的管理职能与学校作为基层部门对教员的需求和了解情况，其中常任委员的级别明显高于临时委员，后者更倾向于由普通教员填充。民初的小学教员检定组织还不规范，随意性较大，没有形成制度性的常态检定组织。

《中学及师范学校教员检定委员会规程组织》（1934 年）中的某些条款对中学及师范学校教员检定组织做了专门规定。

第一条　各省市（行政院直辖市）教育行政机关，为检定中学及师范学校教员，组织中学及师范学校教员检定委员会。

第二条　中学及师范学校教员检定委员会设委员七人至十一人，由省市教育行政机关长官充任委员长并就下列人员分别指派或聘请为委员：

（一）省市教育行政机关主管科科长；

（二）省市督学；

（三）现任或曾任大学校长或教育学院院长。

第三条　委员会举行会议时，以委员长为主席；委员长缺席时，应指定委员一人为代理主席。

第五条　委员会设命题阅卷委员若干人，由委员会就下列人员聘请之：

（一）富于某科教学经验之大学教授；

（二）中学及师范教育专家。

第六条　委员概为无给职，但聘任委员得视来往路程之远近酌支旅费。

第七条　委员会设干事若干人，由委员长就各该机关职员中调用之。

第八条　委员会办事细则由各省市教育行政机关订定之。②

这个中学教员检定组织机构由各省及行政院直辖市直接组织，检定委员

---

① 李桂林，等：《中国近代教育史资料汇编·普通教育》，上海教育出版社，2007 年，第 505 页。

② 李友芝，等：《中国近代师范教育史资料》，北京师范学院内部交流资料，1983 年，第 375 – 376 页。

会成员由省级教育主管部门行政领导和大学校长或者教育学院院长构成。教员检定后还要组织阅卷委员会，由学科教学经验丰富的大学教师和中学及师范教育专家构成。这个组织体现了检定人员资格的专业性。1934 年发布的规程没有规定设置常任委员，与 1916 年小学检定规程不同，平时不再设置常任委员，但是在履行检定任务的时候组成检定委员会，委员虽然为"无给职"，但是可酌情报销差旅费用。这个中学教员检定组织相对于小学教员检定组织，更加规范和专业，从成员来源上看由教育行政管理人员、大学教授、中学教育专家组成，某种程度上保证了检定过程的科学性。

（二）中小学教员资格检定委员会的主要职责

《检定小学教员规程》（1916 年）对检定委员会的主要职责做如下规定：

第五条　会长主持会务、综核检定成绩、报告该管行政长官。会长有事故时，得由该管行政长官指定常任委员代理其职务。

第六条　常任委员承会长之指挥，分掌教员检定事务。

临时委员承会长之指挥，分掌试验事务。

第七条　检定委员会得雇佣书记，分掌记录及庶务。

第八条　常任委员及临时委员均得酌给津贴，书记宜酌给月俸。前项经费由各省区支给之。

第九条　各省区行政长官，每年应将检定委员会经过事实暨检定成绩报告教育总长。[①]

《中学及师范学校教员检定委员会规程组织》（1934 年）对检定委员会职责做如下规定：

第四条　下列各事项须经委员会会议审核决定之：

（一）各项试验规则之拟订；

（二）受检定各教员呈缴各项文件之审查；

（三）受检定各教员检定合格或不合格之核定；

（四）检定试验成绩之核算及揭示事项；

（五）其他关于检定之重要事项。[②]

小学教员检定委员会不同职务各负其责，会长主持会务、综核检定成绩，常任委员分掌检定事务，临时委员分掌教员检定事务，书记分掌记录及

---

① 李桂林，等：《中国近代教育史资料汇编·普通教育》，上海教育出版社，2007 年，第 505 页。
② 李友芝，等：《中国近代师范教育史资料》，北京师范学院内部交流资料，1983 年，第 375 页。

庶务等。中学教员检定委员会负责拟定各项试验规则和各项文件，负责对教员资格做出检定结论、核算检定成绩等各项事务。中小学教员检定委员会作为全面负责教员检定的专门组织，直接由各省市教育行政机关负责组织，从上面检定委员资格可以看出，这个组织能为教员检定的专业化、规范化水平提供一定的保障。

二、近代中小学教员资格检定的主要程序和办法

中小学教员资格检定根据申请者条件分为两类：无试验检定和试验检定。无试验检定只需要进行资格审查，不需要参加考试，凡学历或者教学经历、品德、身体等方面达到无试验检定条件者即可给予教师资格许可状。参加试验检定者的条件相比无试验检定要低一些，因此要参加教员资格考试。

1916 年《检定小学教员规程》相关规定如下：

第十条　检定教员分无试验检定与试验检定。

无试验检定，审查其毕业证书或办学经历，并就其品行身体检查之。

试验检定，除检查其毕业证书及品行身体外，并加以试验。

第十二条　试验检定每年举行一次，无试验检定得随时行之。

举行试检验定，须于三个月前宣布日期，并同时咨陈教育总长。[1]

无试验检定随时可以申请，试验检定每年一次，具体时间要提前通过报纸公布，以便申请者做好检定的各种准备。

关于检定时间，《中学及师范学校教员检定暂行规程》（1934 年）规定：

第七条　各省市举行中学及师范学校教员试验检定，须于三个月前由各该省市教育行政机关将日期及办法登报公布。

前项日期办法及试验检定无试验检定之结果均须分别呈报教育部备案。[2]

参加检定者首先要写志愿申请书，在品德方面要有保证人，并且做体格检查，身心健康是教员资格的基本条件，要有个人从教意愿、道德品质的证明材料，证明人由中学校或师范学校校长、教员担任。《检定小学教员规程》（1916 年）规定如下：

第二十二条　凡受无试验检定或试验检定者，须填具志愿书及履历书，并由保证人填具品行证明书，陈送检定委员会查核。前项志愿书等由检定委

① 李桂林，等：《中国近代教育史资料汇编·普通教育》，上海教育出版社，2007 年，第506 页。
② 李友芝，等：《中国近代师范教育史资料》，北京师范学院内部交流资料，1983 年，第374 页。

员会遵照本规程所定书式，分别印发。凡现充任中学校或师范学校之校长、教员皆得为保证人。①

关于中学教员检定具体办法，需要提交的有关材料包括各种证书、著作、教员检定申请、本人近期照片等，《中学及师范学校教员检定暂行规程》（1934 年）具体在第六条里有如下规定：

第六条　中学及师范学校教员请求检定时，需呈缴下列条件：

（一）毕业证书或修业证书；

（二）服务证明书；

（三）著作（无著作者缺）；

（四）本人履历书、志愿书及最近照片。②

1916 年公布的《检定小学教员规程》规定检定形式有笔试，兼用口试并酌加实地演习。对试验成绩的规定，各科目平均分达到六十分为及格，但是修身、国文、算术三门学科分数必须各自达到六十分，否则不能认定为检定及格。这个规定说明修身、国文、算术三门科目在检定科目中的重要地位，作为当时学校课程的主要科目，必须每门均达到六十分方视为合格。当时小学师资基本为全科师资，小学教员对国文、算术、修身这些主干课都能胜任。具体规定如下：

第十九条　试验检定除用笔试外，得兼用口试，并宜酌加实地演习。

第二十条　凡受正教员或助教员试验检定者，以各科目平均分数满六十分以上者为及格，但修身、国文、算术三科目之试验分数，非各满六十分者，仍作不及格论。

第二十一条　凡受专科教员试验检定者，以各科目满六十分以上者为及格。

第二十六条　受试验检定未能合格，而关于某科目成绩满六十分以上者，检定委员会得授与证明书。

前项证明书由检定委员会遵照本规程所定书式，分别印发。

有本条证书者，更请受试验检定时，其证明书中所载之科目得受免行试验。③

1934 年公布的《小学教员检定暂行规程》在前面制度基础上，对检定方式做出明确规定，检定的形式有笔试、口试或实习两部分，这一点与 1916

---

①　李桂林，等：《中国近代教育史资料汇编·普通教育》，上海教育出版社，2007 年，第 507 页。

②　李友芝，等：《中国近代师范教育史资料》，北京师范学院内部交流资料，1983 年，第 371 页。

③　李桂林，等：《中国近代教育史资料汇编·普通教育》，上海教育出版社，2007 年，第 507－508 页。

年公布的《小学教员检定规程》基本相同。《暂行规程》规定笔试分数占 80%，口试或实习分数占 20%，可见教员检定仍然以笔试成绩为主。对于检定成绩的规定，《暂行规程》规定，级任教员和专科教员的要求不同。级任教员科目成绩平均分数满六十分者为及格，专科教员的试验科目和某科教学法皆满六十分才能认定为合格。相关规定如下：

第十二条　受级任教员试验检定者，以各科目平均分数满六十分者为及格。

第十三条　受专科教员试验检定者以受试验科目及某科之教学法均满六十分者为及格。

第十七条　受试验检定未能及格，而某科目成绩满六十分者，给予该科目及格证明书，以后再请检定时，得免除该科目之试验。[1]

中学教员检定方式与小学教员大致相同，但是对成绩合格的认定稍有差异，要求各科目成绩须满六十分为及格。《中学及师范学校教员检定办法》（1944 年）规定，受试验检定者以各科目及口试内满六十分为及格。这说明对教员各科目成绩要求一致，不再有主副科差异。

1946 年民国教育部公布的《国民学校教员检定办法》与之前的教员检定制度在检定形式、认定比例的规定方面有些变化，笔试占 70%，口试或实习占 30%，这说明更加注重教员实际教学经验和教学能力的考核。

三、近代中小学教员资格证的管理制度

民国时期中小学教员资格证管理方式方法的规定主要体现在不同时期的有关教员检定的制度中。除了检定方法，这些制度对教员资格的检定结果、公布方式、资格证有效期及相关事宜皆做出了相应规定。

教员资格检定结果需要向社会公开，检定合格者的个人信息须登报公布，《检定小学教员规程》（1916 年）为此做如下规定：

第二十七条　凡经检定合格者，应由各省区行政长官以其姓名、籍贯、年岁及检定之种类、成绩、年月送登公报宣布之。[2]

关于教员资格证的有效期，在《教育部订定施行检定小学教员办法》（1917 年）中规定如下：

① 李友芝，等：《中国近代师范教育史资料》，北京师范学院内部交流资料，1983 年，第 378 - 379 页。

② 李桂林，等：《中国近代教育史资料汇编·普通教育》，上海教育出版社，2007 年，第 508 页。

第八条　检定合格之教员，以满五年至八年为有效期限。此期间，由各省区依地方情形，分别规定之。但代用教员，应以二年至三年为限。①

教员资格检定是面向社会的一项公共事务，对于检定合格者的相关信息要登报公示，这既是对参与检定者的通知，也是一种政务信息公开。合格证书的有效期制度体现了对教员资格的动态管理，一劳永逸的终身资格制度会导致教员懈怠，定期检定制度则可以促进教员不断提升专业水平。

1934 年公布的《小学教员检定暂行规程》规定：

第十六条　检定合格教员有效期间，自发给检定合格证书之日起，定为四年。在检定有效期间，教学成绩，特别优良，经省市督学查报有案，或经县教育局长，切实呈报；或服务期间在暑期学校，得有成绩证明书者，期满后，仍给予有效期间四年之合格证书；连续得二次合格证书者，期满后，给予长期合格证书，其成绩不良者，在合格证书期满后，须重受检定。②

1934 年《小学教员检定暂行规程》规定的小学教员资格证有效期缩短为四年，对于连续两次检定合格者，可以给予终身证书，如果成绩不良，仍然要重新检定。

《中学及师范学校教员检定办法》（1944 年）规定：

第十一条　检定合格者由各省市教育行政机关给予检定合格证书（填明科目）。检定合格证书有效期限为六年，期满重行检定。

第十二条　受试验检定未能及格而某科成绩满六十分者，给予该科目及格证明书，以后再请检定时，得免除该科目之试验。③

1944 年《中学及师范学校教员检定办法》规定的中学教员资格证有效期为六年，对于检定中满六十分的科目可以颁发证书，下次检定时可以免考该科目。

《国民学校教员检定办法》（1946 年）规定教员资格证的有效期为四年，对于在合格期内，教员成绩优良或者参加过三次假期训练且成绩合格并有证明书者，可以发给长期教员合格证书。具体规定如下：

第二十一条　检定合格有效期间，自发给检定合格证书之次学期第一日起，定为四年。

第二十二条　检定合格教员在有效期间教学成绩优良，经省市督学查报或县市教育行政机关呈报有案，或于服务期间参加假期训练三次以上得有成

---

① 李桂林，等：《中国近代教育史资料汇编·普通教育》，上海教育出版社，2007 年，第 511 页。
② 李友芝，等：《中国近代师范教育史资料》，北京师范学院内部交流资料，1983 年，第 378 页。
③ 李友芝，等：《中国近代师范教育史资料》，北京师范学院内部交流资料，1983 年，第 499 页。

绩及格证明书者，期满后发给长期合格证书。

第二十三条 检定合格教员在有效期间不合前条之规定者，期满后应重受检定。[1]

近代对中小学教员资格有效期限的规定，体现了教师专业特点。教师是以知识传递为业的职业，需要不断学习补充知识结构，更新教育理念。资格证书的终身制违背了教师这种职业特点，通过制度鼓励教师通过不断学习提升专业水平，对确有成绩者通过延长证书有效期等方式予以认可，这是民国教师资格证管理方式留给今天的重要制度遗产。

四、近代中小学教员资格检定的主要内容

教员检定内容是依据教员职业素养要求设计的，一般包括学科知识、教育类知识及与教师职业技能有关的知识和能力。不同时期和不同类型的教员资格，其检定的内容存在差异。

（一）中小学教员资格检定的主要科目

《检定小学教员规程》（1916年）规定：

第十六条 高等小学校本科正教员之试验科目及其程度，应依照师范学校第一部课程，但在男子，得缺法制、经济、手工、农业、商业、外国语之一科目或数科目；在女子，得缺法制、经济、手工、家事、园艺、外国语之一科目或数科目。助教员之试验科目与前项正教员同，但其程度应分别酌减。

第十七条 国民学校正教员之试验科目及程度，除农业、商业、家事、园艺、外国语可毋庸检定外，应比照前条第一项之规定，酌减其程度行之，但因特别情事，并得缺图画、唱歌、体操、缝纫之一科目或数科目。

第十八条 专科教员之试验科目为图画、唱歌、体操、缝纫、手工、农业、商业、外国语之一科目或数科目，其程度与师范学校第一部课程相准，但无论试验何项专科，均须并试教育学及受验科目之教授法。[2]

这个检定条款对应试科目的规定，基本按照师范学校第一部课程标准，男女教员在规定科目中必选一门或者数门，不同类型和不同学校教员，考试

---

① 李友芝，等：《中国近代师范教育史资料》，北京师范学院内部交流资料，1983年，第541页。

② 李桂林，等：《中国近代教育史资料汇编·普通教育》，上海教育出版社，2007年，第506–507页。

内容、难易程度有些差异，助教员相比正教员，考试科目相同但是难度酌减，国民学校教员相比高等小学校教员，难度酌减。所有类型教员必考教育学和教学法。这个检定科目清单说明民国时期对小学教员的检定比较全面，这些科目是对小学教员素养的全面考核，这也符合当时对全科型小学教员的要求。

《小学教员检定暂行规程》（1934年）规定：

第十条　小学级任教员之试验科目为公民（党义包括在内）、国语、算术、自然、卫生、历史、地理、教育概论、小学教学法等。但初级小学级任教员之试验，得照上列科目酌量减低其程度。

第十一条　专科教员之试验科目，除请求试验之某种专科（如音乐、体育、美术、劳作等）须试验外，并试验教育概论及受试验科目之教学法。[1]

1934年的《暂行规程》对教员考试科目类型的规定，包括教育理论课、学科教学法和具体教学科目，基本体现了教师知识结构要求即教育类知识、学科知识和教学法知识。

《国民学校教员检定办法》（1946年）规定：

第十六条　级任教员试验检定之笔试科目如下：

一、公民；

二、国语（论交、女字、口语及注音符号）；

三、算术；

四、本国史地；

五、教育概论；

六、国民学校各科课程标准、教材及教学法（包括民教部课程标准）。初级部级任教员试验检定之笔试科目得酌量减低其程度。

第十七条　专科教员试验检定不分高级、初级，共笔试科目如下：

一、国语；

二、教育概论；

三、请求检定之专科；

四、前款之课程标准、教材及教学法。

前项第三款对于音乐、体育、美术、劳作各专科，除笔试理论外，并试其技能。[2]

①　李友芝，等：《中国近代师范教育史资料》，北京师范学院内部交流资料，1983年，第378页。
②　李友芝，等：《中国近代师范教育史资料》，北京师范学院内部交流资料，1983年，第540页。

1934 年公布的《小学教员检定暂行规程》和 1946 年公布的《国民学校教员检定办法》对检定科目的要求基本相同，与民初的《检定小学教员规程》（1916 年）相比，试验科目有所减少，日常技能类科目被削减。

中学教员试验科目分共同考试科目和各专门科目。共同考试科目包括教育概论和教学法，其他各科根据学科课程标准设计，比如公民科教员要考试党义、法学通论、政治学、经济学、伦理学等，国文科教员要考试作文、中国文学史、文字学、国文教学法等，算学科教员要考试算术、代数、几何、微积分、算术教学法等，各科试验内容比较全面，基本依据师范院校课程标准命题。

（二）中小学教员资格检定内容的主要特点

1. 师范院校的课程标准是教员资格检定的基本依据

中小学教员资格检定内容基本依据当时师范院校的课程标准，考试内容按照师范院校科目设置和各科目课程标准设定。师范教育和教师资格检定之间的匹配性说明师资培养和任用之间的连贯程度，师范教育课程按照教师专业素质设计，教师知识结构、能力结构、职业理念和道德品质在师范教育课程中体现得越充分，说明师范教育与教师专业素养匹配度越高，而教师资格检定内容与师范教育课程内容和课程目标切合度越高，说明教师资格检定内容的信效度越高。

师范教育课程标准为教师资格检定提供了基本依据，这保证了教师资格检定的规范性、科学性和良好的可操作性，防止了随意性和盲目性。师范教育从课程目标和培养模式上以培养中小学教员为目的，师范院校合格毕业生具备了入职中小学教员职业的基本资格。由于当时师范教育发展规模的有限性，很多有志从教的人员没有机会接受师范教育，或者他们接受的是非师范教育，对于非师范生入职中小学教员职业的考核也应该以教师职业素养基本内容为依据，师范教育课程标准为考核提供了依据。

2. 小学教员资格检定内容体现了对综合素养的全面考核

民国小学教师的培养基本采用的是全科型教师培养模式，培养过程注重全面提升师范生综合素养，小学教员检定内容也体现出对教师综合素养的全面考核。从检定科目上看，小学教员的检定科目除了某些专门科目，其他小学阶段要学习的普通科目也都列入了考试范围。小学教员更注重广博的综合素养，能胜任小学各种科目教学，每位小学教员在具体科目上达到的程度不一定多么精深，但要求全面，这与小学教育培养目标要求有关，《小学校令》

（1912 年）中规定："小学教员以留意儿童身心之发育，培养国民道德之基础，并授以生活所必须之知识技能为宗旨。"①《国民学校令》（1913 年）规定："国民学校试行国家根本教育，以注重儿童身心之发育，施以适当之陶冶，并授以国民道德之基础及国民生活所必须之普通知识技能为本旨。"②《小学课程标准总纲》（1932 年）在"小学教育总目标"中提出："小学应根据三民主义，遵照中华民国教育宗旨及其实施方针，发展儿童身心，培养国民道德基础及生活所必须的基本知识和技能，以养成知礼知义爱国爱群的国民。"③ 小学教育的宗旨之一是形成生活必需的普通知识技能，小学教员培养和检定也应围绕此宗旨施行，除了任教学科的知识，小学教员检定内容中包括普通的人文社科知识比如法制经济、历史、地理等，这就是当下师范教育中的通识教育内容，这些内容形成了教师广博的文化素养。小学教员检定内容充分体现了对小学教员综合素养的考核。

3. 重视教育类知识和教学法的检定

无论什么类型的中小学教员检定，应试内容皆包括教育类科目和学科教学法。教师知识结构基本包括两大类：教什么的知识和如何教的知识。各个学科内容的考试是对"教什么的知识"的检定，教育类科目和教学法的考试是对"如何教的知识"的考核，二者共同构成教师的知识结构，这类知识是成就师范生"师范性"的重要知识来源。

4. 不同类型教员检定内容各有特色

民国中小学教员检定根据不同类型教员设计考试内容。小学教员资格检定内容体现了综合素质取向，强调知识的基础性和全面性，同时注重与日常生活的联系。中学教员资格检定内容体现具体学科特点，学科考试内容根据师范院校学科课程标准设计，体现了中学学科知识的专业性。对于专科教员的检定内容，除了笔试相关知识，尤其注重技能的考核，这与普通学科不同，充分体现了专科教学的特点。

---

① 李友芝，等：《中国近代师范教育史资料》，北京师范学院内部交流资料，1983 年，第 147 页。
② 李友芝，等：《中国近代师范教育史资料》，北京师范学院内部交流资料，1983 年，第 340 页。
③ 宋恩荣，等：《中华民国教育法规选编》，江苏教育出版社，2005 年，第 234 页。

第三章
基于中小学教员资格检定的近代师范教育研究

中小学教员资格与师范教育的办学目标、课程设置及培养模式之间是一以贯之的关系，师范教育以教员职业素养为依据，师范教育课程亦是教员资格检定的主要内容。中小学教员资格检定的主要维度包括学历、知识、能力和职业道德等几个方面，本研究以近代师范教育课程、实习制度、训育模式为视角，这三个方面的培养目标基本与中小学教员资格检定维度一致。对近代中国师范教育课程和培养模式的分析是研究中小学教员资格检定制度的重要视角。

1897年盛宣怀创立南洋公学师范院，中国师范教育序幕从此揭开。1898年京师大学堂设立"师范斋"，成为我国高等师范教育的开端。1902年张謇创办通州师范学堂，该学堂成为我国第一所中等师范学校。师范教育独立建制，从1904年《奏定初级师范学堂章程》《奏定优级师范学堂章程》开始，初级师范学堂以培养高等小学堂和初等小学堂教员为目的，优级师范学堂以培养初级师范学堂和中学堂教员与管理人员为宗旨。清末师范教育目标强调封建传统伦理，要求师范教育"以忠孝大义训勉各生，使其趣向端正，心性纯良，强调孔孟为中国立教之宗，师范教育务须恪遵经训，阐发要义，万不可稍悖其旨，创为异说"①，这些规定是清政府"忠君、尊孔"教育宗旨的体现。同时，癸卯学制关于师范教育的规定也注入了当时西方教学理念，比如师范学堂章程强调，"体认各学科教育之用意所在，且着眼今日国势民风，讲求实益"，"使学生于受业之际，领会教授之有法"，等等，这些内容受当时西方教学方法的影响，具有进步意义。中华民国成立后，师范教育在清末旧制基础上获得发展。通过《师范教育令》（1912年）、《师范学校规程》（1912年）、《高等师范学校规程》（1913年）等系列师范教育法令法规，从制度上对师范教育培养目标、办学模式做出了规定。

---

① 李华兴，等：《民国教育史》，上海教育出版社，1997年，第652页。

1929 年国民政府颁布《中华民国教育宗旨及其实施方针》，对师范教育做出规定："师范教育必须以最适宜之科学教育，及最严格之身心训练，养成一般国民道德上学术上最健全之师资为主要之任务，于可能范围内，使其独立设置，并尽量发展乡村师范教育。"[1] 近代师范教育的课程和培养模式基本是按照教育宗旨实施，中小学教员资格检定内容基本亦是按照师范教育的培养目标设计的，二者之间相辅相成，近代师范教育研究是中小学教员资格检定制度研究的重要依据。

一、近代师范教育的课程分析

中小学教员资格检定内容与师范教育课程紧密相关，民国中小学教员试验检定的内容基本依据师范教育课程标准，因此分析师范教育课程对进一步研究中小学教员资格检定与师资培养的关系，以及当下教师教育具有一定的借鉴价值。

民国师范教育课程的主要文献体现在《高等师范学校规程》（1913 年）、《师范学校课程标准》（1913 年）、《高等师范学校课程标准》（1913 年）、《师范学校规程》（1932 年）、《师范学院分系必修及选修科目表施行要点》（1939 年）、《师范学院分系必修及选修科目表》（1939 年）、《修正师范学院共同必修科目表》（1939 年）、《修正师范学院规程》（1946 年）、《修正师范学校规程》（1947 年）以及不同时期师范院校实施的不同科目的具体课程标准中。本研究主要依据这些文献，分析民国师范教育课程的主要内容架构。

（一）师范学校课程旨在培养全科型教师

师范学校课程结构由修身、国文、数学、历史、地理、博物、物理、化学、法制经济、英语、习字、画图、农业或商业、乐歌、体操、手工、教育构成，后来又增加了家事、园艺、缝纫等课程。这个宏大的课程结构基本包括了中小学所开设的所有科目，还有体现师范生素养的通识课程。按照《师范学校法》（1932 年），师范学校的培养目标是"养成小学之健全师资"，师范学校课程设置并没有根据任教学科设置，没有划分专业，因此这种培养模式是一种全科型教师培养模式。师范学校毕业生有能力胜任小学主要学科教学。后来公布的《修正师范学校规程》特别规定对师范生进行如下训练：

---

① 李友芝，等：《中国近代师范教育史资料》，北京师范学院内部交流资料，1983 年，第 290 页。

一、锻炼强健身体；

二、陶融道德品格；

三、培育民族文化；

四、充实科学知能；

五、养成勤劳习惯；

六、启发研究儿童教育之兴趣；

七、培养终身服务教育之精神。[1]

上述几方面是师范生的培养宗旨，师范学校课程基本依据该宗旨设置。这个全科型教师的培养模式特别重视师资综合素养的培养，在职业道德、文化素养、科学知能、劳动教育、教育素养、身体健康等方面都有相应的课程标准。较高的文化素养和良好的职业道德是教师专业素质的重要内容。师范学校教学科目及教学时数见表3.1。

表3.1　师范学校教学科目及教学时数表[2]

学期课程		第一学年		第二学年		第三学年		第四学年	
		1学期	2学期	1学期	2学期	1学期	2学期	1学期	2学期
公　民		2	2	2	2	2	2	2	2
体　育		2	2	2	2	2	2	2	2
卫　生		2	2	1	1	1	1		
国　文		6	6	6	6	5	5	5	3
算　学		4	4	4	4	3	3		
地　理		3	3	3	3				
历　史				3	3	3	3		
植　物		4	4						
动　物		4	4						
化　学				4	4				
物　理						4	4		
劳作	农艺					3	3	3	3
	工艺	2	2	2	2	2	2	2	2
	家事							3	3

① 李友芝，等：《中国近现代师范教育史资料》，北京师范学院内部交流资料，1983年，第582－583页。

② 孙邦正：《六十年来的中国教育》，台湾正中书局，1974年，第557－558页。

续表

学期课程	第一学年		第二学年		第三学年		第四学年	
	1 学期	2 学期	1 学期	2 学期	1 学期	2 学期	1 学期	2 学期
美　术	2	2	2	2	2	2		
音　乐	2	2	2	2	2	2	2	2
教育概论			3	3				
教育心理					3	3		
乡村及民众教育				3				
教育测验及统计								3
小学教材及教学法							6	6
小学行政							3	
实　习						3	9	12
每周教学总时数	33	33	34	37	32	35	37	38
每周在校自习及课外运动总时数	21	21	20	20	19	19	20	19

（二）重视教学法训练

《师范学校课程标准》（1913 年）中，每门学科除了学科知识学习要求，从第三学年开始还有教授法的训练。对学科教学方法的重视，体现了当时师范教育的基本理念，即作为本体性知识的学科知识和作为教育教学方法的条件性知识共同构成了师范生的知识结构。对教学知识和技能的重视，是我国中等师范的传统，这种传统一直延续到上世纪九十年代末期中等师范的普遍消失。民国师范学校不仅重视国文、数学这些主要学科的教法知识和技能训练，除了物理、化学、法制经济外，对其他学科都开设相应的教授法课，这体现了师范教育的师范性特质。

师范学院科目类别有专门训练科目的教材及教法研究，内容分教材选择、教科书批评、课程标准研究、教学研究、课程组织、教具设置及应用等部分。专业训练科目通过教学实习培养教学技能，每周教学实习一小时，学期末经实习导师评定分数及格者获得一学分，满十六学分方得毕业。这些规定体现在《修正师范学院规程》（1942 年）中：

第二八条　专业训练科目之分科教材及教法研究，在第四学年学习，内容分教材选择、教科书批评、课程标准研究、教学研究、课程组织、教具设置及应用部分。

第二九条　专业训练科目之教学实习，以每星期实际教学一小时，学期终了经实习导师评定分数及格者为一学分；满十六学分，方得毕业。教学实习在第四五学年中举行。①

（三）重视课程与生活的联系，尤其重视劳动教育

师范学校开设有手工、农业或商业课程，这些课程与日常生活密切相关。比如手工课程内容包括竹细工、木工、黏土石膏细工、金工等；农业课包括栽培泛论及各论、土壤、肥料、农具、桑蚕、畜牧、农产制造、农业经济等；商业课包括商业算术、商业簿记、商业地理及商品的有关知识；家事课包括家事整理、家事卫生、饮食物之调理；园艺课包括蔬果花木等之培养法、庭院构造法；缝纫课包括普通布衣类和丝衣类之缝法、裁法及补缀法；等等。这些课程与生产生活密切相关，是基本的日常生活技能。陶行知提倡教师应该有"科学家的头脑和农夫的身手"，师范学校课程重视与生活的联系，培养师范生必备的劳动技能及相应的教授方法，这与师范学校的办学宗旨有关。

师范学院学生须于暑假或寒假期内从事社会服务或劳动服务。如社会教育、义务教育、新生活运动等之服务，农业或工厂之实习，或社会调查等。服务时间至少应有四星期。无此项服务证明书者，不得毕业。②

（四）高等师范学校通修课程丰富

师范学院课程分为普通基本科目、教育基本科目、分系专门科目及专业训练科目四类，见表3.2。

表3.2　师范学院课程分类表

课程	类别	学分
普通基本科目		52
教育基本科目		22

① 李友芝，等：《中国近现代师范教育史资料》，北京师范学院内部交流资料，1983年，第549页。
② 李友芝，等：《中国近现代师范教育史资料》，北京师范学院内部交流资料，1983年，第552页。

续表

课程	类别	学分
分系专门科目		72
专门训练科目	分科教材教法	8
	教学实习	16
总计		170

师范学院的共同必修课程包括普通基本科目和教育基本科目，其科目类别丰富，见表 3.3。

表3.3　师范学院共同必修科目①

类别	科目	学分	第一学年		第二学年		第三学年		
			第一学期	第二学期	第一学期	第二学期	第一学期	第二学期	
普通基本科目	党义	2	1	1					政治学、经济学、社会学、法学通论任选两种，各六学分。物理、化学、生物学、人类学任选一种，六学分。
	国文	8	4	4					
	外国语	8	4	4					
	社会科学	12	3	3	3	3			
	自然科学	6	3	3					
	哲学概论	4			2	2			
	本国文化史	6	3	3					
	西洋文化史	6			3	3			
教育基本科目	教育概论	6	3	3					
	教育心理	6			3	3			
	中等教育	6			3	3			
	普通教育学	4					2	2	
总计		74	21	21	14	14	2	2	

共同必修课也就是通修课，丰富的通修课程为培养师范生较高的文化素养奠定了基础。无论是师范学校还是高等师范院校，师范生素质教育在课程设置中都有明显体现。师范学校的课程本身就是一种全科型教师的培养模式，高师院校通过"普通基本科目"设置培养了师范生综合素质，这种重视

---

① 李友芝，等：《中国近现代师范教育史资料》，北京师范学院内部交流资料，1983 年，第 548 页。

师范生素质教育的培养模式为后来的师范教育提供了借鉴。

二、基于中小学教员教学能力培养的近代实习制度研究

1912 年公布的《师范教育令》提出高师教育的培养目标，"高等师范学校以造就中学校、师范学校教员为目的"。[①] 从此我国有了近代意义上的高等师范，高等师范学校与师范学校（科）共同构成民国时期师范教育主体。期间高师院校在办学模式上经历了从模仿日本、学习美国到本土化探索的发展过程，在管理体制上发生过"高师改大""师范教育存废之争"等运动和争论。民国时期师范教育虽然在许多方面存在很多问题，可是它仍然在中国师范教育史上留下了许多宝贵遗产，特别是在师资培养制度方面至今仍有借鉴意义。近代师范学校一般由省立，高等师范院校定为国立。师范院校的各种制度，多由教育部统一发文，实行统一管理。

其中关于师范院校实习的规定，民国教育部在不同时期的教育法令中皆有专门文本。本研究依据的相关文献主要包括：《师范学校（科）学生实习办法》（民国教育部公布，1941 年 12 月 6 日）；《师范学院学生实习及服务办法》（民国教育部 23060 号令公布，1943 年 8 月 17 日）；《师范学院学生教学实习办法》（民国教育部第 60794 号部令公布，1944 年 12 月 30 日）；《师范学院规程（第一次修正）》（民国教育部修正公布，1946 年 12 月 9 日）；《师范学院规程（第二次修正）》（民国教育部修正公布，1948 年 12 月 25 日）。下面，笔者拟通过对近代师范院校在师资培养过程中实习制度的分析，揭示近代师范院校实习管理特点。

（一）实习内容全面，实习阶段循序渐进

1. 实习内容全面，实习类型多样

实习是师资培养的重要环节，是师范生的实践性课程。根据基础教育岗位要求及未来师范生在教育过程中可能承担的角色，民国师范院校将实习分为参观见习、教学实习及行政实习。不同层级的师范院校学生都要参加这几种实习。其中参观见习范围包括："学校行政；教学及训导实施；社会教育事业；县及乡（镇）保教育行政；乡（镇）保一般自治及行政事务。"[②] 行

---

① 舒新城：《中国近代教育史资料（中册）》，人民教育出版社，1981 年，第 701 页。

② 宋恩荣，等：《中华民国教育法规选编》，江苏教育出版社，2005 年，第 450 – 453 页。

政实习则包含学校行政实习、社会教育行政实习、地方自治及行政实习等。对教学实习的内容，则规定"须有充分实习小学部或民教部各级各科教学之机会，并以普遍实习单式、复式单极等学级为原则"。①

师范生实践课程内容是根据未来岗位要求设置的，教学能力、学校行政和政府机关教育行政能力、地方行政事务能力皆是对师范生未来角色的要求，这种能力在见习过程中就开始培养。教学实习内容则要求师范学校学生充分实习各级各学科，这是对初等学校全科型教师的要求，也是适应当时师资普遍匮乏的现实的要求。

不同层级师范学校各项实习时数比例不同。"师范学校（科），参观实习及见习占十分之三，教学实习占十分之四，行政实习占十分之三为原则。""师范学院学生，教学实习应占全部时间三分之二，参观见习及行政实习合占三分之一，教学实习之时数并不得少于六十小时。"② 这说明以培养小学师资为目标的师范学校（科）的师范生，见习和行政实习占了很大比重，教学实习仅占五分之二，这主要考虑到学生未来可能就职的岗位要求，有大部分学生会从事学校行政或者地方行政事务管理，这就需要师范生职前有充分的行政能力准备。师范学院学生的实习则以教学实习为主，教学实习占全部实习时数的三分之二，这是因为师范学院以国立为主，毕业生大多直接从事中等学校教育工作，对学科教学素养的要求更高。

民国时期师范院校实习内容全面性的特点对当下教师教育具有重要启示。目前我国师范生见习、实习一般限于教学内容，很少有行政实习。教育行政实习有助于师范生从宏观上把握学校运行的基本规则，系统了解学校教育工作基本内容，为从事教育管理和教学工作奠定基础，这是教师基本的专业素养，是师范生走进中小学前必需的职业准备。在实习内容方面，仅仅通过教学实习是不足以了解中小学教育全貌的，更无法培养教育行政能力。民国师范院校对教学实习的要求也是比较全面的，要求到小学或者民教部的实习生能够胜任各科教学，这相当于今天"全科型教师"的培养目标。目前我国大部分师范院校小学师资培养仍然以分科为主，这是适应专业分工细化的要求，可是在农村或者偏远地区，对全科型师资的要求仍然比较普遍，这就需要在师资培养过程中关照这些地区的要求，汲取民国师资培养的经验。

---

① 宋恩荣，等：《中华民国教育法规选编》，江苏教育出版社，2005 年，第 450 – 453 页。
② 宋恩荣，等：《中华民国教育法规选编》，江苏教育出版社，2005 年，第 450 – 453 页。

2. 实习阶段循序渐进

1938 年国民政府教育部颁布《师范学院规程》，明确规定：师范学院招收高级中学或同等学校毕业生，本科修业四年，实习一年。[①]《师范学院学生教学实习办法》对实习阶段的要求是："教学实习分见习、试教及充任实习教师三部分。教学见习在第三学年分科教材及教法一科目内行之；试教在第四学年教学实习一科目内行之，由各科目教授担任指导。其试教时数每生每周三小时。充任实习教师于第五学年内行之，各校院应于各生第四学年学业结束前三个月，会同所在区内省市教育厅局，拟将分发各生实习之学校名称（以本师范学院所在区内办理成绩优良之公私立中等学校为限），各生担任之科目或职别连同各生姓名、性别、年龄、籍贯、肄业学系、入学年月及部令核准文号及以往七学期之学科、体育、操行等项成绩平均分数报部，呈请分发充任实习教师。实习教师每周教学时数以各该校专任教员任课之时数为标准。"[②] 有人认为这是我国历史上中央教育行政机构第一次就高师教育实习工作拟就专门的政策，在高师教育实习政策历史上具有重要意义。[③]

民国师范学院规定正式在学校充任实习教师有一年的时间，有充分的时间保障。在这之前，实习生必须经过见习、试教环节才能出现在中学课堂上成为实习教师。也就是说，教学实习分为三个阶段：见习、试教、实习教师。这三个阶段分别在不同的课程里面实施。其中见习要求在各学科教学法的实践环节完成，也就是这个课程要求一部分由教师在课堂上讲授，另一部分则由见习的学生通过见习也就是以课堂实践的形式完成。"见习再进一步便是试教，分为临时验证的试教和长期有系统性的试教两种，使学生能够独立地完成教学活动，并解决在教学与学校行政方面遇到的问题。"[④] 试教阶段在第四学年教学实习环节完成，要求每周三小时，且由相应学科教授指导。至于见习和试教完成的地点没有做出具体要求，有一部分在非课堂环境完成，有条件的地方则在真实的中学课堂上实践。对于接下来的"充任实习教师"环节，则提出了更规范、更具体的要求，要求在第四学年结束前的学期，就要把拟实习教师的信息及实习学校意向呈报教育部，由教育部分发。实习教师的任教时数以实习学校教师任课时数为标准，并没有因为实习教师身份而降低工作量。

① 毛礼锐，沈灌群：《中国教育通史》（第 5 卷），山东教育出版社，1989 年，第 315 页。
② 宋恩荣，等：《中华民国教育法规选编》，江苏教育出版社，2005 年，第 458—459 页。
③ 李伟：《民国时期高师教育实习政策的演变》《内蒙古师范大学学报（教育科学版）》，2006 年第 1 期，第 45—47 页。
④ 曲铁华，魏莹：《民国时期乡村师范教育的实施及特点》，《沈阳师范大学学报》，2016 年第 1 期，第 1—5 页。

民国师范生的分段实习，通过循序渐进的方式完成。至于分段实习的目的，相关文献中提出："实习之前，恐其理想虽宏，毫无经验，不易手也，即使在附属小学参观一周，问难质疑，随时研究教授、管理、训练之理法，既渐融合，当有跃跃欲试之景象，乃使之实习。向者旧蓄之理论，直观之法度，一经实地措施，必仍有滞碍难行之处，乃更使分至他校参观，以广其识见。既归再使实习，自有得心应手之妙用矣，较之不参观径实习者，收益当多。"① 实习是教师实践性知识形成的基本途径，教师专业情感、专业能力只有通过实习才能培养，而培养是需要过程的，在实习教师正式出现在教室里承担教师职责时，应该有比较充分的职业准备，这个准备在学校培养过程中完成。学科教学法作为教育类课程的基础课，不能仅仅是理念理论的集合体，实践教学应该占有绝大部分比重，教学见习从这门课开始，是师范生教学能力培养的初始环节。正式进入教室实习前的试教是保证实习质量的必要环节，试教是根据拟任教学科内容，且大多在没有学生的情境下实施的，这个过程既让实习的教师熟悉学科知识，也提升其教学技能。构成教师 PCK（教学核心知识）的一是语言能力，一是学科教学能力，这两方面都是通过反复练习才能获得的。在没有学生的情境中，虽然与真实的课堂环境有差异，可是也降低了实习教师自身的不成熟给学生带来不利影响的风险。试教训练越充分，师范生技能提升效果就越明显，未来在课堂上的教学效果就可能越好。

（二）实习管理过程严密

1. 注重与政府及社会力量合作，组成专门实习指导委员会

实习指导委员会是师范院校实习的管理机构。《师范学校（科）学生实习办法》提出："实习指导委员会应以师范学校校长有关之各部主任、教育学科教员及附属学校校长有关之各部主任为委员，师范学校校长、教务主任、附属学校校长为常务委员，并由师范学校校长聘请与实习有关之乡（镇）保长、中心学校国民学校校长、民众教育馆馆长为名誉委员。"②

针对师范学院实习要求，提出："师范学院学生之实习，应由师范学院院长、各系科主任及主要教授，组织实习指导委员会负责指导之。"③

---

① 转引自王国英：《民国时期保定二师课程设置特点及当代价值》，《保定学院学报》，2012 年第 4 期，第 128－131 页。

② 宋恩荣，等：《中华民国教育法规选编》，江苏教育出版社，2005 年，第 450－453 页。

③ 李友芝，等：《中国近代师范教育史资料》，北京师范学院内部交流资料，1983 年，第 469－473 页。

实习是一个需要协调联合各种力量的系统工作。学校应该尽力争取各种力量的支持，形成教育合力，组成师范生专业成长助力系统，构成专业社群。民国师范院校实习指导委员会由学校不同层级的领导、教师和实习单位的相关人员构成。因为师范生实习不仅限于学校，"实习机关除附属学校及指定之乡（镇）保外，其所在地之中心学校国民学校及邻近之乡（镇）保与社会教育机关，可于商得其主管人员之同意后派学生前往实习"。① 实习指导委员会负责制定实习制度，对实习生实行统一管理，不同主体各负其责，保障了实习顺利开展，有利于提高实习质量。教师培养是个系统工程，在师范院校的教室里是无法培养出合格教师的，专业素养需要通过实践才能成就，这个过程需要依靠各种社会力量，师范院校应具有开放的社会意识，能够利用各种社会资源，组成社会助力系统。

2. 注重实习研讨

民国师范院校对不同内容、不同阶段的实习都重视实习研讨。② 在其师范学校实习生的参观实习要求中提出"每次参观后应开研究会一次"，在其教学见习后提出"见习后应具书面报告，并开研究会，讨论所遇困难及一切问题"。③ 对教学实习和行政实习时的要求，提出"举行研究教学，由指定学生施教，指导员及全体学习学生列席参观研究，并于施教毕，举行教学研究讨论会"，"教学实习后，应具书面报告，并开研究会"，"行政实习后，应具书面报告，并开研究会，讨论实习所遇之各项问题"。④

对师范学院实习生也同样有此规定，"师范学院学生每次实习完毕后均需提出书面报告并举行实习研讨会"。⑤

可见师范院校无论对见习还是实习，无论是在过程中还是结束后，都有实习研讨的要求。实习研讨是对实习问题的及时发现与反馈，也是师范生作为学习共同体对教学的一种反思，这是教师成长的重要方式。实习研讨实质上是作为准教师的师范生的一种教研活动，通过交流，发现问题，并且通过头脑风暴的方式，协商问题的解决之道。实习生遇到的问题可能是教学方法、学科知识、学生管理及其他人际关系方面的问题，还可能是自己都没有清晰觉知的问题，教学研讨既是解决共性问题的过程，也是发现个别特有问题并对其进行反思的过程。没有敞开合作的精神，没有主动求知于人的态

① 宋恩荣，等：《中华民国教育法规选编》，江苏教育出版社，2005年，第450—453页。
② 宋恩荣，等：《中华民国教育法规选编》，江苏教育出版社，2005年，第450—453页。
③ 宋恩荣，等：《中华民国教育法规选编》，江苏教育出版社，2005年，第450—453页。
④ 宋恩荣，等：《中华民国教育法规选编》，江苏教育出版社，2005年，第450—453页。
⑤ 李友芝，等《中国近代师范教育史资料》，北京师范学院内部交流资料，1983年，第469—473页。

度，没有慎独反思的意识，新手教师很难获得提升，因此实习研讨是实习生反思能力培养的重要平台。

3. 实习时数充分，实习要求明确具体

民国师范院校实习时数充分，实习时间的要求明确，具体到分钟，其中对师范学校学生规定："为使养成娴熟的教学技能，各实习学生教学实习时，在附属学校实际担任教学之时数，不得少于一千八百分钟。"[①] 对师范学院学生规定："师范学院学生修业年限一律五年（学科四年实习一年），期满考试合格，经教育部核准，由院（校）授予学位。"[②] "师范学院第二部、初级部、专修科及职业师资科毕业生，均应于毕业前分别予以实习。实习教学时间，第二部及职业师资科学生不得少于二十小时，初级部不得少于四十小时。"[③]

对普通师范生的实习要求，明确规定是一年的时间，其中具体的时间要求指的是实施教学即授课的时间，不是在实习学校的时间。对授课时间的具体要求，保障了实习的效果。对于由各种原因导致无法达到实习时间要求的学生，也有明确规定，对师范学院实习生相关要求中提出："实习教师须遵照中央及所在省市之各项教育法令及所在学校各项章则认真服务。如因事或因病必须缺课或请假时须照章请假补课，其缺课时数应由所在学校切实统计，于每学期结束时通知原肄业师范学院。前项缺课时数应照在校受课之缺课扣分办法办理。"[④] 可见，对于实习时间的管理是很严格的，各种原因的缺课都要求补课，无法补课的，根据在校缺课时数扣分办法处理。

今天对师范生实习的要求，也有对授课课时的要求，但是一般没有具体教学时数要求，相比民国师范实习时间，当前实习课时要求很少，比如有些大学师范学院对实习生上课课时要求"6课时"，实习两个月只有6课时，相当于不足300分钟，与民国师范院校的要求相比，上课时数太少了，这种时数过少的实习，无法达到实习的预期效果。

除了实习时数要求，民国师范院校对不同形式、不同内容的实习都有明确要求，对参观实习要求："参观前应分发表格或问题，令学生详阅，对于参观之目的及应加注意之点，必须使学生充分明了。""参观教学，应看完一整个单元。""参观时应随时记笔记，参观后除填答表格问题外，应缴书面报

① 宋恩荣，等：《中华民国教育法规选编》，江苏教育出版社，2005年，第450－453页。
② 宋恩荣，等：《中华民国教育法规选编》，江苏教育出版社，2005年，第484页。
③ 李友芝，等：《中国近代师范教育史资料》，北京师范学院内部交流资料，1983年，第469－473页。
④ 宋恩荣，等：《中华民国教育法规选编》，江苏教育出版社，2005年，第458－459页。

告。"① 学生参观实习前应有问题意识，带着问题前去参观，也就是参观的目标应该让学生提前知晓。对参观教学的范围也有要求，"应看完一整个单元"，还要求参观过程中应随时记笔记，参观完成要提交书面报告。参观就是见习，就是观察实习，参观表格或问题让学生明确了见习任务，参观不是走马观花，不是浮光掠影，更不是看热闹，这样带着明确目的的见习，保障了参观见习不流于形式。

对教学实习准备也有明确要求，提出："实习学生应根据实习科目支配表，于实习前三日向原担任教师接洽教学进度状况及教材来源，以便准备。""实习学生于每次教学实习前，应编制教案，并由原担任教师审核。"② 实习生在正式的课堂授课之前，应做好充分准备，对教学进度和预授课内容要有充分了解，对教材要提前熟悉，这些都是上课前必须要做的功课。每次课的教案，要提前编制并经实习学校指导教师审核通过才能授课。教学设计是上课前最重要的工作，也是教学过程的首要阶段，教学设计关涉上课效果及课程目标完成的情况。对教学经验缺乏的实习生而言，教学设计这个环节更加重要。民国师范院校强调实习上课前的准备环节，并提出明确要求，在一定程度上保障了上课质量。

4. 实习成绩考核严格，且与教师资格证相关

实习评价具有比较明确的考核维度，不同实习内容所占比重不同。《师范学校（科）学生的实习办法》规定：

参观及实习成绩之考查，其标准分（一）事前准备（二）进行状况（三）报告。此项实习成绩，占实习总成绩百分之三十。

教学实习成绩之考查，其标准分（一）事前准备（二）课间教学（三）课后处理。此项实习成绩，占实习总成绩百分之四十。

行政实习成绩之考查，其标准分（一）事前准备（二）行政处理（三）报告。此项实习成绩，占实习总成绩百分之三十。③

参观实习和行政实习各占百分之三十，教学实习占百分之四十。每类实习，根据实习过程中不同阶段，分三项考查即事前准备、具体实习过程、过程完成后的实习报告，根据三个阶段的不同表现给出相应的实习成绩。可见，实习评价维度和标准是比较清晰的。

实习成绩是师范生毕业和获得教师资格证的重要依据。对师范学校学生

---

① 宋恩荣，等：《中华民国教育法规选编》，江苏教育出版社，2005 年，第 450－453 页。

② 宋恩荣，等：《中华民国教育法规选编》，江苏教育出版社，2005 年，第 450－453 页。

③ 宋恩荣，等：《中华民国教育法规选编》，江苏教育出版社，2005 年，第 450－453 页。

要求，"学生实习成绩不及格者，不得毕业"。[1] 1943 年发布的《师范学院学生实习及服务办法》中提出："师范学院学生实习两个月后举行学科毕业试验，但实习成绩不及格者不得参加学科毕业试验。实习教师任教半年后，应即提出详细实习教学工作报告，经原肄业学校审核转呈教育部复核无异者，准予毕业发给毕业证书及教师资格证明书。前项实习教学工作报告，须由任教学校校长考核并加具详细考语。"[2] 1944 年发布的《师范学院学生教学实习办法》又规定："实习教师经任教满一年后，其服务成绩经由原校审核后转呈教育部审核无异者准予毕业，并发给毕业证书及教师资格证书。"[3] 这个规定比上一年的要求更严格了。

1946 年发布的《师范学院规程（第一次修正）》又规定："专业训练科目之教学实习，以每星期实际教学一小时，学期终了经实习导师评定分数及格者为一学分；满十六学分，方得毕业。教学实习在第四五两学年中举行。"[4]

可见，民国师范院校对实习非常重视，实习成绩是学生能否毕业、能否获得任教资格的重要依据。评价具有价值导向，对实习评价结果的重视意味着对实践课程的重视，实践环节在师资培养过程中具有重要地位。

师范学院学生实习评价材料包括教学预定表、教案、教学进度表、操行评定等内容。

实习教学须将所任教学科目编为教学预定表，并须按照教学程序逐周编为教案，逐日填写教学进度表。前项预订表教案及进度表均须于学期终结时汇集成帙，经原校指导实习教授、所在学校校长、教导主任及各该科目首席教师加具考语签名盖章后，汇送各该校院批阅核定其教学成绩。

实习教师应遵守校章，各校院对于充任实习教师各生操行成绩之评定，应参照原指导实习教授及所在学校校长之考语评定之。[5]

可见，民国师范院校对实习成绩的评价是具体而全面的。不同的项目皆有不同标准，这种细致的考评方式为客观评价实习提供了依据，据此评价结果，实习生可以针对性地修正存在问题并及时改进。相比民国师范院校的实习评价，我国目前仍然没有权威的实习评价标准，各个学校对实习生的评价也没有明确标准，最终做出的评价也是一种基于感性的模糊评价。无论是实

---

① 宋恩荣，等：《中华民国教育法规选编》，江苏教育出版社，2005 年，第 450－453 页。
② 李友芝，等：《中国近代师范教育史资料》，北京师范学院内部交流资料，1983 年，第 469－473 页。
③ 宋恩荣，等：《中华民国教育法规选编》，江苏教育出版社，2005 年，第 458－459 页。
④ 李友芝，等：《中国近代师范教育史资料》，北京师范学院内部交流资料，1983 年，第 549 页。
⑤ 宋恩荣，等：《中华民国教育法规选编》，江苏教育出版社，2005 年，第 458－459 页。

习学校指导教师还是学院教师，一般都是在主观认知的基础上对实习生做出笼统而含混的评价，评价缺乏对实习生后续努力的指导价值。我们的实习是一个没有考评压力的过程，甚至有实习生整个实习期由于各种原因承担的课时很少，返校后写个实习报告交上去就算完成了任务，这种没有任何压力的实习难以保证质量。①

民国师范院校的实习评价主体是多元的。"各项实习成绩，先由指导人员考核，再由实习指导委员会评定。""实习教师经任教满一年后，其服务成绩经由原校审核后转呈教育部复核无异者准予毕业，并发给毕业证书及教师资格证明书。"② 实习学校指导教师、学院指导教师、校长、实习指导委员会、教育部等不同主体在实习评价过程中都有不同的作用，每个评价主体的职业背景、知识结构不同，这种多元主体的评价有利于全面、客观、科学把握实习情况，有利于对实习过程的监管和总体质量的提升。

（三）实习和社会师资需求结合，实习生享有一定的薪金待遇

民国师范院校实习分配与社会不同学校的师资需求有关。《师范学院学生实习及服务办法》提出："分配时应根据各校之师资需要情形尽先分配于缺乏师资之学校；各省市新增中等学校及新增班级时，应尽先分发师范学院实习生前往任教；各省市教育行政机关审核中等学校教职员资历时，遇有不合格人员应尽先以师范学院实习生补充。""实习教师于分发任教后，不得呈请改分。在校任教并应遵守分发学校有关教职员服务之规定。""实习教师任教满半年后，得由教育部根据省市及各国立中等学校之师资需要及社教机关工作人员之需要情形，酌予重新分配（师范学院需要助教时得于呈准后酌调本校毕业生数人返校服务），但以尽先分配实习任教之学校或机关为原则。"③

鉴于社会师资需求情况，民国师范院校实习任务分配采取需求优先的原则，实习生优先分派给师资缺乏的学校，且实习满半年后由教育部按照社会需求重新分配。这种实习与学校师资需求结合的原则，一方面反映了当时师资普遍匮乏的现实，另一方面也说明政府在师范资源宏观调控中所起的作用，这种将有限师范资源结合社会需求合理配置的思路在今天仍具有参考意义。今天无论是国情还是师范教育环境都已经发生了根本变化，但是师资的

---

① 申卫革：《美国教师教育中对实习生的评价研究》，《教师教育研究》，2012 年第 6 期，第 91—96 页。
② 宋恩荣，等：《中华民国教育法规选编》，江苏教育出版社，2005 年，第 458—459 页。
③ 李友芝，等：《中国近代师范教育史资料》，北京师范学院内部交流资料，1983 年，第 469—473 页。

地域性、结构性匮乏仍然比较明显：许多偏远落后的乡村，师资数量和质量都存在着明显不达标现象，非偏远落后的城镇学校，也存在着师资类型的结构性匮乏，比如艺术教师、心理健康教师等个别学科以及男性教师缺乏现象比较普遍。政府如果能够将师范教育与师资结构性匮乏现象统筹考虑，在顶层设计时关照师范生培养与社会师资需求，便既能避免师范教育资源的浪费，又有利于解决师资的结构性匮乏。目前政府已经意识到这个问题，也采取了一些具体措施，比如为了维持城乡之间的师资均衡而实施的免费师范生政策，为了解决农村师资薄弱问题而采取的顶岗教师政策，为了解决学前教育中男性教师缺乏而采取的免费男幼师政策，等等。这些政策起到了一定的作用，不过我们忧虑的那些现象仍然存在，如何智慧地制定政策以便更有效地解决问题，也许民国师范院校的实习政策能够给我们一点启示。

《师范学院学生实习及服务办法》提出："实习教师之待遇，在国立中学及师范学校应照国立中学师范职教员支薪标准之规定，支高中专任教员第五级俸（一四〇元）。在国立职业学校及各省市中等学校或社教机关，应比照此项级俸标准办理其他补助津贴与一般教师同。"[①] 民国师范学院的实习生充任实习教师是享有薪金待遇的，这也说明当时政府对师范教育的重视。在师范教育被国家垄断的情况下，师范教育的地位是优于其他专业的。实习生作为一种师范资源，其供给与需求的关系如同生产与消费的关系。当社会上某种资源的供给远远大于社会需求时，也就是生产大于消费时，资源本身的价值就会贬损。在师资普遍匮乏的年代，师范生作为一种稀缺资源，其被需要的程度是迫切的，即使作为实习教师也是许多师资匮乏学校尽力争取的资源，在这种情况下，实习生获得实习机会不像今天这样困难重重。实习作为师范院校的实践性课程，必须要在中小学才能完成，当中小学没有师资的迫切需求，而大学与中小学合作又存在制度性缺失时，如何获得在中小学实习的机会本身就是一个难题。目前师范院校通过各种关系找到实习学校，每个实习生都有人均指导费（虽然数目很少，但基本上每个师范院校均设有专项经费）用来酬答实习学校的指导教师。

在以市场调整资源配置的大背景下，专业人才的培养不仅通过市场机制实现筛选，也需要国家宏观调控。师资培养通过关照社会需求，平衡师范院校人才培养与社会师资需求的关系，这既避免了资源浪费，也有利于选拔优秀生源进入师资队伍。教师素质是影响教育质量的重要因素，而生源是提高

---

① 李友芝，等：《中国近代师范教育史资料》，北京师范学院内部交流资料，1983 年，第 469－473 页。

师资整体素养的第一步，也是影响师资素养的关键因素。在当下的师范教育发展的过程中，无论是招生、培养过程还是入职过程都存在着很多问题，其中一个明显问题就是师范生培养规模与社会需求之间的关系不匹配，每年大量的师范毕业生与少量的社会需求之间的矛盾日益突出，这个问题通过人才市场的自动调节恐怕难以解决，因为教师职业的吸引力在逐年增强，与许多职业相比教师职业具有稳定性好、入职成本相对不高、薪资待遇还可以接受、工作比较体面等特点。在这种情况下，政府就要通过政策调控筛选优质资源，精致培养，解决教师供求关系问题，真正吸引优秀的、有志于从教的人进入教师队伍，同时也要通过师范专业认证评估等方式淘汰办学质量低劣的教师培养机构，整体上提升教师培养质量。当人力资源供给与社会需求大致平衡的时候，我们并不一定像民国时期那样给实习生发薪水，但是我们应通过政策调整，保障每个实习生较易获得实习机会，师范院校只有通过精致培养，保质保量完成实践性课程教学任务，才能最终提升职前师资培养质量。

三、基于中小学教员职业道德培养的近代师范训育制度研究

训育又称训导，"是指各级各类学校除各科知识传授之外的对学生德、智、体、美、劳等各方面的监督管理和指导训练，是民国时期贯彻实施教育宗旨的重要途径和手段"。[1] 近代对教师职业道德的训育要求，在不同时期发布的官方制度文本中皆有明确规定。通过爬梳近代相关教育法规，笔者对近代主要是民国师范院校训育制度予以研究，发现师范院校在师资培养过程中，对师范生职业道德素养的训育具有鲜明特色，虽然有些内容体现了时代的局限性，但其中有关师德的训育制度对当下教师教育仍有启示。

（一）训育制度通过国家法规的形式颁布

舒新城在《中国近代师范教育小史》中提出："训育在师范教育中极其重要：因师范生于作国民外，还要作人师也。"[2] 民国教育一直重视训育，不同时期教育法规皆有对训育相关内容的规定。1939 年教育部专门颁发《训育纲要》，从国家层面提出国民训育的目标，"使之具有高尚之志愿，坚持之信仰，与智仁勇诸美德，在家为良善之子弟，在社会为有守之分子，在国家

① 周小喜，李美香：《论民国中后期武冈中等师范学校训育实践》，《当代教育论坛》，2016 年第 1 期，第 79－86 页。

② 璩鑫圭，等：《中国近代教育史资料汇编》，上海教育出版社，1994 年，第 1061 页。

为忠勇守法之国民，在世界人类为维护正义促进大同之先锋"。① 此《训育纲要》同时提出"自信信道、自治治事、自育育人、自卫卫国"的训育目标，且明确规定了不同层次不同类型学校的训育实施指南。除了国家对不同层级学校教育训育的规定，民国时期对师范教育的训育制度由来已久。1914年公布的《教育部整理教育方案草案》中提出："师范学生采严格训育主义，俾将来克尽教师之天职。所谓师范者，必具可为人师之模范也；自教育学发达，乃知即为人师亦有其必须之学与术，最要者莫过于教师人格之养成；学科讲授犹偏于知的方面，必也修养情意，甄陶品性，俾对己有自治力，对人有责任心，然后出任教师，克尽天职，此严格训育之要旨也。"② 这是民国时期较早对师德提出整体要求的制度文本，也是对师范生训育须遵循的基本原则的规定。在这个教育部下发的方案中，明确强调师范生训育的重要性，认为教师人格养成是师范教育最重要的内容。教师人格养成需要严格训育，教师人格的基本维度包含情感意志、品格德性、自治精神、教育责任等方面，这是训育的基本任务，也是除了学与术之外通过训育成就的师德素养的基本内容。

利伯曼在对专业特质的研究中提出，自律而明确的道德规范是一种专业性职业的基本特质。教师职业道德是教师素养的基本要求。教师素质结构除了"学与术"，也就是知识与能力，另一个重要的内容就是道德。知识、能力和道德素养构成了教师专业素养结构的基本内容。教师从事的教育工作与其他以人为交往和服务对象的职业的不同之处在于，它是以影响人的身心发展、成就完整人格为目标的活动，其他任何职业不具有这一专门属性，教师被冠以"灵魂的工程师"，这一隐喻意味着教师对人的心灵培育的内在价值，如何实现教育的使命——成就人健康、积极、完整的人格？如何使人成为真正的人？这首先需要具有健全人格的教师，教师职业本身具有强烈的示范性特点。示范不仅是知识传承的手段，而且是实现学生人格成长的教育要素。只有人格才能塑造人格。教师的职业道德是完成教育使命、使人成为人的基础。对师范生师德素养的培育是教师教育的重要内容。

教育的训育功能在民国时期备受重视，1945 年颁布的《教育部训育委员会组织条例》中提出，教育部设有"训育委员会"，其中特别明确"由教育部部长就国立师范学院院长"，③ 由此可见国家对师范院校训育的重视程

---

① 宋恩荣，等：《中华民国教育法规选编》，江苏教育出版社，2005 年，第 146 页。
② 宋恩荣，等：《中华民国教育法规选编》，江苏教育出版社，2005 年，第 10 页。
③ 宋恩荣，等：《中华民国教育法规选编》，江苏教育出版社，2005 年，第 166 页。

度。民国时期公布的师范教育的法律法规，对师德素养及其训育皆有涉及。师范院校对师德的培育以国家颁布的训育制度为基础，结合当时的时代特点和不同学校的具体情况，在训育实践方面积累了丰富的教育遗产，为后来的师范教育提供了可借鉴的资源。

（二）近代师范院校师德训育的主要内容

《师范学校规程》（1947 年）总纲里明确规定，依照师范学校法，实施以下各项训练："锻炼强健身体；陶融道德品格；培育民族文化；充实科学知能；养成勤劳习惯；启发研究儿童教育之兴趣；培养终身服务教育之精神。"① 民国师范院校训育制度涉及教师职业道德内容的许多方面，职业信念、民族精神、健全体格、科学精神、生活理念、家庭伦理、公民责任等。通过对与训育有关的制度文本的分析，训育基本内容大致分为以下几方面：

1. 爱国、志教的信念是师德训育的重要内容

在《三民主义教育实施原则》（1931 年）中对师范生训育有专门规定："指示教育救国之真义及中外大教育家献身教育事业的精神，以坚定学生尽瘁教育事业的志向。""由国民道德之提倡，民族意识之灌输，以唤起其爱护国家、发扬民族的精神。"② 这个实施原则是在民族遭遇外辱、生死存亡的历史背景下颁布的，此时教育的使命之一是救国，通过提倡国民道德、激发民族意识以培养师范生爱国敬业之精神，从而实现"教育救国之真义"。《师范学校规程》（1916 年）提出："爱国家，尊法宪，为充任教员者之要务，故宜使学生明建国之本原，践国民之职分。"③ 爱国守法是对教师作为普通民众的基本要求，师范生对国家的历史、国家的价值观应有清晰了解和明确认识，这样才能自觉践行作为合格国民的职责。1947 年修正过的《师范学校规程》进一步强调，"培养终身服务教育之精神"。这是对师范生职业信念养成目标的规定，教师对教育一旦拥有信念，就与教育事业黏在一起，民国师范院校为师范生提供免费教育，对服务年限有相应规定，要求师范生在服务年限内不得升学或从事教育以外的职务，在师德方面希望师范生养成"终身服务"之理念，这一理念既是对教育专业高度认同的体现，也是师范生献身教育、通过教育服务国家、实现教育救国宏伟抱负的道德追求。热爱教育是教师职业道德的基础，教师只有具有教育信念才能在教育过程中充分发挥

① 宋恩荣，等：《中华民国教育法规选编》，江苏教育出版社，2005 年，第 466 页。
② 宋恩荣，等：《中华民国教育法规选编》，江苏教育出版社，2005 年，第 43 - 44 页。
③ 宋恩荣，等：《中华民国教育法规选编》，江苏教育出版社，2005 年，第 428 页。

主体性和创造性，才能完成教育使命。

2. 通过自治组织训育敢于担当的公民责任

《三民主义教育实施原则》中规定，训育由学生自治会及其团体事业指导，以养成其运用四权之能力和其他关于公民生活的准备。[①]《师范学校规程》（1916 年）提出："独立博爱，为充任教员者之要务，故宜使学生尊品格而重自治，爱人道而尚大公。"[②]

这个规定表明，教师首先是一个合格公民，具有行使选举权、罢免权、创制权、复决权等国民四权的能力，能够承担公民的责任。从事教师职业的公民，还应具有独立人格、博爱精神、人道主义及公共精神。这个训育制度进一步明确，培养合格公民的途径是通过学生自治组织，由学生自治会及其他团体事业指导。

民国时期学生自治会是实行训育的基本组织，有研究者认为，学生自治组织是民国时期训育工作的主要载体之一，在参与社会生活、改造社会运动中发挥了重要作用。[③] 学生自治组织是学生体验公共生活的方式。如果缺少对公共生活的体验，自然也就没有承担公共责任的机会，更难以了解公共生活的规则。师范院校通过学生自治组织，培养师范生的自治自主能力和公共责任意识，这些自治组织在某一范围内形成一种公共空间，在某种共同认可和追求的伦理价值视域内开展一种公共生活，组织成员有共同关注的公共利益，有必须要遵守的公共秩序和规则。在公共空间里，师范生会养成公共精神包括主体意识、规范意识、责任意识、服务意识和协商意识等，这是公民素养的基本内容。

由于我国传统文化中以血缘和家族为纽带的农耕文化的影响，群己界限不太清楚，缺少公共生活空间，可能对公共生活的伦理规则也缺少应有的关注，加上文化中社会本位、伦理本位特质的影响以及社会制度发展的历史脉络，因此我国公民素养核心——公共精神普遍缺失，这几乎成了我们这个民族的群体人格特征。在梁漱溟所著《中国文化要义》中就指出："人们的品性，固皆养成于不知不觉之间；但同时亦应承认，公共观念不失为一切公德之本。所谓公共观念，即指国民之于其国，地方人之于其地方，教徒之于其教，党员之于其党……如是之类的观念。中国人，于身家而外漠不关心，素来缺乏

---

① 宋恩荣，等：《中华民国教育法规选编》，江苏教育出版社，2005 年，第 43 - 44 页。

② 宋恩荣，等：《中华民国教育法规选编》，江苏教育出版社，2005 年，第 428 页。

③ 周小喜，李美香：《论民国中后期武冈中等师范学校训育实践》，《当代教育论坛》，2016 年第 1 期，第 79 - 86 页。

于此。特别是国家观念之薄弱，使外国人惊奇。"① 民国师范教育中强调公民素养作为师德养成的重要内容，无疑既关照了我国文化传统的特点，也关照了教育现代性过程中的基本使命，同时也体现了近代教育思潮在历史发展中的变化，即由传统训育重个人品质修为向重社会的合作服务精神的转变。

3. 通过体育培养简朴、坚韧、合群、富于美感的品质是师德训育的重要途径

1916 年颁布的《师范学校规程》中，在教养学生之要旨之第一条就提出："健全之精神，宿于健全之身体，故宜使学生谨于摄生，勤于体育。陶冶性情，锻炼意志，为充任教员者之要务，故宜使学生富于美感，勇于德行。"② 这说明对师范生训育的首要目的就是培养师范生健全之身体素质，健康的身体是坚强的意志、美好的性情，以及富于美感和德行的品质的基础。重视体育是民国教育的特色，从不同时期教育部发文可以看出体育在国民教育中占有很重要的位置，国家有专门的《国民体育法》（1929 年），当时国家教育的根基是三民主义，其中民族独立是重要的教育内容，也是教育目的之一，基于这一教育宗旨，在《中华民国教育宗旨及其实施方针》（1929 年）中提出："各级学校及社会教育，应一体注重发展国民之体育。中等学校及大学专门，须受相当之军事训练。发展体育之目的，固在增进民族之体力，尤须锻炼强健之精神，养成规律之习惯为主要任务。"③ 在国民身体素质羸弱，保家卫国为当务之急的国情下，民国教育在体育方面的任务艰巨，倡导强健国民体质，塑造忠勇之精神，作为国民教育承担者的教师欲造就具有健全体魄之国民，实现培养"自卫卫国"的训育目标，教师自身需有健全之身体，师范生需要通过体育陶冶性情，锤炼意志，养成审美情趣和高尚的道德素养。这是师范生训育的首要目的。

《三民主义教育实施原则》（1931 年）中对训育做出规定："由军事训练、运动竞技，以锻炼其健全的体格，规律的生活及艰苦耐劳的习惯。由各种节约运动及合作事业的指导，以养成其简朴的习惯，合群的兴趣。利用正常的娱乐及适度的郊外旅行，以陶冶其审美的情绪。"④ 这个实施原则进一步明确了健全体格及各种品质养成的途径，通过各种活动培养简朴、合作、吃苦耐劳的习惯，并由此培养健全体格和审美品质。体育不仅训练人的身体素

① 梁漱溟：《中国文化要义》，学林出版社，1987 年，第 68 页。
② 宋恩荣，等：《中华民国教育法规选编》，江苏教育出版社，2005 年，第 428 页。
③ 李友芝，等《中国近代师范教育史资料》，北京师范学院内部交流资料，1983 年，第 289 页。
④ 宋恩荣，等：《中华民国教育法规选编》，江苏教育出版社，2005 年，第 43 – 44 页。

质，还承担着培养人的合作精神、坚强意志品质的责任。《修正师范学院规程》（1946 年）在师范学院学生训育实施的规定中提出："师范学院学生一律住宿学生宿舍，实行集团生活，严格训练。"① 通过集体生活严格训练，有利于养成健全身体、有规律的生活习惯、遵守纪律的品质，这是训育目标有效落实的组织形式。

4. 主动探究、自主学习的品质应是师德训育中对科学精神的要求

《师范学校规程》（1916 年）中提出："为学之道，不宜专恃教授，务使学生锐意研究，养成自动之能力。"② 《三民主义教育实施原则》（1931 年）中针对训育提出："由科学研究的实验和成绩考查的厉行，以养成其彻底探讨和精密观察的能力。"③ 在 1947 年修正后的《师范学校规程》中进一步明确，充实科学知能、启发研究儿童教育之兴趣是师范教育的主要内容。

这些制度文本都体现了民国师范教育在师德素养中对科学精神的重视，科学精神是对物质世界、知识的态度，学会探究、学会学习是科学精神的应有之义，在学习中体现为探究、观察、自主学习的能力。在知识更新频率不断加快、知识总量不断增长的情况下，自主学习能力是教师必备的能力，是教育素养的基本要求。"彻底探讨、精密观察"是科学精神的基本要求，富于科学精神是师范生的基本素养。师范生还要不断充实科学知识和能力，培养研究儿童教育的兴趣，为胜任教师职业做好准备。

（三）导师制是训育实施的制度保障

1. 导师负责制是训育制度落实的保障

《修正师范学院规程》（1946 年）提出："师范学院为施行严格之心身训练，采用导师制。各教员除教课外，须兼任学生导师，各指导学生若干人。""师范学院学生入学后，经主任导师按照其兴趣志愿及学科，指定其导师。"④ 可见，导师制是师范院校训育的基本模式。每个学生都由导师负责，且导师根据学生兴趣和学科确定。导师负责制强调对每个学生进行针对性的过程管理，由导师全程负责学生各方面发展。

1947 年修正的《师范学校规程》中规定，师范学校专门设有"训育指导委员会"，"由校长、各主任、各教员及校医组织之，以校长为主席，负一

---

① 李友芝，等：《中国近代师范教育史资料》，北京师范学院内部交流资料，1983 年，第 550 页。
② 宋恩荣，等：《中华民国教育法规选编》，江苏教育出版社，2005 年，第 428 页。
③ 宋恩荣，等：《中华民国教育法规选编》，江苏教育出版社，2005 年，第 43 – 44 页。
④ 李友芝，等：《中国近代师范教育史资料》，北京师范学院内部交流资料，1983 年，第 550 页。

切指导学生之责。每月开会一次"。① 会议讨论一切训育及管理事项。1948年国民政府教育部修正公布的《师范学院规程》，在"训导"一章提出："师范学院须施行严格训练，养成优良学风，各教员除授课外，须辅导学生之品格修养、专业训练及学术研究。""训导处或师范生管训部应每月举行会议一次，报告训导实施情形，及研究训导之共同问题。"② 可见，师范院校有专门组织机构负责学生训育的日常管理和研讨，训育指导委员会或者训导处作为训育机构，一方面负责监管导师制落实情况，另一方面负责所有学生的训育工作，同时也是一个带有教研性质的组织，定期对训育问题展开共同研讨。专职管理机构为训育活动的有效开展提供了组织保障。

2. 导师在学生训育过程中的主要职责

"师范学生导师，须负责辅导学生之品格修养、学术研究及专业训练。师范学院学生每学期之选课，须经系主任及导师共同签字认可。"③ 可见师范生导师全面负责学生在学术、专业技能、品格修养方面的发展，全面引领学生成长。在学业评价方面，导师具有对学生的评价权。"学生导师对学生之性行、思想、学业、生活规律、身体状况各项应依照格式，详密记载，每月报告学校一次，由主任导师汇集整理。师范学院学生毕业时，导师应出具训导证书，对于学生之思想行为及学业各项，详加考语；在就业时，其关系方面得随时调阅之。"④ 导师既引领学生发展，也对学生发展结果予以评价，这体现了导师对学生全面、始终如一的责任，学生的发展过程和结果皆由导师负责。这种责任到底的训育模式，有利于教师对学生全面了解从而制订针对性训育策略，师生在长期的教育实践中建立心理相容的师生关系，有利于提高训育效果。同时训育制度也对师生相互选择的权利予以支持，提出"导师认为学生不堪训导时，可请求主任导师准予退训；其受退训之学生，得就本校其他教员中，自选一人受其训导。如再经退训后，即由学校除名"。⑤

3. 训育实施的主要途径和方式

师范院校训育的目的是通过严格的身心训练，养成国民道德上、学术上最健全的师资，在训育的途径和方式上采取的主要措施有：

首先，全员参与，专人负责。

在《修正师范学院规程》（1947年）训育部分提出："第四十一条 师

① 宋恩荣，等：《中华民国教育法规选编》，江苏教育出版社，2005年，第478－479页。
② 宋恩荣，等：《中华民国教育法规选编》，江苏教育出版社，2005年，第485页。
③ 李友芝，等：《中国近代师范教育史资料》，北京师范学院内部交流资料，1983年，第549页。
④ 李友芝，等：《中国近代师范教育史资料》，北京师范学院内部交流资料，1983年，第550页。
⑤ 李友芝，等：《中国近代师范教育史资料》，北京师范学院内部交流资料，1983年，第550页。

范学校校长及全体教员均负训育责任，须以身作则，采用团体训练及个别训练，指导学生一切课内课外之活动。第四十二条　师范学校每一学级设级任一人，择该级一专任教员任之，掌理各该级之训育及管理事项。第四十三条　校役及专任教员均以住宿校内为原则，与学生共同生活。第四十四条　师范学校学生宿舍须有教员住宿，负管理之责。"① 可见师范院校在训育管理方面，采取全员参与且专人负责的管理方式，在学生所有课内课外活动中，皆有专人指导，同时有专门教员与学生生活在一起，全面负责学生管理。这种渗透在学生生活的所有时空中的训育方式，有利于发挥教育在学生各方面的影响，在生活习惯、道德品质等方面帮助学生养成健全之人格。

其次，通过劳作教育养成学生吃苦耐劳、勤俭朴实、关注民生的道德品质。"第四十条　根据实施方针所规定劳动实习，师范学校学生除劳作科作业外，凡校内整理、清洁、消防及学校附近之修路、造林、水利、卫生、识字运动等项，皆须分配担任。学校工人须减至最低限度。"② 这是《修正师范学院规程》中对训育途径的规定。劳作教育使得知识与实践结合，不仅验证了知识，也通过对知识的实践培养了学生解决实际问题的能力，这是符合人类认识逻辑的教育方式，体现了陶行知主张的"教学做合一"的理念，就是强调"教而不做不能算是教，学而不做不能算是学，教与学都要以做为中心"。③ 劳作教育作为师范生训育的方式，对培养学生吃苦耐劳、关注社会民生的精神品质大有裨益。《三民主义教育实施原则》（1931 年）中对师范教育目标的规定提出："学校应与社会沟通，并造成'教''学''做'三者合一的环境，使学生对于教育事业，有改进能力及终身服务的精神。"④ 近代教育特别强调师范院校服务地方的功能，在改变社会愚、贫、弱、疾方面发挥作用，通过参加社会劳动，体察民生疾苦，关注社会生活，最终成为陶行知提倡的具有"健康的体魄，农人的身手，科学的头脑，艺术的兴味，改革社会的精神"的教师。

另外，在对师范生服饰方面也有统一要求，提出："第四十五条　师范学校学生应照学生制服规程规定，一律穿着制服。制服之重制，须视一般学生穿着损坏情形，不得于每学期或每学年令学生新制。"⑤ 统一着装有利于强化师范生的身份认同，形成一种师范文化，培养积极的职业情感。另一方面

---

① 李友芝，等：《中国近代师范教育史资料》，北京师范学院内部交流资料，1983 年，第 588 - 589 页。
② 李友芝，等：《中国近代师范教育史资料》，北京师范学院内部交流资料，1983 年，第 550 页。
③ 方健华：《嬗越与创新：中国百年师范教育传统与现代意蕴》，南京大学出版社，2011 年，第 123 页。
④ 宋恩荣：《中华民国教育法规选编》，江苏教育出版社，2005 年，第 43 - 44 页。
⑤ 李友芝，等：《中国近代师范教育史资料》，北京师范学院内部交流资料，1983 年，第 588 - 589 页。

不得随意令学生新制服装的规定，有利于培养学生的节俭意识，日常管理上也体现了训育目标追求的基本精神。

近代师范院校训育制度，对师范生师德素养的养成具有重要作用，也为我国师范教育留下了宝贵的教育遗产。尽管"训育"作为一个历史概念已经埋进了教育史，可是它在师德培育过程中的许多理念和实践，对今天的教师教育仍然具有借鉴意义。

以上从师范院校课程设置、师范生能力培养、师德培育三个方面分析了近代师范教育在师资培养方面的特点，这三个方面既基于师范教育培养目标和课程标准，也基于中小学教员资格基本要求。中小学教员检定的资格即是建立在师范教育课程标准的基础上，教员资格的检定内容和考试科目皆以当时师范教育课程标准为依据。教员资格检定既是对教师入职合格标准的控制，也是对师范教育质量的评估，近代中小学教员资格检定的初衷和价值更多立足于前者，主要目的是筛选合格师资，在师资数量不足的情况下作为一种师资补充渠道。当师资数量基本满足之后，教员资格检定就成为一种行业入职考试，无论申请者是否接受过师范教育都必须参加资格考试，这时候它对师范教育质量的评估功能方才显现。近代师范教育紧紧围绕教师职业素养，设计课程和培养模式，教员检定资格和考试内容立足师范教育课程标准，二者之间形成了良好的匹配关系，为现代教师培养和教师资格考试改革提供了可参照范式。

第四章
近代中小学教员资格检定的实施情况（一）
——清末和北洋政府时期（1909—1927 年）

教师的检定，"原为救济国家师资的缺乏，亦所以严格考核国家教师的资格，取缔不合格的教师。凡师资缺乏的国家，唯一救济的方法，只有检定。考验与国家师资相适合的人员，暂充教师"。[1] 近代中国教师检定制度发源于清末，民国时期在承袭清末教师检定基本框架的基础上，借鉴其他国家的实施办法，使各级教师的资格检定更加科学与规范。教师检定可以辅助"师范学校造就师资之不逮"，帮助"国家整理普通教育"[2]，教员检定是师资获得的重要途径，也是提高师资素质的重要手段。

一、清末小学教员资格检定制度的初步生成与实施

随着新式学堂的兴办和新式教育的发展，同时，也由于师范教育培养的毕业生过少，清末大批私塾先生及不具备教员条件的人成为学校教员，从而影响了教育教学质量。为规范各类学校教员，清政府学部于 1909 年先后呈送《奏遵拟检定小学教员及优待小学教员章程折》与《奏检定初级师范学堂中学堂教员及优待教员章程折》，着手对中小学教员进行检定，以充实师资，提升教员质量。

1909 年，清政府学部呈递《奏遵拟检定小学教员及优待小学教员章程折》，规定："检定小学教员事宜，在京师由督学局办理，在各省由提学使司办理，其提学使司酌量情形派员办理"；"实施检定之时，由督学局或各省提学使司遴选深通科学并谙教育理法之学务职员，及学望优著之专门教员，或初级以上师范完全科毕业生（初级师范完全毕业生须曾充教员已满三年者），

---

① 张季信：《地方教育行政》，南京书店，1934 年，第 149 页。
② 顾倬：《检定小学教员管见》，《教育杂志》，第 9 卷第 10 号，1917 年，第 173 页。

或高等以上各学堂之毕业生，派充检定委员，秉公考核"；"除初级师范学堂完全科毕业生、官立两年以上初级师范简易科中等以上毕业生、优级师范完全科毕业生及优级师范选科毕业生，在奏定奖励义务章程准充小学教员者无庸检定外"，其他均应进行检定。①

清末对教员检定有明确的组织要求，对负责检定人员资质的专业性也提出要求，目的在于保证教员资格检定的效果。同时，章程规定师范学堂毕业者不需检定，这是对师范教育经历的肯定。清末教员检定制度的思路成为整个民国时期教员检定的指导思想和制度建构的范式。

从近代中国教员检定伊始，检定就分为无试验检定和试验检定两种。清末颁布的章程规定：无试验检定由督学局暨各省提学使司随时举行；试验检定，除因需用教员过急可临时禀候部示择期举行外，每年由督学局暨各省提学使司相度情形，于冬季或夏季举行一次，其检定日期及试验科目，须于三个月以前预为宣示。② 其中，凡具有以下条件之一者，得受无试验检定：

一是毕业于中学堂或中等以上各学堂，及与中学同等各学堂者；二是毕业于各种科学专修科，期限在二年以上者；三是在他省有检定文凭认为合格者；四是在外国师范学堂（即与本国初级师范学堂程度相当者）中学堂及与中学堂程度相当，或中学程度以上之学堂学习完全科目，确系毕业领有文凭者；五是学有专长，具有普通学历，曾充官立高等小学教员一二年，确有经验，督学局或提学使司认许者。③

应受试验检定者需具有下列资格之一：

一是官立师范简易科毕业生，年限在二年以下者；二是官立初级师范简易科年限在二年以上，毕业在下等者；三是毕业于民立初级师范简易科者；四是毕业于师范传习所讲习所者；五是在外国学习师范简易科，及各种科学速成科毕业生，年限在二年以下者；六是举贡生监中文明通达，及通晓各项科学，愿充小学教员者；七是有受无试验检定准充初等小学教员之资格，而愿受高等小学教员检定者。④

《章程》规定，试验检定分为三种，高等小学教员试验检定、初等小学教员试验检定、专科教员试验检定，同时，还具体规定了试验检定的科目。其中，检定高等小学教员的试验科目包括：

① 舒新城：《中国近代教育史资料》，人民教育出版社，1981年，第343－344页。
② 舒新城：《中国近代教育史资料》，人民教育出版社，1981年，第344页。
③ 舒新城：《中国近代教育史资料》，人民教育出版社，1981年，第344页。
④ 舒新城：《中国近代教育史资料》，人民教育出版社，1981年，第345页。

一、修身：人伦道德要旨。二、经义：《四书》《五经》大义。三、国文：讲读及文法要义。四、算学：整数、分数、小数、诸等数、百分数、比例、开方。五、教育学：教育学及教授法、管理法。六、历史：中外历史。七、地理：中外地理。八、博物：植物、动物、矿物、生理、卫生。九、理化：物理、化学。十、体操：游戏体操、普通体操、兵式体操。

检定初等小学教员的试验科目包括：

一、修身：人伦道德要旨。二、经义：《四书》《五经》大义。三、国文：讲读及文法要义。四、算术：整数、分数、小数、诸等数、四则杂问。五、教育学：教育学及教授法、管理法大意。六、历史：本国历史大要。七、地理：本国地理大要及世界大势。八、格致：博物理化初步。九、体操：游戏体操、普通体操。

检定专科教员的试验科目包括：

一、数学：算术、代数、几何、八线初步。二、格致：博物学、物理学、化学。三、图画：自在画、简易几何画。四、体操：游戏体操、普通体操、兵式体操。五、乐歌：单音乐歌、乐典大意。六、手工：简易手工。七、实业：农业商业大要。八、英文：讲读及文法初步。①

清末教员检定制度对考试科目的要求非常繁杂，这些科目融入了当时西方自然科学和西方教育的内容，但是仍然有很多封建教育的残余。清末教员资格考试科目涉及小学任教的所有相关课程，这是近代培养全科型小学师资的理念，为我国的百年师范传统奠定了基础。

此外，《章程》还对检定之后的文凭发放问题做出了具体规定。"检定委员施行检定之后，应将所检定之教员姓名、履历，造具清册，并试验成绩，呈由督学局或各省提学使司复核，给发文凭"，即可从教。但业经检定之教员，其在堂讲授时有不能尽责之处，如"学业荒废，教授不合法者；不尽心教授，久旷功课者；现有词讼案久不结者；患病难期速愈者"，"由督学局或各省提学使司酌核情形，分别令其辞退"；因事故致失教员资格者，如"经学务官绅查明，确有逾闲荡检之证据者；身犯刑律者；干涉教育范围以外，如地方词讼等事，及投入各种违法之会党者"，"由督学局或各省提学使司将监督文凭撤销"。②

针对中学教员的检定，清政府学部也于 1909 年呈送《奏检定初级师范

---

① 舒新城：《中国近代教育史资料》，人民教育出版社，1981 年，第 345–346 页。
② 舒新城：《中国近代教育史资料》，人民教育出版社，1981 年，第 347 页。

学堂中学堂教员及优待教员章程折》。《章程》规定除"优级师范学堂本科中等以上毕业生、专科最优等的毕业生准许担任中学堂正教员，优级师范学堂选科优等、中等毕业生准许其担任中学堂副教员"外，其余一律实行检定。中学教员的检定同样分为两种：无试验检定和试验检定。其中，受无试验检定的资格为：

一是在大学预科及专门学堂或程度相等以上各学堂毕业，得有奖励或经学部核准升学者；二是在外国高等专门各学堂及程度相等以上各学堂毕业，经学部考试录取者；三是现充初级师范学堂中学堂或程度相等以上各学堂教员，满三年以上，经学部或各省提学使认为合格者。具备上述所列资格之一者，由学部发予其检定文凭，并注明所修主课及通习学科，准许担任初级师范学堂中学堂该科的正副教员。

受试验检定的资格包括：

一是在本国优级师范选科或高等专门学堂及程度相等各学堂毕业者得有及格或修业文凭；二是在国外高等专门学堂或程度相等各学堂毕业，未经学部考试录取者；三是现充初级师范学堂或程度相等以上各学堂之教员职员；四是初级师范学堂毕业生，照章服务期满者；五是曾充小学堂教员，已满教授年限，得有实力尽职文凭，即在一学堂教授五年以上得有奖励者；六是著有中学教科书以上程度之各种书籍，经学部审定发行者；七是具有第三条无庸检定资格及得有初级师范学堂中学堂某科教员检定文凭而愿兼任其他之学科者；八是举贡生员，能通专门科学，兼明教员原理及教授法者；九是曾任陆军队官等职，娴于体操教员者。[①]

此外，《章程》对检定科目、检定文凭的发放等也做了详细规定。

根据《奏遵拟检定小学教员及优待小学教员章程折》《奏检定初级师范学堂中学堂教员及优待教员章程折》的规定，自章程颁发日起一年之内，各处中小学堂"须将应行检定之教员姓名、履历，呈报督学局，或各省提学使司，听候派员检定"。

清末公布的教员检定制度在当时的历史条件下，应该还是比较完善的，但是在制度实施的过程中却遭遇了现实困境。教育家舒新城曾参加湖南辰州府的小学教师检定。其回忆称：

溆浦县为辰州府四县之一，其检定地点，在辰州府治之沅陵县中。……那时，对于检定是什么，一般人不甚了了，愿应试者很少。……照理，检定

---

① 李桂林，等：《中国近代教育史资料汇编·普通教育》，商务印书馆，1995年，第289-290页。

小学教员，其方式当然和旧式的考试不同。但是那时科举方才停止，科举的种种都还遗留在"士人"的脑中，所以考试的地点仍在考棚，考试的方法仍是头场经义，二三场策问；五鼓入场，点灯出场，均以放炮为号；点名时由提学使派去的考官及府正堂并坐公堂，由皂隶按名唱号，应考者于听得唱自己的姓名时，趋前向主考者长揖为礼，然后持卷按照所编天地元黄、辰宿列张等之号头各觅座位；点名完毕，即将头门落锁，场内由监视官带同若干小书吏分段监考，发现夹带枪替等事，便立即送之场外，取消考试资格。

第一场试毕，经数日始放榜，榜上有名者，第二、三场方可与试。①

从舒新城的回忆录里可以看出，教员资格检定作为一种新式选拔教师的方式，其民间影响力有限，很多人都不清楚检定的理念和具体内容，考试的形式和过程有很多科举考试的影子。总之，清末随着学堂教育的不断发展，出现了师资严重匮乏的局面，清政府以检定方式加强师资管理，提升师资素质是必要的。但从总体上而言，在新式教育兴起的初期，在检定制度本身及其实施上，封建色彩依然浓厚，无法从根本上解决新式教育发展过程中的师资缺乏问题。

二、北洋政府时期教育的发展与教员资格检定法令的相继出台

（一）普通教育的发展急需大量师资

1912 年，清王朝土崩瓦解，中华民国成立。时任教育部长蔡元培对封建教育制度进行了大胆改革，制定"壬子—癸丑学制"，并相继出台了一系列法令，大力推动实施义务教育。1912 年 9 月 28 日，民国教育部制定公布《小学校令》，共 9 章 47 条，规定"小学校教育以留意儿童身心之发育、培养国民道德之基础，并授以生活所必需之知识技能为宗旨"；同时，还对学校设置、学生年龄界限、课程设置、教科书、经费、师资等方面均做出明确规定。② 1914 年，民国教育部训令各省，称"初等小学为义务教育，以普及为旨归"，令各地普设小学，筹办普及教育。1915 年 5 月 2 日，民国教育部颁布《义务教育施行程序》，这是民国时期第一个正式颁布的义务教育实施规划，主张"筹备义务教育端绪纷繁，固须急起直追，尤须循序渐进。当着手之初，要在督促地方兴学，学龄儿童人人有就学之地"。③《施行程序》共

---

① 文明国：《舒新城自述》，安徽文艺出版社，2013 年，第 54 – 55 页。
② 《法令：小学校令》，《中华教育界》，1913 年，第 1 期，第 1 – 7 页。
③ 《教育部呈准义务教育施行程序》，《京师教育报》，1915 年，第 17 期，第 2 页。

三十一条，内分二期办理：“第一期拟办事项，为颁布各项规程暨调查各地教育状况。一以规定义务教育根本之要则，为办学之准绳；一以察核义务教育最近之状况，为整理之根据。第二期拟办事项，约分地方及中央两部分。关于地方者，为师资之培养，经费之筹集，学校之推广。关于中央者，为核定各地呈报之办法，并通筹全国义务教育进行之程限。”“第一期主在筹备，第二期重在设施。循是以图，计日并进，庶几国民教育可以逐渐普及。”①1915 年，民国教育部又公布了《高等小学校令》，共三十条，对高等小学校的宗旨、设置、经费、课程科目等做了详细规定。

　　总之，各种教育法令的相继颁布与实施，对义务教育的愿景与规划，使得民国初期普通教育得到迅速发展。自 1912 年后，全国学校数、在校生人数及各地教育投入都有较大增长，见表 4.1、表 4.2。

表 4.1　1912—1915 年全国学校数、学生数、岁出数比较表②

学年度	学校数（所）	学生数（人）	岁出数（元）
1912 年	87272	2933387	29667803
1913 年	108488	3643206	35151361
1914 年	122286	4075338	39092045
1915 年	129739	4294251	37406212

表 4.2　1912—1915 年各省学校数、学生数比较表③

省区	学校数（所）				学生数（人）			
	1912	1913	1914	1915	1912	1913	1914	1915
京兆	1104	1209	1321	1533	37069	46961	54951	61852
直隶	11460	12216	23311	15642	278600	324571	383648	478862
奉天	4446	5294	5715	5924	158177	212655	226451	224226
吉林	471	540	678	878	21697	26252	31091	38148
黑龙江	329	385	966	1067	11627	14841	29827	33179
山东	5195	10121	13490	14954	118376	246857	328683	390615

---

① 《教育部呈准义务教育施行程序》，《京师教育报》，1915 年，第 17 期，第 2 页。
② 黄炎培：《读中华民国最近教育统计》，舒新城《中国近代教育史资料》，人民教育出版社，1981 年，第 364 页。
③ 黄炎培：《读中华民国最近教育统计》，舒新城《中国近代教育史资料》，人民教育出版社，1981 年，第 368－369 页。

续表

省区	学校数（所）				学生数（人）			
	1912	1913	1914	1915	1912	1913	1914	1915
河南	4688	6160	6332	7674	119947	156846	165848	207869
山西	5772	6813	9295	11148	161278	217357	287077	326457
江苏	5343	5564	5979	6488	236351	241384	270248	305766
安徽	1457	1011	1135	1437	52010	35419	41743	55354
江西	3141	4312	3968	3493	110348	154593	137242	116795
福建	987	1154	1552	1703	59581	65216	63258	71002
浙江	6160	6675	6986	7499	273373	298071	307440	332240
湖北	7291	9702	9042	9391	203145	264139	238030	237871
湖南	4078	5577	7129	4311	224963	222341	287940	155809
陕西	2011	3105	4561	5090	53667	84033	117708	132759
甘肃	1043	1163	1294	1563	28210	29425	34450	39902
新疆	60	72	80	99	1802	2205	2477	3855
四川	11959	14190	14948	14990	341197	429231	474015	502968
广东	3247	3390	5050	5277	151185	198002	219028	216812
广西	1530	2035	1989	1876	62241	85233	77995	65655
云南	3953	4758	5258	5066	170461	204126	215868	195414
贵州	1038	1340	1579	1667	37483	52295	61344	67475
热河	406	494	474	488	8954	11729	11506	11868
绥远	90	151	—	270	2705	4042	—	6491
察哈尔	—	—	129	198	—	—	2184	4916

　　如表中所列，1912—1914 年，全国学校数、学生数增长很快，1915 年增长速率相对最小，甚至有些地区如湖南、江西等地学校数与学生数有较大幅度减少，这与地方秩序的安宁与否，行政长官提倡教育是否尽责等都有一定关系。总体来说，民国初期教育虽有较大发展，但要实现教育普及的目标仍任重而道远。其中师资问题是困扰教育发展的重要问题。

　　由于当时高等教育、师范教育发展缓慢，中小学师资问题随着教育普及与发展变得愈发严重。1920 年，袁希涛在《义务教育之商榷》中曾言："依中国现在学龄儿童折半数四千万人计，平均每四十人有一教员（都市约三班四个教员，乡村人少者亦不能满六七十人一班之限制。故假定以此平均数为标准。又民国四年至五年统计，国民学校教员与学生比例，约二十三个学生有一个教员，兹所加已在一倍左右），计需一百万教员。民国四年至五年（1915—1916 年）统计，全国国民学校教员十五万五千余人。其未谙教育不能受检定者，至少除去五万五千，姑定为已有十万，今尚需九万人。又假定此学龄儿童内有十分之四为半日、间日等之简易学校，一教员可教加一倍之学童，计减十分之二教员（减二十万，倘简易的学校略加多，则教员数可略再减少），应尚缺七十万。又每年教员因疾病、死亡、事故、改业者之随时补充，数年内姑以总加三成计算，总共养成一百万以上之新教员。假定各省分年养成，速者以六年计，迟者以十年计，平均八年计算，每年应养成十二万教员，以七年（1918 年）一览表所列师范毕业生数比较几加三十倍。"①可见其时中小学教师缺口之大，教师养成任务之艰巨。

（二）教员资格检定制度的相继出台

教师检定制度及实施是解决民国初年教育发展中的师资缺乏问题的有效措施。1912 年，民国教育部公布《小学校令》，明确规定："教授小学校教科者，为本科正教员；专授手工、图画、唱歌、体操、农业、缝纫、英语、商业的一科或数科者，为专科正教员；辅助本科正教员者为副教员。凡充小学校教员者，须受有许可状。受许可状者，必需在师范学校或教育总长指定之学校毕业，或经小学教员检定委员会检定合格者。"② 1915 年，民国教育部又公布了《高等小学校令》，将小学教师的任职资格规定为："凡教授高等小学校之教科者，为本科正教员；专任手工、图画、体操、农业、家事、外国语、商业之一科目或数科目者，为专科正教员；辅助正教员者为助教员。高等小学校教员须在师范学校或教育总长指定之学校毕业，或经高等小学校教员检定委员会检定合格，并受有许可状者。遇有特别情事，高等小学校教员不敷时，得以未受许可状者代用为高等小学校助教员。"③ 两者对比而言，变化不大。但其中均有规定，小学教员均须在"师范学校或教育总长指定之学校毕业"，即担任小学教员必须有一定的学历背景，并取得相应的资格证书；或者经小学教员检定委员会检定合格者，亦可担任小学教员。在

① 袁希涛：《义务教育之商榷》，《南通县教育会汇报》，1920 年第 9 卷，第 317 页。
② 璩鑫圭、唐良言：《中国近代教育史资料汇编·学制演变》，上海教育出版社，1991 年，第 656 页。
③ 陈学恂：《中国近代教育史参考资料》，人民教育出版社，1987 年，第 255－256 页。

1915 年的《义务教育施行程序》中也明确将拟定《检定小学教员规程》、"小学教员检定"列为推行义务教育工作的重要内容。①

　　对于小学教师的检定，北洋政府相继出台了一系列的法令。1916 年 4 月，北洋政府教育部公布《检定小学教员规程》，规定"国民学校高等小学校教员，除国立或省立师范学校本科毕业生暨别有规定外"，均照该规程检定合格者担任。教师的检定"由各省区行政公署组织检定委员会，并得就所属地方酌量地点分行检定"。检定教员分无试验检定与试验检定。"无试验检定，审查其毕业证书或办学经历，并就其品行身体检查之；试验检定，除检查其毕业证书及品行身体外，并加以试验。"但是"被处徒刑以上之刑，未复权者；失财产上之信用，被人控实，尚未结清者；受褫夺许可状之处分，尚未满三年者"，不得受检定。《规程》将检定分为试验检定和无试验检定两种，无试验检定教员须具备下列资格之一："毕业于中学校，并充小学教员一年以上者；毕业于甲种实业学校，并积有研究者；毕业于专门学校，确适于某科目教员之职者；曾充小学教员三年以上，经地方最高级行政长官认为确有成绩者。"试验检定教员须具备下列资格之一："曾在师范学校、中学校或其他中等学校修业两年以上者；曾任或现任国民学校、高等小学校教员满一年者；曾在师范简易科毕业，期限在六个月以上者；曾研究专科学术，兼明教育原理，著有论文者。""试验检定每年举行一次，无试验检定得随时行之，举行试检验定，须于三个月前宣布日期，并同时咨陈教育总长"，"关于试验规则，由各地方检定委员会定之，但须报由该管最高级行政长官转报教育总长"。②

　　关于试验科目，《规程》规定："高等小学校本科正教员之试验科目及其程度，应依照师范学校第一部课程，但在男子，得缺法制、经济、手工、农业、商业、外国语之一科目或数科目；在女子，得缺法制、经济、手工、家事、园艺、外国语之一科目或数科目。助教员之试验科目与前项正教员同，但其程度应分别酌减。国民学校正教员之试验科目及程度，除农业、商业、家事、园艺、外国语可毋庸检定外，应比照前条第一项之规定，酌减其程度行之，但因特别情事，并得缺图画、唱歌、体操、缝纫之一科目或数科目。助教员之试验科目与前项正教员同，但其程度应分别酌减。专科教员之试验科目为图画、唱歌、体操、缝纫、手工、农业、商业、外国语之一科目

---

① 《教育部呈准义务教育施行程序》，《京师教育报》，1915 年第 17 期，第 4、6 页。
② 《法令：检定小学教员规程》，《东方杂志》，1916 年第 13 卷第 6 期，第 4–7 页。

或数科目，其程度与师范学校第一部课程标准，但无论试验何项专科，均须并试教育学及受验科目之教授法。毕业于陆军学校者，检定体操科时，得免试兵式体操。"另外，试验检定"除用笔试外，得兼用口试，并宜酌加实地演习"。"凡受正教员或助教员试验检定者，以各科目平均分数满六十分以上者为及格，但修身、国文、算术三科目之试验分数，非各满六十分者，仍作不及格论。凡受专科教员试验检定者，以各科目满六十分以上者为及格。"[1]

除以上内容外，《规程》还对检定委员会的组成人员、数量、职责、津贴、检定费用等做了专门规定。

1917 年 1 月，民国教育部又公布了《施行检定小学教员办法》。《办法》共十条，详细说明了检定小学教员的过程与方式、方法，明确规定："试验检定宜就各县分别举行，如一县应试人员不多得联合数县择定适中地点行之，其无试验检定之身体检查亦可与试验检定同时行之，至每届试验之时期由各省区斟酌情形自定之"；"各省区宜分路出发举行试验检定"。同时，《办法》还明确规定："第一届检定除依检定规程第三十三条经教育总长核准展缓外，应于民国七年七月（1918 年 7 月）以前一律办竣。"[2]

在颁布《施行检定小学教员办法》的同时，为了增强小学教师职业的吸引力，教育部还于 1917 年 2 月颁发《小学教员褒奖规程》《小学教员俸给规程》，从而为小学教师检定制度的施行提供了基础。

三、北洋政府时期第一届小学教员资格检定的具体实施——以江苏、浙江等省为例

教育部颁布检定章程之后，各省市为适应本地区需要，也相继制定了各地区的检定小学教员规程，并在此基础上实施了民初第一届小学教员检定。

（一）江苏省第一届小学教员资格检定的具体实施

小学教员检定，"事属创举，头绪纷繁，非得各方协助难期妥洽"，因此，江苏省省长齐耀琳于 1917 年 8 月 29 日训令各道道尹、县知事，通令境内各小学校知照并出示布告，称：检定教员"关系小学教育前途，至为重要"，民国教育部已拟定办法十条"声明限七年七月（1918 年 7 月）以前，

---

① 《法令：检定小学教员规程》，《东方杂志》，1916 年第 13 卷第 6 期，第 4－7 页。
② 《施行检定小学教员办法》，《教育公报》，1917 年第 4 卷第 4 期，第 3－5 页。

第一期检定事宜一律办竣"，而检定教员一事也"事关地方教育要政，未便视为缓图"，因此，"抄录检定小学教员规程暨部颁办法各一份，仰该道尹转饬县知事，通令境内各小学校知照，并出示布告庶使应受检定各员，得注意于修养练习，一方面为试验之准备，即一方面为教育实际之进求"。①

1. 检定委员会的成立及检定规则的制定

1917年8月16日，江苏省检定小学教员委员会在省公署附设办事处。检定小学教员委员会会长为江苏省教育科长卢殿虎，省视学臧祜、江恒源为检定小学教员委员会常任委员。江苏省教育厅成立后，检定委员会改由教育厅接办，教育厅长重新委任第二科科长刘永昌为会长，科员谭翼珪、问荣生、蒋拱辰、费玄韫，省视学邹楫、伍崇宜为常任委员。该委员会接办之后，仍遵照原定程序，从调查小学教员资格为施行检定入手，催令各县将"应行陈送之各项书纸，限期呈送"。

《检定小学教员规程》第二十二条规定："凡受无试验检定或试验检定者，须填具志愿书及履历书并由保证人填具品行证明书，陈送检定委员查核；前项志愿书等由检定委员会遵照本规程所定书式，分别印发；凡现充任中学校或师范学校之校长、教员皆得为保证人。"江苏省小学教员检定委员会遵照该规程所定书式分发各县，并令各县限期上交，称："各县愿受检定人陈送志愿书、履历书、品行证明书及各项文件，应以六年十月三十一日以前为限，合即印发三种书纸，暨受检定人填具各项书纸、注意事项各二十份，仰该知事于令文达到后，迅即督率主管掾属遵照部颁规程、省颁要则暨另纸所列注意事项，妥慎办理，除照章收纳检定费一元，转陈检定委员会外，不准巧立名目，擅取分文，倘有书役人等暗中索诈，一经查出，仍惟该知事是问，事关检定要政，慎毋掉以轻心。"② 同时，委员会还注明了应注意各事项：

1. 凡具有受检定资格各员，愿受无试验或试验检定者，应向本县办事处领取志愿书、履历、品行证明自行填注。2. 填注职员书、履历书、品行证明书有错误时，应另行补填仍将原纸缴还办事处注销。3. 志愿书上应粘附本人最近之四寸半身照片，并购贴印花税票四分，送由办事处验明加章。4. 填具履历时，应照小学教员资格调查表所列各项，明白填注，不得违反事实或语涉含混。5. 填具品行证明书之保证人，除现充中学校、师范学校校长、教员

---

① 《江苏省公报》，1917年8月31日，第1337期。
② 《江苏省办理检定教员》，《教育杂志》，1917年第9卷第10期，第76页。

外，凡视学、学务委员及各小学校长亦可得为保证人。但以非同时受检定者为限。6. 受检定人应遵章缴纳检定费一元。7. 受检定人如有毕业或修业证书（或文凭），应一并检出，连同书纸送陈本县办事处。8. 如受检定人曾具有检定小学教员规程第十五条第四款之资格者，除填具志愿书、履历书、品行证明书外，并应检同论文或出版物送陈本县办事处。9. 受检定人曾充小学教员三年以上，所历不止一校者，应准接续计算，但计算时，应由各受检定人请由原校长分别年限，出具证明书；如原校业经停办，应请该管县知事查明历年所报职教员表册，果满三年以上，即行出具证明书，均应随同本人书纸陈送。10. 凡受检定人有下列情事之一者，应认为无效，不予检定：填具书纸不完全者；毕业或修业各员不陈证书（或文凭）者；不纳检定费者；应陈送论文或出版而不陈送者。但毕业或修业证书（或文凭）如确系遗失，得请由原校校长及主要教职员具证明呈经本县知事复查后，加具证明书，随同本人书纸陈送。11. 实施试验检定定于七年一月（1918 年 1 月）开始，凡愿受检定人送陈书、检定费及他项文件，以六年十月三十一日（1917 年 10 月 31 日）为限，过期一概不收。①

检定委员会制定的上述各注意事项是教员资格检定前有关资料和相关事务准备的具体要求，包括履历表的要求、各种证明材料要求、检定费用、送交材料时限、检定日期等。鉴于检定资格的认定事关有无检定资格，有检定资格的前提下又分为无试验检定和有试验检定两种形式，所以申请者的资格审查作为教员资格检定的第一步，事关重大。

在各县将小学教员资格调查表及其他书纸文件陆续送齐后，检定委员会首先将具有无试验检定资格者先行审查确定，然后将资格不合格者归入受试验检定范围，定期举行试验。自 1917 年 12 月起至 1918 年 3 月，各组审查员将无试验检定人员的资料基本审核完毕。②

江苏省小学教员试验检定原经江苏省长公署规定于 1918 年 1 月开始实行，但后因江苏省教育厅成立，检定事宜由省署改归教育厅接办，"接续之交，略有停顿"③，且"各县应送文件尚未送齐，而审查亦需时日"，故呈请江苏省长公署转咨教育部将第一届试验日期"准予展缓三月，即于 4 月实行"。④ 1918 年 2 月 5 日，江苏省教育厅训令六十县知事、各省立师范学校

---

①《苏省办理检定教员》，《教育杂志》，1917 年第 9 卷第 10 期，第 76 - 77 页。

②《指令第 26 号（1919 年 1 月 8 日）》，《教育公报》，1919 年第 6 卷第 2 期，第 24 页。

③《指令第 26 号（1919 年 1 月 8 日）》，《教育公报》，1919 年第 6 卷第 2 期，第 24 页。

④《江苏检定小学教员试验日期》，《圣教杂志》，1918 年第 7 卷第 3 期，第 124 页。

校长、女子师范学校校长，称检定小学教员事宜，"教育部咨准予展缓三个月，自七年四月（1918 年 4 月）开始举行"，查"检定小学教员规程第二条，有凡施行检定得就所属地方酌量地点分行检定等语，兹将试验地点依照道区域分为五区，除第三区以上海为试验地点交通最便无庸分路外，其他四区复分为二路或三路，分别先后试验，以便各该区受试验人均得就近应试"。[1] 试验场所具体如表 4.3 所示：

表 4.3　检定小学教员试验场所单[2]

试验分区		试验地点	试验场所
第一区	第一路	江宁	省立第四师范学校
	第二路	丹徒	省立第六中学校
第二区	第三路	吴县	省立第一师范学校
	第四路	无锡	省立第三师范学校
	第五路	南通	代用师范学校
第三区	第六路	上海	省立第二师范学校
第四区	第七路	江都	省立第五师范学校
	第八路	淮阴	省立第六师范学校
第五区	第九路	铜山	省立第七师范学校
	第十路	灌云	省立第八师范学校

江苏省教育厅规定，由教育厅派人至各校设立检定小学教员试验事务所。以上十路，每路以一常任委员或省视学为主任委员，临时监试委员即于试验所在地之省立学校教员及县教员及县教育行政人员中遴选委任。此外，教育厅还令各县知事"查照单开该区该路试验场所，布告各该受试验人，须于试验前三日至试验事务所报到，以便分配试验场所。至试验科目，应依照试验规则第八条由各区于试验前一日规定列表揭示"。[3]

2. 检定过程及考核内容

江苏检定小学教员第六路试验事务所设在上海。检定小学办事处设立于上海县署，之后即开展相关工作："对于受检定人录示部颁规程办法条款；

① 符鼎升：《训令：江苏教育厅训令第 97 号（1918 年 2 月 5 日）》，《江苏省公报》，1918 年第 1494 期，第 5—7 页。

② 《检定小学教员试验日期及场所之规定》，《申报》，1918 年 3 月 8 日，第 10 版。

③ 《检定小学教员试验日期及场所之规定》，《申报》，1918 年 3 月 8 日，第 10 版。

发给志愿书登记诸事；指示填写方法；书纸文件审查；遇必要时，对于各学校及受检定人用公函通告或商榷一切；收到检定人员书纸、检定费及文件，给予收据，至二十份以上，寄送检定委员会一次，俟期满之日尽数寄清"；等等。①

1918 年 4 月 1 日，第六路小学教员检定考试如期举行。早上 6 点，上海县知事及教育厅第三科科长在省立第二师范学校开始点名给卷，其余省委及教育厅委员贾丰臻等亦均在场监试。到场受试验者共有 440 人。下面以第六路不同县的试验课题说明小学教员检定的考试内容。

（1）高等小学校教员

教育科试题：教授上利用筋觉之方法；褒赏在训育上之效果若何；国文科考查成绩法；拟保护人恳亲谈话会谈话之要项。正教员、专科教员均作四题为完卷，助教员减去第二题作其他之题为完卷；限午前十时缴卷；专科教员缴卷后得先出场。

修身科试题：体育与智育之关系；慎独说；怠惰为众恶之母说；常识为日用生活所必需，常识宜如何养成，其最重要之科目有几。正教员、专科教员均作四题为完卷，助教员减去第一题作其他之题为完卷；限午前十时缴卷；专科教员缴卷后得先出场。

（2）国民学校教员

教育科试题：说教育之意义；试举修身作法可以在教室内演习之事项；课余监护儿童教师以如何之态度为最宜；拟值日生服务之项目。正教员、专科教员均作四题为完卷；助教员减去第一题作以下之题为完卷；限午前十时缴卷；专科教员缴卷后得先出场。

修身科试题：业精于勤说；碍生物说；能自立与不能自立之别若何；居室卫生之条件约有几种，试言之。正教员、专科教员均作四题为完卷；助教员减去第一题作以下之题为完卷；限午前十时缴卷；专科教员缴卷后得先出场。

午后试题：国民学校教员：论人民生活与教育之关系；高等小学教员：平时教授有无困难之点，其方法若何。正、助教员国文试题同，限午后四时缴卷。②

4 月 2 日为第六路的南汇、太仓、嘉定、崇明、海门、宝山六县应试之

① 《检定小学教员办事处记事》，《教育周报》，1917 年第 174 期，第 24－25 页。
② 《试验小学教员记》，《申报》，1918 年 4 月 2 日，第 10 版。

期，各教员于早晨 6 时 30 分齐集课堂，经县知事沈韫石点名给卷。应试人员共 365 人，其中南汇 168 人、太仓 57 人、嘉定 42 人、宝山 44 人、崇明 54 人，海门应试验人数为 30 人，但无一人到场。① 当日，8 时至 10 时试验国民教员，10 时至 12 时试验高小教员，其试验课题如下：

（1）国民学校教员

教育科题：国民学校选择教材宜就儿童经验发挥地方之特色，试略举就乡土选材之要项；集会训话以何时为最宜；试举国民学校儿童课余适当之玩具；习字时，儿童之身体宜保持如何之姿势。

修身题：戒迷信说；奢俭与国家之关系；幸福由勤勉而生说；人贵爱重名誉，若不知务实而徒事沽名，可谓之爱重名誉否。

正教员作四题为完卷，助教员减去第一题作其他三题为完卷；限午前十二时缴卷。

（2）高小学校教员

教育科题：学校与家庭联络应用何种方法；教授上自动之作用；学业成绩各科宜如何分别考查；复式教授同时科目有何利点。

修身科：知足不辱说；崇尚节俭为生徒尊表率；说慈幼之道；慎重与不同慎重之目的何在。

正教员作四题为完卷，助教员减去第一题作其他三题为完卷；限午前十二时缴卷。

4 月 3 日，第六路举行第二试试验。早晨 7 时仍由县知事至省立第二师范学校点名给卷，与试者为沪海道属 12 县各教员共 257 人，内有专科教员 5 人，兹列试题如下：

国民学校教员　理科试题：① 何谓惯性；② 元素与化合物何别，举例以说明之；③ 何谓合金；④ 试述眼之作用。

博物试题：① 述蜂巢内之组织；② 茶之种类试列述之；③ 齿之构造若何；④ 试举眼之性质。

限午前十二时缴卷，助教员减去一题，为完卷限时同上。

高小学校教员　缝纫科试题：① 试述自初等科三年级其教授裁缝程序若何；② 小儿裤如何裁法，试画一图；③ 玄色素缎女夹衫一件，其长约二尺，问须用料若干尺；④ 一尺二寸宽之布裁一尺六寸长对襟小褂用料若干。

国民学校教员　裁缝试题：① 皮衣面子做成应如何上皮；② 旧衣接肩

① 《试验小学教员二志》，《申报》，1918 年 4 月 3 日，第 10 版。

用如何方法始得平服，第一、二题与高小教员裁缝科三、四题同。

国民学校教员　体操科试题：① 发达筋肉与强健自体孰为重要；② 试言体操教师应具之学识；③ 空腹时体操有无妨害；④ 运动及于呼吸器之效果。

高小学校教员　英文科试题：吾国古时所见他国之民，其教化皆不如吾，因名之曰蛮夷戎狄，后人不知此义，凡他国之人皆以蛮夷戎狄呼之，误也。上翻译成英文。

高小学校教员　理化科试题：① 起电机之试验法，试举一例，以示之；② 何谓惯性；③ 述硝磺酸之制法及用途；④ 燐质于空气中生何物。限三时缴卷，助免一题为完卷，限时同前。①

对以上第六路不同县考试的试题加以分析，可以看出试题内容注重考核学科基础知识和基本观点，注重与教学实际问题和实践能力有关的考核。比如教育科，除了基本理论如教育的意义、训育的效果、学校与家庭联系的方式等，还注重考核学生成绩评定方法即教员的评价素养。修身科目考核注重日常的和典型的道德内容，如俭与国家之关系，幸福由勤勉而生说，这些内容关系个体的日常思想和行为，属于经典的道德教育内容。从考试科目范围来看，根据教育部对教员检定的有关规程，科目涉及小学任教的所有科目，体现了对小学教员素质全面发展的要求。除了知识考核，一些技能课程的考核也体现了与生活的紧密联系，比如缝纫科、博物科等题目充分体现了这一点。此外，教员资格考试命题形式比较单一，基本是问答题，这主要受传统考试形式的影响。

为节减试验时间，第六路于 4 月 5 日举行第三试，将口试及检查身体、参观批评等事项尽一日内办理完毕。仍规定在午前 6 时 30 分备带笔墨集齐，听候点名。② 5 日，第六路十二县应试教员举行第三试。晨间 7 时，仍由县知事会同监试各委员分别点名入场，共到 283 人，"上午 9 时至 11 时导往第二师范附属小学第一、二部参观教授（参观分两组），11 时至 12 时笔记参观事项，午后 1 时至 3 时，口试学识，3 时至 4 时半检查身体毕，遂各携所带笔墨陆续散出。至揭晓名次，须俟评判终结，然后录榜发表"。③

江苏检定小学教员第四区第七路试验事务所设在扬州，"本定以大汪边第五师范为试验场，嗣因地址偏僻，改假左卫街第五师附小学内举行，先期由厅委主任蒋拱辰到扬筹备，并规定受试验教员以五日分科试验"。具体

① 《试验小学教员三志》，《申报》，1918 年 4 月 4 日，第 10 版。
② 《试验小学教员三志》，《申报》，1918 年 4 月 4 日，第 10 版。
③ 《试验小学教员五志》，《申报》，1918 年 4 月 6 日，第 10 版。

如下：

高等小学本科正助教员科目：第一日，国文、教育学、理化；第二日，修身、数学、博物；第三日，历史、地理；第四日，参观批评；第五日，口试及检查身体。

国民小学正助教员科目：第一日，国文、教育学、理科；第二日，修身、数学、博物；第三日，历史、地理；第四日，参观批评；第五日，口试及检查身体。

高等小学专科教员科目：第一日，国文、教育学、缝纫；第二日，图书、音乐、体操；第三日，手工、英语；第四日，参观批评；第五日，口试及检查身体。

国民专科教员科目：第一日，国文、教育学、缝纫；第二日，图书、音乐、体操；第三日，手工、英语；第四日，参观批评；第五日，口试及检查身体。①

4月1日上午8时，扬州县知事到场点名监视，计共182人，其中，江都29人，仪征8人，泰州40人，高邮18人，宝应20人，兴化21人，东台46人。② 4日，与试人员进行参观批评。"第一组试80人，上午10时至11时半批评；第二组试11人，11时至12时参观，12时半批评；第三组试5人，下午2时至3时参观，3时半批评；第四组试2人，3时至4时参观，4时半批评。"③ 江苏省教育厅规定"无试验之教员，自应检查身体"，于是，江都县知事通令各教员于7、8两日在本署三科内举行检验。据统计，受验者为150余人，受验项目主要有："1. 验肺量；2. 验视力；3. 验听力；4. 验口音"。④

江苏检定小学教员第三路试验事务所设在吴县省立第一师范学校。4月1日，试验开始，应试实到者180余人，由吴县知事吴其昌莅所点名，应试者均鱼贯而入，试验时亦秩序井然，3日下午竣事。⑤

江苏检定小学教员第二路试验事务所设在丹徒。在检定之前，省教育厅委任主试委员林文钧先期至检定事务所准备考试事宜，4月1日，检定考试举行第一试，与试者来自丹徒、金坛、溧阳、丹阳、扬中五县，计到者百数十人。3日为第二试，于午前6时30分点名给卷。应试科目次序如下：

① 《扬州：试验教员》，《申报》，1918年4月3日，第7版。
② 《扬州：试验教员》，《申报》，1918年4月3日，第7版。
③ 《扬州：检定教学纪事》，《申报》，1918年4月6日，第7版。
④ 《扬州：无试验员之检查》，《申报》，1918年4月10日，第7版。
⑤ 《苏州：试验小学教员纪事》，《申报》，1918年4月6日，第7版。

第一试：上午（本科）教育、修身，（专科）教育；下午（本科）国文。

第二试：第一日上午（本科）（高）数学、博物（国）数学、理科，（专科）英语、缝纫、商业、体育；下午（本科）（高）理化；第二日上午（本科）历史、地理，（专科）图书、手工，下午（专科）乐歌。

第三试：第一日口试及检查身体，第二日参观批评，每次试验时间上午8时起至12时止，下午1时起至4时止，如应试人数过多，一场不能试毕者，须分作二场试验，临时布告。[①]

总的来说，试验人数以第四、第六两路较多，第一、第八两路较少。"第一路适值鼠疫发生，交通断绝，第八路又因土匪充斥，行旅艰难，此应试者所以较其他各路为少也。"[②]

从江苏各地考试日程安排和考核内容看，教员资格考试组织有序，日程安排比较合理。通过口试、体检和参观批评，考察考生的身体素质和实践能力以及对教育的理解和认知，这种对教员素质比较全面的考核方式对当时申请者要求比较高，由于受社会发展水平和战乱影响，制度目标并不能实现，但是这种考核理念和思路体现了近代教师职业专业化的价值追求。

3. 成绩的评定及后续审核

试验结束后，各路主任委员将试卷封送至江苏省教育厅，并于"省高等师范学校以及省立师范学校、中学校教员中遴选委各科教员，分门评阅，酌定分数，复经厅长将各科试卷详加汇核，分别等次，其有试验不及格而平均分数在四十分以上，或关于某科目成绩满六十分以上者均依照检定规程办理"。[③]

经检定合格后，各教员再由江苏省教育厅分别填给正教员、助教员许可状。无试验检定合格者的许可状的发放以《检定小学教员规程》第十四条为标准。《规程》第十四条规定："具有下列资格之一者，得受无试验检定：一、毕业于中学校，并充小学教员一年以上者。二、毕业于甲种实业学校，并积有研究者。三、毕业于专门学校，确适于某科目教员之职。四、曾充小学教员三年以上，经地方最高级行政长官认为确有成绩者。具有第一款资格，经检定合格者，准充国民学校正教员、高等小学校本科正教员。具有第二、第三款资格，经检定合格者，准充国民学校专科教员及高等小学校专科正教员。具有第四款资格，经检定合格者，准充国民学校正教员、助教员或

---

① 《镇江：检定小学教员试验纪事》，《申报》，1918年4月5日，第7版。

② 《指令第26号（1919年1月8日）》，《教育公报》，1919年第6卷第2期，第25页。

③ 《指令第26号（1919年1月8日）》，《教育公报》，1919年第6卷第2期，第25页。

专科教员并准充高等小学校本科、专科正教员或助教员。"其中，江苏省教育厅对于符合上述第四款资格的教员，"以其现任职务为标准"，非现任教员则"以其曾任职务中表现优良之成绩者为标准"。①

江苏省第一届小学教员检定，除丰县因匪乱呈准暂缓施行检定外，其余59县均遵照教育部规定期限，如期完成，计"无试验检定合格教员，全省得5376人，受试验检定及格教员，全省得731人，代用教员全省得645人"（具体见表4.4）。检定合格的教员"自发表之日始，以满五年为有效期间，代用教员以满两年为有效期间"。②

检定考试结束后，在分别核发许可状的同时，针对不愿受检定及已列入受试验检定临试规避的教员，教育部训令各地："检定小学教员试验成绩不及格者，自应停止职务，但为各校改聘接替之便利起见，得以试验揭晓后三个月为限，至临试规避及不愿受试验检定未能合格，而关于某科目成绩满六十分以上者及试验不及格，平均分数在四十分以上者，依照施行检定小学教员办法第七条之规定，一律作为代用教员，其未受检定及试验不及格之教员，使非于此时从严取缔，匪特无以整齐师资，抑且无以维持检定之信用。"③ 这个规定目的在于真正落实教员资格检定制度，维持检定之信用，意即凡入教职必要检定，凡检定必要执行。

据民国教育部规定，江苏省教育厅制定《取缔未受检定小学教员办法》，规定："凡现在小学教员，未经遵令填具书纸，请受检定者，如具有无试验之各项资格，拟令遵照检定规程第十二条之规定，于本届检定揭晓后三个月内填具各项书纸，由县呈请续行检定，以符法定手续。如未具前项无试验各项资格者，即不合于国民学校令第三十条，及高等小学校令第十七条之规定，应与临试规避各教员，均遵教育部规定取缔试验未及格教员之办法，于本届检定揭晓后三个月期满时，一律停止其职务。如该县小学教员缺乏，不敷任用时，再行体察情形，以代用教员补充之。一面拟通令各县，除国立或省立师范学校本科毕业暨别有规定外，凡未经受有许可状者，概不得任用为校长教员，并拟调制表式，令县调查现任小学教员，曾受检定与否，限期呈报省视学视察，各校并令随时注意查察，以免蒙混。"④ 调查现任小学教员一览表如表4.5所示：

---

① 《指令第26号（1919年1月8日）》，《教育公报》，1919年第6卷第2期，第25页。
② 《指令第26号（1919年1月8日）》，《教育公报》，1919年第6卷第2期，第24－25页。
③ 《指令江苏教育厅取缔未受检定之小学教员办法应照准文》，《教育公报》，1918年第5卷第14期，第36页。
④ 《苏省规定未检定教员之办法》，《教育杂志》，1918年第10卷第10期，第80－81页。

表 4.4　江苏省第一届检定小学教员统计表①

单位：人

金陵道属	县	无试验检定							受试验检定											应受试验而未与试验者
									及格者							代用教员			试验不及格者	
		高正	高助	高专	国正	国助	国专	小计	高正	高助	高专	国正	国助	国专	小计	得科目成绩证明书者	平均分数在40分以上者	小计		
第一路	江宁	32	13	5	90	14	7	161				4		1	5		3	3		14
	句容	2	7	1	19	1		30												54
	溧水	2	1	1	9			13				1			1		6	6	1	6
	高淳	7	3	3	14	5		32												27
	江浦	11	6	3	6	4	1	31	1			1			2		1	1		24
	六合	12	6	5	17	13		53	1			1			2		1	1		32
第二路	丹徒	45	7		30	4	7	93	1		1	26		2	30		4	4		15
	丹阳	25	4	4	22	6	5	66				43	6	1	50		15	15	1	45
	金坛	8	4	4	22	13	7	58				6	4	2	12		6	6		67
	溧阳	17	10	4	25	43	22	121				11	3	1	15		12	12		35
	扬中	1			3			4				7			7	1	7	8		2

①《江苏第一届检定小学教员统计表》，《教育公报》，1919年第6卷第2期，第127～131页。

续表

苏常道属	县	无试验检定 高正	高助	高专	国正	国助	国专	小计	受试验检定 及格者 高正	高助	高专	国正	国助	国专	小计	代用教员 得科目成绩证明书者	平均分数在40分以上者	小计	试验不及格者	应受试验而未试验与者
第三路	吴县	65	25	31	126	10	12	269	2		3	7	2	2	16	3	20	23	3	64
第三路	常熟	19	14	10	115	48	29	235	1			14	3		18	7	45	52	1	135
第三路	昆山	20	8	7	72	18	12	137				7			7		13	13		41
第三路	吴江	18	12	4	54	35	32	155				10	1		11		9	9		66
第四路	无锡	40	29	15	148	67	23	322	1			31	11	2	45	5	32	37		117
第四路	武进	29	22	14	65	40	16	186	3	2	1	44	9	1	60		41	41		237
第四路	宜兴	33	7	4	31	12	12	99	3			40	3	4	50	2	30	32	2	167
第四路	江阴	21	19	12	39	33	16	140				7	1		8	3	7	10	2	78
第四路	靖江	15	2	3	40		1	61	1			10	1		12		3	3		29
第五路	南通	29	13	6	67	33	5	153	2			73	5		80		12	12		54
第五路	如皋	29	17	10	98	35	7	196	1			27	14	1	43	2	20	22		104
第五路	泰兴	9	4	4	14	12	5	48				3			3		1	1		43

续表

	无试验检定							受试验检定												
								及格者							代用教员				
第六路 沪海道属	高正	高助	高专	国正	国助	国专	小计	高正	高助	高专	国正	国助	国专	小计	得科目成绩证明书者	平均分数在40分以上者	小计	试验不及格者	应受试验而未与试验者
上海	56	32	28	72	31	11	230	1		1	17	1	2	22	1	18	19		91
松江	36	17	8	114	57	9	241				12	1		13	3	19	22		70
南汇	20	14	6	81	23	4	148	1		1	24	3		29	4	51	55		84
青浦	28	21	9	92	42	12	204	1			3			4	1	8	9		30
奉贤	11	8	3	10	5	1	38			1	7			8	12	15	27		46
金山	12	12	11	27	36	10	108				1			1		10	10		32
川沙	4	2	1	18			25									2	2		11
太仓	12	14	2	46	31	7	129				2			2	6	2	8		47
嘉定	10	9	4	72	32	2	129				5			5	2	4	6		31
宝山	6	5	8	46	22	8	95				8		1	9	1	8	9		26
崇明	6	11	5	31	17	9	79				6			6	2	7	9		37
海门	4	9		57	17	3	90												33

续表

道属	路别	地区	无试验检定 高正	高助	高专	国正	国助	国专	小计	受试验检定 及格者 高正	高助	高专	国正	国助	国专	小计	代用教员 得科目成绩证明书者	平均分数在40分以上者	小计	试验不及格者	应受试验而未与试验者
淮扬道属	第七路	江都	45	19	10	61	27	6	168	1			5	5		11	1	12	13		48
		仪征	12	3	1	7	15	3	41	2			1	1		4		3	3		12
		东台	14	4	6	36	17	6	83				7	2		9	1	36	37		49
		兴化	15	4	2	5	10	3	39				7	2	2	11		10	10		13
		泰县	35	13	9	42	41	12	152	2			11			13		13	13		35
		高邮	13	9	5	32	16	10	85	2			4	1		7		7	7		44
		宝应	11	7	2	24	3	2	49				4			4	2	12	14	1	14
	第八路	淮阴	7	1	1	34	1	1	45				8	7	1	16		6	6		29
		淮安	15	8	4	15	5		47	1			11	2	1	15	1	15	16		40
		泗阳	6		1	9	1		17				15	2		17	1	6	7		11
		涟水	5			1			6				6			6				1	7
		阜宁	26	1	3	8	17	3	38	3			7	1		11		4	4		32
		盐城	35	15	9	35	17	3	24	1			2	1		4		1	1		94

续表

区域	路	县	无试验检定 高正	无试验检定 高助	无试验检定 高专	无试验检定 国正	无试验检定 国助	无试验检定 国专	无试验检定 小计	受试验检定 及格者 高正	受试验检定 及格者 高助	受试验检定 及格者 高专	受试验检定 及格者 国正	受试验检定 及格者 国助	受试验检定 及格者 国专	受试验检定 及格者 小计	代用教员 得科目成绩证明书者	代用教员 平均分数在40分以上者	代用教员 小计	试验不及格者	应受试验而未与试验者
徐海道属	第九路	铜山	7	9	3	33	9	10	71				6			6	5	1	6		20
		沛县	4	1	1	9	11	5	30								4	1	5	2	27
		萧县	1	3	1	12	2		17				2			2	2	3	5		22
		砀山			2	2	1		6												9
		邳县	6	2		12	5	1	26				3			3		4	4		55
		宿迁	4	2	1	14	3		24												17
		睢宁	5			8		1	15												10
	第十路	灌云	31	9	5	5	7	1	53	3			3			6		1	1		8
		东海	15	1	1	9	1		26									2	2		38
		沭阳	6	1	1	11	7		25				1					2	2		31
		赣榆	6	2		8	4		20				6	2		8	1	1	2		3
合计			1018	500	292	2241	963	362	5376	38	2	2	569	93	18	731	73	572	645	19	2652

说明：1. 各县免检定及暂免检定教员本表从阙；2. 乙种农业、乙种商业学校专科教员因人数不多，即纳入高专一栏内，不另立一栏；3. 第九路丰县因匪乱未进行检定，故未列入表中。

表4.5 调查现任小学教员一览表①

调查者：

姓名	年龄	籍贯	资格	服务学校名称	现任职务	受何项检定	曾否受有许可状	备考

注意：1. 应将何校毕业或修业及经历注明于资格栏内；2. 应将担任科目及兼有何项职务注明于现任职务栏内；3. 免检定、暂免检定及准充代用教员者均应于受何项检定栏内注明；4. 未受检定者须于备考栏内注明；5. 调查者应签名盖章。

江苏省教育厅在呈请省长及教育部核准后，将所拟《取缔未受检定小学教员办法》及调查表式，发往各县，令各县知事遵照办理，并于"文到一个月内由该知事依式调查汇报备核"。② 江苏省对时任小学教员资格进行调查，目的在于清除不合格教员或者未受检定教员，落实教员资格检定制度，提高师资素质，但是由于当时社会发展的局限和动荡的时代背景，这一目的很难达成。

从前面江苏第一届小学教员资格检定情况看，江苏省作为近代经济比较发达地区，教育相比其他地区发展亦更快一些。从江苏出台的教员检定制度和检定过程分析，这些规章制度内容比当时国家公布的制度更清晰更具体，教员检定考试内容也更全面。从教员检定结果分析，参加试验检定的及格者人数很少，更多的是需要参加检定却没有参加的，分析原因在于参加试验检定的人员学历较浅，知识能力水平较低，无法通过检定考试，没有参加检定的人大多由于对考试缺少自信，加上生活困难难以支付检定成本。

（二）浙江省第一届小学教员资格检定概况

1917 年至 1918 年，民初第一届小学教员检定在各地逐渐展开。出于应试的方便等各种因素，浙江省第一届小学教员检定日期定在 1918 年暑假期间。1918 年 8 月 20 日，浙江省第一届小学教员检定考试正式开始。浙江省第一届检定小学教员事宜，"本拟于（1917 年）寒假期内分区举办"，后浙江省教育厅长伍崇学以"寒假期内为时短促，小学教员不能如期应试"为由，呈请教育部"展缓至暑假期内"举行，后经呈请，定于 1918 年 8 月 1

---

① 《指令江苏教育厅取缔未受检定之小学教员办法应照准文》，《教育公报》，1918 年第 5 卷第 14 期，第 37 页。

② 《苏省规定未检定教员之办法》，《教育杂志》，1918 年第 10 卷第 10 期，第 81 页。

日为全省小学教员试验检定开始日期。[①]

　　浙江省教育厅直接组织检定委员会，全面负责小学教员检定事务。1917年12月，浙江省教育厅长伍崇学委任教育厅第二科科长张廷霖为浙江省小学教员检定委员会会长，教育厅科员沈镜蓉、沈光烈，第一师范校长经亨颐、女子师范校长叶谦，教育厅视学周配义等5人为常任会员。[②] 同时，根据《检定小学教员规程》第十三条，浙江省制定了相应的试验规则，规定：

　　试验检定依照道区域分为四区举行；每指定区设检定事务所，由教育厅长派主任临时委员二人至四人，办理一切检定事宜，试验时应由所在地之县知事到场监试；各区施行检定得借用所在地之省立学校或其他公共场所；试验检定分第一试、第二试、第三试：第一试为国文、修身、教育学；第二试为其他各科目；第三试为口试及实地演习，并施行品行及身体之检查；每科试验时间以两小时为限，但国文得延长至三小时，每日试验科目，由检定事务所于试验前一日规定布告；各种试题由委员会预拟，送请教育厅长核定，封交主任临时委员当场发布；各区试卷封送委员会由会长分派委员评定分数，经会长复核后，汇齐造册，呈请教育厅长核定；实地演习由主任临时委员就所在地小学校施行，或以编制教案代之；口试由主任临时委员就教育理法范围内依师范学校程度，酌量发问，并得指定教科书，分令讲解，评定分数；总平均分数分甲乙丙三等，丙等以上为及格，丙等以下为不及格，甲等八十分以上，乙等七十分以上，丙等六十分以上；除专科教员试验外，凡国文一科，不满八十分以上者，不得列甲等，不满七十分者，不得列入乙等；不满六十分以上者，不得列丙等；试验及格者，由检定委员会呈请教育厅长核发许可状。[③]

　　上述试验规则对教员资格考务做了比较详细的规定，对考试科目、科目具体考试时间、考试形式、成绩评定标准等皆做出了规定。这个规定从考试内容上体现了对教员素养的客观要求，从考试形式上分为笔试和口试，对口试的评定结合教学理法、教科书内容并现场提问等方式进行，总成绩实施等级计分。整个考试流程设计比较清晰。

　　另外，教育厅还规定了受检定人员的注意事项，包括：

　　1. 应试各员须先时齐集场外适当地点，按照点名次序，鱼贯入场；

　　① 伍崇学：《呈省长：为据检定小学教员会呈拟定试验检定开始日期由》，《浙江教育》，1918年第1卷第4期，第2页。

　　②《委定检定教员人员》，《教育周报》，1917年第187期，第19页。

　　③ 伍崇学：《呈省长：为据检定小学教员会呈拟定试验检定开始日期由》，《浙江教育》，1918年第1卷第4期，第2页。

2. 点名之际临时委员应先入场,指示并稽察坐号;3. 接卷后须各按照卷面号数入座,不得移易;4. 应试人全行入座后,由主任临时委员将试题发布;5. 应试人应遵守在场委员之命令;6. 卷末备有稿纸,不得另纸起草;7. 卷末稿纸须随同试卷呈缴;8. 如有传递枪替怀挟易卷等弊,即行扣考;9. 不得交头晲视;10. 逾限不缴卷者,一律撤卷;11. 缴卷时应将卷面浮签揭去;12. 缴卷后即须出场。①

同时,教育厅委派叶谦为第一区主任委员,包汝牺为第二区主任委员,郑彤华为第三区主任委员,王念劬为第四区主任委员。②

上述对考试过程具体要求和考场规则的规定,体现了教员资格检定比较严格,教育厅直接派人负责,也说明政府比较重视教员检定这一事务。

1918 年 6 月,浙江省教育厅长伍崇学通令各县知事,对小学教员检定做了动员和通知。"通告各小学校,凡应受检定各员,迅即遵章报名,请受检定,毋得违误,致贻后悔",称:"查《检定小学教员规程》规定,国民学校、高等小学校教员,除师范学校本科毕业暨别有规定得免检定外,非经检定合格,不容允任,虽明以示限制之方,实隐以厉优崇之意。诚以国民教育,乃各种教育之基础,办理小学,未能完善,各种教育,自无发达之希望。故小学教育职责既重,任用宜严。现在小学教员检定,业经照章举办。自经此次检定之后,凡各属小学校校长、教员,除具有免检定资格者外,应就检定合格教员任用,以重师表而资整顿。"③

8 月 20 日,各区检定正式开始。第一区各县教员无试验检定,到者三百余人,试验检定到者二百余人。上午试验教育,题目包括"修身教授与训练对于陶冶性情之作用如何(高小正助)""知识教科与技能教科教授上注意点之异同如何(国民正助)",修身题为"论先知先觉之责任(高小正)""论个人与社会之关系(高小助国民正)"。下午试验国文,题为"纪事文与论事文之分别及关系,试述其大概(高小正助教)""有教无类说(国民正助教员)"。④ 第二区的检定也于 8 月 20 日举行。上午 7 时半至 11 时半举行温岭、宁海、天台、仙居等县各员品行、身体检查。下午 1 时至 5 时举行萧山、定海、临海、风华、新昌等县各员品行、身体检查。21 日上午 7 时半至11 时半举行绍兴、象山、南田、诸暨、嵊县等县各员品行、身体检查。无试

① 《指令浙江教育厅该省检定小学教员试验规则尚合准照行文》,《教育公报》,1918 年第 5 卷第 13 期,第 39 页。

② 《检定小学教员之种种订立规则》,《教育周报》,1918 年第 213 期,第 17 页。

③ 《关于检定减员之催令》,《教育周报》,1918 年第 206 期,第 28 页。

④ 《检定小学教员之种种订立规则》,《教育周报》,1918 年第 213 期,第 18 页。

验检定女教员之品行、身体检查，统于 21 日下午 4 时至 5 时举行。试验检定日程如表 4.6 所示：

表 4.6　第二区试验检定日程①

日期	时间		科目
8 月 22 日	上午	7 时半至 9 时半	教育
		9 时半至 11 时半	修身、读经
	下午	1 时至 3 时	国文
		3 时至 5 时	习字
8 月 23 日	上午	7 时半至 9 时半	数学
		9 时半至 11 时半	历史
	下午	1 时至 3 时	实习（以编制教案代之）
		3 时至 5 时	地理
8 月 24 日	上午	7 时半至 9 时半	理化
		9 时半至 11 时半	博物
	下午	1 时至 3 时	乐歌
		3 时至 5 时	图画
8 月 25 日	全天		体操、口试品行身体之检查

注意：1. 试验检定高小国民正助暨专科男女教员同时分别举行；2. 25 日上午体操、口试及品行身体检查以温岭、宁海、上虞、萧山、绍兴、定海、嵊县、新昌、慈溪、象山、南田等县为限，下午以镇海、奉化、鄞县、天台、仙居、诸暨、临海、余姚等县为限。

各课试题例举如下：

1. 高小国民正助教员（实习）试将下课国文编制教案，第二十三课稻。2. 高小教员（地理）第一，象山港三门湾形势孰优？第二，运河始于何时经过几省？第三，试述日月蚀之理由。3. 国民教员（地理）第一，吾浙著名之物产有几，试举其名；第二，试举五湖之名及其所在地。4. 高小正助（历史）第一，鸦片战役中国之损失若何？第二，普法之战，俾斯麦归功于小学教师，其故安在？5. 高小正助算学（略）。6. 国民正助教员（数学）第一，工匠 16 人 10 日能完之工程，若以 8 人为之，问须几日？第二，甲乙两人同时自某地相背而行，甲日行 12 里，乙日行 8 里，问行几日后相距 141

① 《检定小学教员之种种订立规则》，《教育周报》，1918 年第 213 期，第 8 页。

里？7. 国民正助教员：（历史）第一，秦筑长城起迄于何处，用意安在？第二，六国失败之原因。①

对浙江小学教员考试题目加以分析，可以看出题目内容大致是小学教学科目内容，难度不大，不同类型教员考试难度有差异。考题有意体现本土知识，比如要求例举浙江物产。考试有题目要求根据教科书某课内容编制教案，这考察了考生的教学设计能力，是对教员资格能力的考核。

（三）其他地区第一届小学教员资格检定情况

山东省的小学教员检定直到 1919 年 11 月才开始筹备办理。1916 年，山东省以军事影响为由呈请暂缓进行教员检定，称："检定小学教员，事关郑重师表，整齐资格，原应遵章克期办理，惟现在东省情形，胶东一带迭受军事影响，教育原状尚未完全恢复，于检定委员会之进行不无窒碍，兹查照检定小学教员规程第三十三条声明展缓，俟学校秩序恢复再行办理。"1916 年 11 月 23 日，教育部准山东省长咨请暂缓举行教员资格检定，称："因查东省因军事影响，教育原状尚未完全恢复，碍难如期举行教员检定，自系特别情形核与检定小学教员规程第三十三条尚属相符，应准暂行展缓，惟小学教员关系重要，未便久任停滞，请贵公署竭力筹划，速图恢复学校秩序，俾教员检定仍得早日实现，是为至要。"② 1919 年，山东省政府开始筹备实施小学教员资格检定。1920 年，依据教育部公布的《检定小学教员规程》和《施行检定小学教员办法》，山东省政府分别制定公布了《各县承办检定小学、乙种实业教员事务要则》《山东检定小学教员、乙种实业教员施行细则》。《事务要则》详细规定了检定小学教员事务所的构成、职责、教员检定的组织等。《施行细则》将检定分为无庸检定、无试验检定和试验检定三类，其中"合于无庸检定小学教员的资格为：① 高等师范学校本科、理科专修科毕业生及前清优级师范学校本科选科专修科毕业生；② 国立省立师范学校本科毕业生。合于无试验检定小学教员的资格为：① 高等师范、前清优级师范学校本科选科专修科未毕业学生而曾受毕业试验得有与该科毕业年限相当之修业证书，并总平均分数在五十分以上者；② 国立省立师范学校之讲习科、师范讲习所及前清师范简易科满二年毕业，毕业时考列中等以上者；③ 毕业于中学校并充小学教员一年以上者；④ 毕业于专门学校甲种实业及前

---

① 《检定小学教员之种种订立规则》，《教育周报》，1918 年第 213 期，第 17 – 18 页。

② 《咨山东省长该省因有特别情形准暂缓举行检定教员文》，《教育公报》，1917 年第 4 卷第 1 期，第 66 – 67 页。

清中等实业学校，确适于某科目教员之职者；⑤ 省立之实业教员养成所及体操武术音乐图画手工传习所毕业生，担任该本科之教授者；⑥ 省立单级教员养成所、师范讲习所一年以上之毕业生；⑦ 曾充小学教员三年以上，经地方最高行政长官认为确有成绩者。合于受试验检定小学教员的资格为：① 曾在师范学校中学校或其他中等学校修业二年以上者；② 曾任或现任高等小学或国民学校教员满一年者；③ 二年之师范简易科，其毕业时考列下等者或不满二年之师范简易科及不满一年之单级教员讲习科，师范讲习科毕业生，但以毕业期在六个月以上者为限；④ 曾研究专科学术兼明教育原理、著有论文者。[①] 1920 年 2 月，山东省举行第一次小学教员检定试验。"受试验检定区域分全省为五区十四路；高小、乙实教员，分区试验，初级小学教员，分路试验，报名者约 2 万人。举办结果：审核及格者，计无庸检定教员3200 余人，无试验检定教员 3100 余人，试验及格者，计受试验检定完全及格教员 2010 人，代用教员 4100 余人，合计 12000 余人"。[②] 至 1927 年，山东省共举行七届小学教员检定试验。检定具体情况如表4.7 所示：

表4.7　1920—1927 年山东七次小学教员检定情况表[③]

届次	报名人数	无庸检定教员	无试验检定教员	受试验检定教员		未考试及不及格人数	备注
				完全及格教员	代用教员		
1	19127	3250	3158	1165	4977	6577	
2	4210	206	755	280	1120	1849	第七届时，受试验检定教员 4000 余人，"因道路梗阻"而未能举行考试。
3	5062	319	794	447	1285	2217	
4	5586	245	831	1387	559	2564	
5	5407	318	989	1621	290	2189	
6	4762	276	921	1710	105	1750	
7	5680	193	1099				
合计	44154	4614	7448	6610	8336	17146	合计不包括第七届

① 《山东检定小学教员、乙种实业教员施行细则》，《山东公报》，1920 年 2 月 24 日，转引自范星：《民国时期山东小学教员检定研究》，山东师范大学硕士论文，2010 年，第 8—9 页。

② 《筹办检定小学教员事项纪要》，《山东省政府教育厅第一次工作报告》，1930 年，第 181 页，转引自范星：《民国时期山东小学教员检定研究》，山东师范大学硕士论文，2010 年，第 10 页。

③ 孟令棠：《民国时期山东省的初等教育》，《山东教育史志资料》，1986 年第 2 期，转引自范星：《民国时期山东小学教员检定研究》，山东师范大学硕士论文，2010 年，第 11 页。

从山东七次教员检定情况调查数据分析，报名人数与实际检定合格人数之间存在比较大的差距，有些年份合格的人数不到报名人数的一半，这一定程度上说明整个社会符合检定要求的人数有限。

总的来看，各地对小学教员检定事宜均较为重视，小学教员检定制度及其实施一定程度上缓解了基础教育发展中的师资缺乏及师资质量问题。各地在检定试验小学教员的过程中均根据地方具体情形分别制定了相关的实施细则，成立了负责检定事宜的检定小学教员委员会，采取了有序合理的检定程序，在成绩的评定和后续的审核上也比较客观。但是，不可否认，在实施检定的过程中依然存在着一些问题。就受检定教师而言，此次检定并未做到全面覆盖，部分教员拒绝参加检定，存在抵触情绪。

就检定时间而言，由于种种原因，除江苏、山西等地区外，更多的地区未能如期进行检定。新疆省长以该省地处边塞，风气晚开，交通不便，小学教员缺员严重为由呈请教育部展缓教员检定事宜，其称：新疆在"前清时代虽于省立中学附设简易师范班，毕业数次计一二百人，惟多系万里远来之客籍学生。军兴以后，学校中辍，毕业各生云散风流。民国成立，复兴学校，多方搜集，仅得四十余人，经由前学务公所检定一次，其合格者均已分派各县小学教员，现已达三年以上，按之钧部复赣省咨自能继续有效，毋庸再行检定以外，远处各县未经检定者不过十数人，距省二三千里以至四五千里，新省交通不便委员检定实行有种种困难，且现时除充教员之数十人外，求一文理明通、品行端方之师范毕业生，颇属难得，若遽行施以严格检定，势必有所更换，而薪水薄歉，接收无人，亦必有所迁就，与其检定之后尚有迁就，无裨事实，何若暂免检定，以省繁牍，拟俟省城师范毕业后，再行酌办，惟师资关系重要，自应筹一妥善之法，以为目前补救之策"。[①] 1917 年 1 月 29 日，教育部咨新疆省长，准该省小学教员检定暂时展缓。河南省小学教员检定"原拟之试验日期定至（1918 年）8 月 10 日止，然因各县调查多不能如期呈报，是以试验亦未能举行"，经呈请，教育部也于 1918 年 8 月 29 日准河南展缓，"一俟各县调查报齐，即行遵照试验"。[②] 热河都统检定小学委员会也以热河地处边陲、经费困难为由，呈请教育部展缓进行。[③] 再者，由于各地师资均严重不足，故教育部规定"举行试验检定之后，其师资不足

---

① 《咨新疆省长该省小学教员检定暂准展缓文》，《教育公报》，1917 年第 4 卷第 4 期，第 92 页。

② 《指令河南教育厅检定小学委员会准予展缓举行检定文》，《教育公报》，1918 年第 5 卷第 14 期，第 28 – 29 页。

③ 《咨热河都统检定小学教员委员会暂准展缓文》，《教育公报》，1917 年第 4 卷第 4 期，第 63 页。

应用时，以用教员分配之"，而代用教员的标准相对过低。教育部规定，在检定考试中"某科目成绩满六十分以上者及试验不及格，平均分数在四十分以上者，依照施行检定小学教员办法第七条之规定，一律作为代用教员"。[①] 小学教员任用标准的降低，在一定程度上影响了学校的教育质量，但根据当时实际情况，此举实属无奈之举。

小学教员关系一个国家基础教育质量和国民整体素质，任何一个国家在现代化过程中都不会忽视师资质量。民国初年，教育部先后出台了《小学校令》《高等小学校令》《义务教育施行程序》《检定小学教员规程》《施行检定小学教员办法》等法令，规范了小学教育，逐渐完善了小学教员检定制度。此后，全国各地教育行政部门成立专门的小学教师检定委员会，制定了相应的施行细则，对小学教员进行了资格检定。虽然在此次小学教员检定中存在一些问题，但总体来说，此次小学教员的检定科目较为全面具体，既强调教师的专业与学历，又注重教师的经验与品行，这对于缓解小学师资缺乏的压力，保证小学教师质量都起到了一定的作用。近代第一届小学教员检定由于受到军事、经济、交通、师资等各方面的影响未能达到预期目的，但作为一项教育领域的重要改革举措，对教育实践特别是师范教育、教师管理制度产生了很大影响，这是教师职业走向专业化的开始。

---

① 《指令江苏教育厅取缔未受检定之小学教员办法应照准文》，《教育公报》，1918 年第 5 卷第 14 期，第 36 页。

第五章
近代中小学教员资格检定的实施情况（二）

——南京国民政府时期（1927—1949 年）

教育对一个国家发展至关重要，即使在战乱的年代里，教育也是一个国家的重要事务。1927 年，南京国民政府成立之后，进行了一系列的教育改革以推动教育发展。为了提高师资水平，在北洋政府时期初步建立的教员检定制度的基础上，南京国民政府又先后颁布《中学及师范学校教员检定暂行规程》《中学及师范学校教员检定委员会组织规程》《小学教员检定规程》《小学教员检定办法》等，补充和完善了教员检定的组织程序、实施办法，使教员检定制度进一步完善，成为保障教师质量的重要制度。

一、南京国民政府时期的小学教员资格检定制度的实施

民国时期，作为国家基石的小学教育处于摸索阶段。"一般国民，倘不受最低限度之教育，则无论从政治建设、物质建设或教育本身而言，均有极大不利。从政治建设而言，则凡党义之宣传、自治之训练、国家观念之养成、民族意识之培植，均将有不可克服之障碍，丁兹内忧外患交迫之时，此种障碍至可忧虑。就物质建设而言，则一切科学常识，乃至最简单之卫生常识，均无法使一般国民了解；一切建设自亦无法望其协作。"[1] 客观来说，南京国民政府对小学教育发展从政策上做出了一定的努力，小学教师的检定制度相比北洋政府时期有所完善，在检定制度的贯彻落实上也有了进步。

（一）南京国民政府时期小学教员检定的制度背景

1930 年 4 月，教育部在南京召开"第二次全国教育会议"，会议审议通过了教育部所拟的《改进全国教育方案》。《方案》共十章内容，包括实施

---

① 熊明安：《中华民国教育史》，重庆出版社，1997 年，第 133 页。

义务教育的初步计划、实施成年补习教育初步计划、筹设各级各种师资训练机关计划、改进初等教育计划、改进中等教育计划、改进高等教育计划、改进社会教育计划、实施蒙藏教育计划、全方案总预算。"第二次全国教育会议宣言"指出："这次会议的方案分看虽有十章，但合起来是整个的，方案的编制就是全国教育作一个通盘的打算，力矫各不相谋的弊病，所以各章各节，完全是互相关联；所有的精神，也是全体一贯。……我们深切感到全国有百分之八十以上不识字的民众和大多数没有受教育机会的儿童，是推行训政和建设的障碍，也就是推进文化的大阻力，所以在训政六年期内，义务教育和成年补习教育，主张尽量推进；而对于中等教育和高等教育，主张整理补充，先求质量的提高，不遽作数量的增进。"① 《方案》体现了义务教育优先发展的原则，这是这一阶段关于教育发展的总体指导思想。

　　自此，推进义务教育成为国民政府发展教育的重中之重，相关法规先后出台。1931 年 4 月，教育部颁布了《繁盛都市推广小学教育法》，规定："繁盛都市若所有小学不足容纳本地方学龄儿童时，其教育主管机关必须根据城市发展情况与改造趋势，拟定推广小学教育办法。"② 为了更好地实现国民教育的宗旨，各省市教育行政主管机关召集各校教员学习各科基本知识技能及其教学法，并组织小学教师成立教学研究会。③ 以上种种措施促进了城乡小学教育的发展。为了规范小学的设置，保证其按照国家的教育宗旨发展，1932 年 12 月 24 日颁布《小学法》18 条，对小学的设立、学制、教员、课程等进行规范。《小学法》指出："小学应遵照中华民国教育宗旨及其实施方针，以发展儿童之身心，培养国民之道德基础，及生活所必需之基本知识技能。"其中第 12 条规定："小学教员由校长聘请合格人员充任。如合格人员有不敷时，得聘任具有相当资格者充之。均应呈请主管教育行政机关备案。小学教员之检定任用保障各规程，由教育部定之。"④ 1933 年 3 月，教育部又颁布《小学规程》。之后，教育部对其进行修正，并于 1936 年 7 月 4 日公布了《修正小学规程》。该《规程》明确规定了小学教师的资格、检定、聘任等各个方面。关于小学教师的任职资格，《规程》规定：小学的级任教员或专科教员须具下列资格之一，"师范学校毕业者；旧制师范学校本科或高级中学师范科或特别师范科毕业者；高等师范学校或专科师范学校毕

---

① 《转录：改进全国教育方案》，《教育周刊（福建）》，1931 年第 59 期，第 28 页。
② 刘国平，等：《师典》，上海人民出版社，2004 年，第 466 页。
③ 刘国平，等：《师典》，上海人民出版社，2004 年，第 466 页。
④ 刘国平，等：《师典》，上海人民出版社，2004 年，第 465 页。

业者；师范大学或大学教育学院教育科系毕业者。小学级任及专科教员无前条所列资格之一者，应受主管教育行政机关所组织之小学教员检定委员会之检定。"若小学因地方特殊关系，无从延聘具有以上规定资格或已受检定的教员时，"得以具有《小学教员检定规程》所规定之试验检定资格之一者为代用教员，但应呈请主管教育行政机关核准"。① 从以上可以看出，《规程》对小学教员的来源做了规定，除了各种师范学校毕业者均须接受检定。由于当时我国师范教育的发展并不尽如人意，不能提供足够的小学师资，故《规程》中提出了变通措施，若小学教员不具备其所列出的条件时，可以通过代用教员制度弥补师资不足。

1934 年 5 月 21 日，为充实小学教员队伍，提升小学师资质量，教育部第 5824 号部令公布《小学教员检定暂行规程》，同年 7 月 1 日施行。《暂行规程》规定：小学教员的检定分无试验检定与试验检定两种，"无试验检定，由检定委员会审查其各项证明文件决定之；试验检定，除审查其各项证明文件外，并加以试验"；"试验检定至少每三年举行一次，无试验检定，每学期开始可举行之"。此外，《暂行规程》还规定了两种检定的资格，两种检定的方法及考试科目等，同时，还明确指出："在检定有效期内，教学成绩检定合格教员有效期间，自发给检定合格证书之日起，定为四年。在检定有效期间，教学成绩，特别优良，经省市督学查报有案，或经县教育局长，切实呈报；或服务期间在暑期学校，得有成绩证明书者，期满后，仍给予有效期间四年之合格证书；连续得二次合格证书者，期满后，给予长期合格证书，其成绩不良者，在合格证书期满后，须重受检定。"②

试用两年后，教育部于 1936 年 12 月颁布了《小学教员检定规程》，同时废止《小学教员检定暂行规程》。但是，由于当时符合小学教员资格的人员严重不足，因此，各地不得不聘任具有相当资格的人充任小学教员。为清查并整理小学师资，1940 年教育部公布《各省小学教员总登记办法大纲》，根据登记大纲要求，各地在 1940 年 6 月前进行了小学教员的总登记。"小学教员中曾受检定而未合格者，或合格证书已超过有效期者，由小学教员检定委员会依《小学规程》第六十二条规定重予检定；有些地方因合格小学教员登记人数过少不敷分配时，即实施代用教员登记；检定合格后，专任小学教员领取甲种登记证，代用教员领取乙种登记证，无登记证者不得充任

① 宋恩荣，等：《中华民国教育法规选编（1912—1949）》，江苏教育出版社，1990 年，第 278 页。
② 李友芝，等：《中国近现代师范教育史资料》第二册，1983 年，第 376–379 页。

教员。"①

随着教育制度的发展，1944 年 1 月，教育部又将《小学教员检定规程》修订为《小学教员检定办法》。《办法》规定，小学教员的检定分无试验检定与试验检定二种："无试验检定，由检定委员会审查其各项证明文件决定之；试验检定除审查其各项证明文件外，并加以试验"；试验检定至少每三年举行一次；无试验检定，每学期开始前举行之；小学教员检定，得就所属地方酌量情形，分区举行。②

受无试验检定，须具有以下条件之一："1. 毕业于简易师范学校或简易师范科者；2. 毕业于旧制中学，或现制高级中学以上学校，或与旧制中学现制高级中学同等之学校，曾充小学教员一年以上或曾在教育行政机关或大学教育学院系或师范学校等所办暑期学校补习教育功课满二暑期者；3. 毕业于旧制乡村师范学校或县立师范学校或二年以上之师范讲习科，曾充小学教员二年以上或曾在上述暑期学校补习满三暑期者；4. 曾充小学教员三年以上，经教育行政机关认为确有成绩或曾在上述暑期学校补习满四暑期者；5. 曾充小学教员三年以上，有关于小学教育之专著发表，经主管教育行政机关认为确有价值者。"其中，"具有前项第一款资格者，以受初级小学教员无试验检定为限；具有前项第二、三、四、五各款资格之一者，如曾任高级小学或初级小学教员年限与各该款规定相合者，得分别受高级小学或初级小学教员无试验检定；初级小学教员无试验检定合格后，任职四年以上有相当成绩者，得受高级小学教员无试验检定。"③

受试验检定者，须具有下列条件之一："1. 曾在旧制中学或高级中学毕业者；2. 曾在师范学校或高级中学修业一年并充小学教员一年以上者；3. 曾在师范讲习科毕业者；4. 曾任小学教员三年以上者；5. 学有专长并充小学教员一年以上者。"④

各省市举行小学教员试验检定，至少须于两个月前，由各该省市教育行政机关将日期及办法，登报公布，试验日期、办法及试验检定、无试验检定的结果，均分别呈报教育部备案。"试验检定，分笔试及口试或实习。各该省市教育行政机关认为必要时，并得举行体格检查。"小学级任教员的试验科目为"公民（包括党义）、国语（包括文字口语及注音符号）、算术、自

---

① 刘国平，等:《师典》，上海人民出版社，2004 年，第 518 页。
② 刘国平，等:《师典》，上海人民出版社，2004 年，第 517 页。
③ 刘国平，等:《师典》，上海人民出版社，2004 年，第 517 页。
④ 刘国平，等:《师典》，上海人民出版社，2004 年，第 517 页。

然、卫生、历史、地理教育概论、小学各科课程标准、小学教材及教学法。但初级小学级任教员之试验，除公民国语、教育概论外，其余各科目，得酌量减低其程度"；专科教员的试验检定不分初高级，其试验科目"除请求试验之某种专科（如音乐、体育、美术、劳作等）须试验外，并试验国语、教育概论及受试验科目之小学教材及教学法"。经检定合格者，由省市教育行政机关分别给予检定合格证书。[1]

《小学教员检定办法》较为详尽地规范了小学教师队伍建设，在一定程度上稳定了师资队伍，促进了小学教育的向前发展，因而引起教育界的普遍重视。1946 年，教育部又在全国范围内开展了更大规模的小学教员登记及检定运动。

（二）江苏省小学教员资格的检定

小学教育的优劣，关键在于师资。南京国民政府成立后，从检定试验入手，整理小学师资，改进小学教育。1928 年，中央大学订定《检定小学教员规程》，组织中央大学区检定小学教员委员会，将江苏省分为二十区，分区分期举行小学教员检定。除第十二区宿迁等四县因匪患未能检定外，其余 19 区共 55 县与苏州市，分别举行检定，应试的总计 2190 人，受试合格的 823 人。[2] 但是，总体来看，小学师资依然严重缺乏。1928 年，据江苏省 61 县教育局及苏州市政府实地调查，全省共有小学教员（包括现任及非现任在内）20600 人。具体见表 5.1。

表 5.1　江苏各县小学教员资格统计表[3]

单位：人

县市	教员总数	曾受高等教育者	曾受中等教育者	检定者				其他			
				高级小学		初级小学		高小毕业者	初小毕业者	有前清功名者	其他
				正教员	助教员	正教员	助教员				
江宁	136	6	125	1		2		2			
句容	291	14	247			3		4			23
溧水	101	3	90				1	6			1
高淳	128	3	77			1		26			21

[1]　刘国平，等：《师典》，上海人民出版社，2004 年，第 518 页。
[2]　《江苏省教育厅检定小学教员委员会会务概况》，《江苏教育季刊》，1930 年，创刊号，第 12 页。
[3]　《江苏各校小学教员资格统计表》，《江苏教育季刊》，1930 年，创刊号，第 1 页。

续表

县市	教员总数	曾受高等教育者	曾受中等教育者	检定者				其他			
				高级小学		初级小学		高小毕业者	初小毕业者	有前清功名者	其他
				正教员	助教员	正教员	助教员				
江浦	91	7	72			7		3		1	1
六合	129	7	112			1		7		2	
丹徒	164	9	141	3				2			9
丹阳	300	5	265			6	14				10
金坛	144	4	116			2		16		6	
溧阳	408	34	289					58		1	26
扬中	28		11			14				1	2
上海	337	25	254		6	28	20	1			3
松江	528	24	364	4	5	49	52	25	4	2	22
南汇	459	16	342	7	7			36	8	1	42
青浦	445	7	330			8		10	1	6	83
奉贤	186	8	131			2	3	27			15
金山	251	16	220			3	1	25	1	1	7
川沙	129	8	100			2	1	1			17
太仓	301	12	236			2	7	13		2	29
嘉定	363	9	285	1	7						61
宝山	176	2	140	2		21	6	3			2
崇明	450	47	328	11		20	6	4		4	30
海门	209		191			4	2	3			9
吴县	984	70	868		2	36	3	5			
常熟	881	31	683	9		37	69	13	2	1	36
昆山	549	23	416	1	3	61	12	7			26
吴江	475	24	332	4				34	4		77
武进	760	43	449			185		83			
无锡	1128	30	964			37	5	71	2	3	16

续表

县市	教员总数	曾受高等教育者	曾受中等教育者	检定者				其他			
				高级小学		初级小学		高小毕业者	初小毕业者	有前清功名者	其他
				正教员	助教员	正教员	助教员				
宜兴	483	22	383					18			60
江阴	588	39	471		4	17	19	16			22
靖江	175	18	94			44	1	13			5
南通	937	33	858			18		2			26
如皋	906	10	804	12	17	24	39				
泰兴	449	3	281			158					7
淮阴	215	7	148					39			21
淮安	230	5	202	3	1	13	1	4			1
泗阳	125	4	115	2				3			1
涟水	360	12	346					2			
阜宁	268	15	225	10				14			4
盐城	541	25	265	149	19	43	21	14			5
江都	647	10	614				2	21			
仪征	120	9	83		2	14		7			5
东台	249	16	182	1		15	26				9
兴化	206	2	143	5	10	16	26	3			1
泰县	384	13	243			13	13	2			
高邮	272	10	243		1	3		6	1	1	7
宝应	140	8	117			7	2	1			5
铜山	510	11	348					3			148
丰县	369	14	323			1	2	29			
沛县	192	14	151					21		5	1
萧县	178	13	155					7			3
砀山	206	10	185								11
邳县	125	7	115	1				1		1	
宿迁	212	9	186					14		1	2
睢宁	170	43	119					8			

续表

县市	教员总数	曾受高等教育者	曾受中等教育者	检定者				其他			
				高级小学		初级小学		高小毕业者	初小毕业者	有前清功名者	其他
				正教员	助教员	正教员	助教员				
东海	57	3	51			3					
灌云	205	20	174			2		4			5
沭阳	147	6	141								
赣榆	79		72					4			3
启东	224	11	168			11	22	8			4
苏州市	100	12	82			5	1				
总计	20600	917	16317	232	87	938	358	749	23	41	938

　　如上表所示，江苏省的 20600 名小学教员中，受高等教育者 917 人，受中等教育者 16317 人，受检定者 1615 人，其他 1751 人。以上 20600 人中，不合格的师资，共计 11673 人，占总人数的 56.67%，其余为合格的师资，共计 8927 人，占总人数的 43.33%；受师范专业训练六年者 557 人，五年者 3044 人，四年者 120 人，三年者 2301 人，二年者 2827 人，总计 8849 人，占总人数的 42.95%，是为纯粹的师资；高等教育修业后又受师范专业训练者 4 人，中等教育修业后又受师范专业训练者 74 人，占总人数的 0.3%；各类师资以受中等教育而未受师范专业训练者占最多数，计 4826 人。① 经高、初级小学而充任教师者为 772 人，以溧阳、南汇、武进、无锡为最多。师资总数满 1000 人的仅有无锡一个，满 900 人的有吴县、南通、如皋，不满 300 人的县有扬中、东海、赣榆、江浦，其中的差率计 10 倍乃至 20 倍。因此，江苏省教育厅奉教育部令对本省小学教员统一实施检定，以规范教员资格，提高师资素质，并最终推动初等教育之发展。

　　1. 小学检定各项规章的制定及检定委员会的成立

　　为规范小学检定事宜，江苏省教育厅拟定《江苏省教育厅检定小学教员暂行规程》《江苏省教育厅检定小学教员委员会简章》等多个检定小学教员相关条例，完善了小学教员检定的法规体系。

　　《江苏省教育厅检定小学教员暂行规程》共 19 条。它将小学教员分为小

---

① 《江苏各校小学教员资格统计表》，《江苏教育季刊》，1930 年，创刊号，第 1 页。

学正教员、初级小学正教员、小学专科教员及初级小学专科教员四种；小学教员的检定分无试验检定与试验检定两种，"无试验检定，审查其毕业证书，或教学经验检定之，试验检定，除检查其证书外，并加以试验"。

无试验检定的资格为下列之一者：1. 大学教育科，或高等师范，或优级师范毕业者；2. 高中师范科，或师范本科毕业者；3. 大学本科，或高等师范专科毕业，有教学经验者；4. 师范专修科，二年以上毕业者；5. 高级中学或旧制中学毕业，在本规程施行前，曾充小学教员二年以上者；6. 农村师范，或师范讲习所二年以上毕业者；7. 师范简易科二年以上毕业者；8. 曾得检定证书，未满有效期限者（合于本条七、八两款者，准充初小教员）。

具有下列资格之一者得受试验检定：1. 中等学校毕业者；2. 曾在中等学校修业，满三年以上者；3. 曾任小学教员满三年以上者；4. 研究专科学术，兼明教育原理，而有相当证明者。但是，有下列情事之一者不得受检定：1. 有反革命之行为，查明属实者；2. 曾有徒刑以上之刑事处分者；3. 吸食鸦片，及其他不良嗜好者；4. 受撤销许可状之处分者。①

这个教员资格检定内容与1934年教育部公布的《小学教员检定暂行规程》相比，检定理念基本一致，只不过内容更详细，检定资格要求更高，比如对于无试验检定资格，《暂行规程》对高级中学或者旧制中学毕业者要求有一年以上教学经验，江苏省的这个规程要求有二年以上教学经验。对于曾任小学教员三年以上者的规定，教育部《暂行规程》规定确有成绩者可以参加无试验检定，江苏省的规程要求须接受试验检定。

检定教员，每年分区举行一次。小学正教员的试验科目为：党义、国语、算学、社会科学常识、自然科学常识、教育原理、学校行政、教学法，其程度以高中师范科课程为准；小学专科教员的试验科目为：手工、图画、园艺、家事、农业、商业、音乐、体育、外国语、自然中的一科目或数科目，其程度以高中师范科为准，并加试党义、教育原理及受验科目的教学法。试验方法分为笔试、口试及实地试验三种。试验检定以各科目平均分数满60分为及格。小学教员的检定合格者由江苏省教育厅分别给予许可状。领受许可状以后，遇有变更姓名或毁损遗失等情事，应详述理由，并须具证明书，请由县市教育行政机关，转呈江苏省教育厅查核换给。领受许可状后，若有不正当行为，有玷师资者，经江苏省教育厅查实，得撤销其许可状。现任小学教员检定不及格或不受检定者，由教育厅令所在学校校长停止

① 《江苏省教育厅检定小学教员暂行规程》，《江苏省教育厅公报》，1930年第1期，第48页。

其职务。检定合格的有效期间，由教育厅按照需要情形，临时规定。① 江苏省试验检定考试科目、考试形式、成绩评定方式、师德要求与教育部规定基本一致，只不过在科目内容要求上更具体。

江苏省小学教员的检定由检定小学教员委员会组织实施。《江苏省教育厅检定小学教员暂行规程》规定："江苏省教育厅为整理小学师资，以谋小学之进展起见，组织委员会。"② 委员会由委员长、主任委员、委员、试验委员组成。委员长主持会务，综合检定成绩；主任委员、委员及试验委员承委员长之指挥处理日常事务及试验事务。《江苏省教育厅检定小学教员委员会简章》规定："委员长由教育厅长兼任之，主任委员一人由教育厅主管科长兼任之，委员五人由教育厅长指派本厅人员兼任之"，"试验委员无定额，于施行试验时教育厅长聘任中学以上学校校长或教员、实验小学校校长等担任"。③ 此外，委员会还酌设干事及书记若干人。依据上项条例，江苏省教育厅特成立江苏省检定小学教员委员会，除由教育厅长陈和铣自兼委员长外，并委派第二科长杨乃康为主任委员，谢伯琴、俞庆棠、江卓群、邓传等为委员。④

如前所述，江苏省小学教员历经两次检定，但不合格者在各县大都占多数。此外，"以前教育厅及中央大学经办检定各项，或以规程尚未严密规定，或以手续尚多未经办了，或有合格教员，对于服务年限的延长，尚未明白规定标准可资办理。又如宿迁等未经检定之区域，应如何继续举行检定；即已经中央大学检定合格而尚未发给许可状的，应如何补行发给；以及大学区制取消，教育行政制度变更，积案数百起，纠纷者颇多，亦应如何改订规程，另定章则，或别拟办法以资积极办理"。⑤ 鉴于以上种种原因，江苏省教育厅检定小学教员委员会一经成立，即着手修订规程章则，拟定计划。

1930 年 1 月 26 日，检定委员会召开第一次常会，"讨论修正许可状式样，以备补行发给前经中央大学区检定小学教员委员会，检定合格之各小学教员，并筹备于继续检定小学教员，以谋初等教育之改进"。⑥ 之后，小学教员检定委员会按照既定计划，开始具体实施对江苏省小学教员的检定事宜，排定各科试验日程，准备各科试题试卷，备齐各区受试人名册照片报名单，

① 《江苏省教育厅检定小学教员暂行规程》，《江苏省教育厅公报》，1930 年第 1 期，第 49 页。
② 《江苏省教育厅检定小学教员暂行规程》，《江苏省教育厅公报》，1930 年第 1 期，第 48 页。
③ 《江苏省教育厅检定小学教员委员会简章》，《江苏省教育厅公报》，1930 年第 1 期，第 49－50 页。
④ 《苏教厅组织检定小学教员委员会》，《江苏省教育厅公报》，1930 年第 1 期，第 2 页。
⑤ 《江苏省教育厅检定小学教员委员会会务概况》，《江苏教育季刊》，1930 年，创刊号，第 12－13 页。
⑥ 《江苏省教育厅检定小学教员委员会简章》，《江苏省教育厅公报》，1930 年第 1 期，第 49－50 页。

编订各县受试人名号数，弥封试卷送至各区试验地点，审核各县报名受试人有无相当受试资格及符合报名手续与否等，具体包括以下十个方面的工作：（1）办理各县报名手续，编造受试人名册整理附呈文件；（2）审核各县受试人资格暨附呈文件，是否符合报送手续；（3）办理各县教育局各区主任试验委员公文函牍与通告；（4）规定甲、乙、丙三种许可状，分别办理缮写与颁发；（5）审核各县合格教员请求延长服务年限各种文件与核办公文；（6）准备各科试题试卷，支配各区数目按人数点计，并于每名试卷上逐一编号，加印弥封；（7）聘请各科出题与阅卷委员，并从事评阅试卷成绩；派员致送试题试卷文件等，并与各区主任试验委员接洽试验手续；（9）规定取录标准，成绩计算法，并从事审核成绩计算分数；（10）通令揭晓本届录取正教员、助教员、专科教员，并核给各县小学教员许可状。[①] 至1930年9月，小学教员检定事宜基本结束。

2. 小学教员检定试验区域划分及各区考试委员会的设立

江苏省小学教员检定试验是依照《江苏省教育厅检定小学教员暂行规程》分区进行的。根据《江苏省小学教员试验检定细则》，江苏省小学教员试验检定区域分为十区，见表5.2。

表5.2　江苏省小学教员试验检定区域划分[②]

区名	试验地点	所属县市名
第一区	省立镇江中学	镇江、丹阳、金坛、溧阳、扬中
第二区	省立南京中学	江宁、句容、溧水、高淳、江浦、六合
第三区	省立无锡中学	无锡、武进、宜兴、江阴、靖江
第四区	省立苏州中学	苏州市、吴县、常熟、昆山、吴江、太仓、青浦
第五区	省立上海中学	上海、松江、南汇、奉贤、金山、川沙、嘉定、宝山
第六区	省立南通中学	南通、如皋、崇明、海门、启东、泰兴
第七区	省立扬州中学	江都、仪征、高邮、宝应、东台、兴化、泰县
第八区	省立淮阴中学	淮阴、淮安、涟水、泗阳、阜宁、盐城
第九区	省立徐州中学	铜山、丰县、沛县、萧县、砀山、邳县、睢宁
第十区	省立东海中学	东海、灌云、沭阳、宿迁、赣榆

① 《江苏省教育厅检定小学教员委员会会务概况》，《江苏教育季刊》，1930年，创刊号，第13－14页。
② 《江苏省小学教员试验检定细则》，《宝山县教育月刊》，1930年第26期，第15页。

各区的小学教员检定试验事务由各区主任试验委员主持，各试验委员襄助。各区主任试验委员由该区的中学校长担任，各该区内县教育局长或市长为试验委员，同时由教育厅临时派员担任。各区举行试验检定时，由主任试验委员召集各该区试验委员组织考试委员会，筹备考试事宜。《江苏省检定小学教员各区主任试验委员应注意事项》规定，在各区试验时，各区考试委员会应行预备事项主要有：（1）试验场所之择定与公布；（2）试验证之印制与编号；（3）编排受检定人座位号数；（4）准备体格检查用具及请定医生；（5）准备受检定人午膳；（6）揭示试验规则；（7）排定考试日程及请定各科监试委员。在各区试验时，各区考试委员会应行注意的事项主要有：（1）核对受检定人编列之号数及其相片；（2）卷面浮签应令受检定人于交卷时撕去；（3）试卷应于规定时间后五分钟内一律收集；（4）各科试题由监试员分发或临时揭示；（5）口试成绩单、体格检查单应保存送会；（6）试卷之弥封处不得撕破与窥阅，否则作废。在各区试验后，各区考试委员会应行注意事项主要有：（1）考试完毕后检验试卷弥封处如有破绽该卷作废；（2）考试完毕后将试卷口试成绩单、体格检查单以及名册等汇送江苏省教育厅检定小学教员委员会；（3）统计受检定人午膳费及各项临时用费开列呈报。①

　　检定小学教员委员会拨发各区考试、置备午餐等费用，每区以50元为标准。各区可视具体情形，于必要时酌请各考试地省立中学校职员襄助一切。②

　　通过这个《江苏省检定小学教员各区主任试验委员应注意事项》可以看出，教员检定考试过程的每一环节都有比较清晰严格的程序要求，考前、考中和考后各个环节都比较规范，从而保证了考试结果的公正。

　　3. 各区小学教员检定试验具体事宜

　　《江苏省小学教员检定试验须知》规定，具下列资格之一者，准许报名受试验检定：（1）中等学校毕业者；（2）曾在中等学校修业满三年以上者；（3）曾任小学教员满三年以上者；（4）研究专科学术兼明教育原理而有相当证明者。③应受检定者报名时应缴报名表、志愿书、品行证明书、服务证明书、相片、检定费大洋一元及其他附缴的书件。其报名表、志愿书、品行证明书、服务证明书样式如表5.3、表5.4、图5.1、图5.2、图5.3所示。

①　《江苏省教育厅检定小学教员委员会会务概况》，《江苏教育季刊》，1930年，创刊号，第29－30页。
②　《江苏省教育厅检定小学教员委员会会务概况》，《江苏教育季刊》，1930年，创刊号，第30页。
③　《江苏省小学教员试验检定须知》，《宝山县教育月刊》，1930年第26期，第16页。

表 5.3 　江苏省小学教员受检定试验人员报名表（正面）①

县检定试验报名表　号数_____

姓名			年岁		性别		籍贯	
资格合于检定规程第五条第　　项	修毕业之学校	学校名称						
		学校所在地						
		学校设立年月						
		修习科别						
		在校时期						
	服务机关	机关名称						
		机关所在地						
		机关创办年月						
		担任职务						
		服务时期						
是否党员			已婚否					
附缴文件		1._____　　　2._____						
		3._____　　　4._____						

---

① 《江苏省小学教员试验检定须知》，《宝山县教育月刊》，1930 年第 26 期，第 17 页。

表5.4 江苏省小学教员受检定试验人员报名表（反面）①

说明
（1）合于检定规程第五条第一第二两项资格者须附缴毕业或修业证书
（2）合于检定规程第五条第三项资格者须附缴服务证明书
（3）合于检定规程第五条第四项资格者须附缴著作品
（4）服务机关至多填三处但服务年限必满三年
（5）填写时一律用墨笔
（6）右上角号数由主试人员填写
审查人签名盖章＿＿＿＿＿＿＿＿＿＿＿＿

① 《江苏省小学教员试验检定须知》，《宝山县教育月刊》，1930年第26期，第18页。

县第　　　　　号

志　愿　书
愿遵照教育厅检定小学教员暂行规程受检定试验充当小学正专科教员并服膺党义遵守教育法令忠心职务特此谨具志愿书 　　　　　　　　　受检定人　　　　盖章   　　　　　　　　　　　　　　中华民国　　　　年　　　　月　　　　日

附注：愿受正教员检定者将专科二字涂去，愿受专科教员检定者将正字涂去。

图5.1　江苏省小学教员受检定试验人员志愿书[1]

县第　　　　　号

品行证明书	
兹查有 各款情事特此证明	品行端正服膺党义未犯有教育厅检定小学教员暂行规程第六条 　　保证人　　　　　　　　盖章 　　　　职业 　　　　住所 　　　　　　　　　　中华民国　　　　年　　　　月　　　　日

图5.2　江苏省小学教员受检定试验人员品行证明书[2]

县第　　　　　号

服务证明书
查　　　　曾在　　　　自　　　　年　　　　月起至　　　　年　　　　月止共　　　　年热心职务成绩优良特此证明   　　　　　　　证明人　　　　　　　　　盖章 　　　　　　　　　职业 　　　　　　　　　住所 　　　　　　　　　　　　　中华民国　　　　年　　　　月　　　　日

图5.3　江苏省小学教员受检定试验人员服务证明书[3]

---

① 《江苏省小学教员试验检定须知》，《宝山县教育月刊》，1930 年第 26 期，第 19 页。
② 《江苏省小学教员试验检定须知》，《宝山县教育月刊》，1930 年第 26 期，第 20 页。
③ 《江苏省小学教员试验检定须知》，《宝山县教育月刊》，1930 年第 26 期，第 21 页。

上面教员资格检定报名表、志愿书、品行证明书、服务证明书是根据检定资格要求拟定的，体现了教员资格在受教育经历、从业志愿、品德、教学科研业绩等方面的要求。这些表格和证明书是教员资格申请的重要材料。

　　小学检定试验的报名地点为各县教育局。各县教育局负责审查受检定人的资格及上交证书文件，并于审查表上签名盖章。如审查时发生疑问，应函江苏省教育厅检定小学教员委员会请求解释。各县教育局初次审查完毕后，将合格受检定人送局审查各件随时转送江苏省教育厅检定小学教员委员会覆审。覆审时，如发现伪造假冒等情形，应由经办的教育局负责并取消其受检定资格。覆审后，由江苏省教育厅检定小学教员委员会将合格名单发交各区试验所在地的教育局，于试验前五日公布（经两次审查合格者方可应试。倘嗣后发现伪造证书等情事，虽经录取，仍归无效）。①

　　报名时间和考试时间，检定委员会经研究原定于自 3 月 20 日起至 6 月 15 日止为报名日期；7 月 28 日一律在各区举行试验规定。在此期间各县须将审查合格受试验检定人名单及一切证明文件，随时送教育厅覆审。② 至临近报名截止之期时，遵令送教育厅覆核者，却寥寥无几。因此，教育厅又于 5 月 6 日分令各县即转知各小学教员，如期报名，听候审核检定，并将名单及证明文件等，随时送核，毋稍延误。③ 但各县教育局因时间过紧纷纷请求教育厅展缓报名日期。经检定委员会集议，展缓报名日期至 7 月 20 日止，规定试验日期在 8 月 7 日起至 9 日止。④

　　《江苏省小学教员试验检定细则》规定：凡应受试验检定的小学教员须一律受各科试验，不得藉故呈请免一部分试验；凡各区试验检定合格的小学教员由检定委员会将名单登报宣布，并由教育厅分别通令各县教育局及市政府知照。⑤ 该届小学教员检定考试报名人员，经覆审合格准予受试者共有 1057 名，而实际报到试验者仅 749 名。⑥ 从报名人数和最后报到参与考试人数来看，江苏省小学教员检定制度尽管比较完善，但是响应者不多，之所以造成这种消极应试的情况，主要是因为符合条件者有限，自身水平难以达到合格，还有一个原因就是小学教员薪水微薄，小学教员职业没有吸引力。

　　小学教员检定委员会规定各区受检定人于试验前两日赴试验所在地的教

①　《江苏省小学教员试验检定须知》，《宝山县教育月刊》，1930 年第 26 期，第 22 页。
②　《教厅令催小学教员报名候核检定》，《江苏省政府公报》，1930 年 6 月 10 日，第 460 期，第 24 页。
③　《教厅令催小学教员报名候核检定》，《江苏省政府公报》，1930 年 6 月 10 日，第 460 期，第 24 页。
④　《江苏省教育厅检定小学教员委员会会务概况》，《江苏教育季刊》，1930 年，创刊号，第 13 页。
⑤　《江苏省小学教员试验检定细则》，《宝山县教育月刊》，1930 年第 26 期，第 16 页。
⑥　《江苏省教育厅检定小学教员委员会会务概况》，《江苏教育季刊》，1930 年，创刊号，第 14 页。

育局领取试验证，方得应试。试验证的式样如图 5.4 所示。

试 验 证

号数＿＿＿＿＿＿＿＿＿＿＿＿＿＿＿＿＿＿＿＿＿

姓名＿＿＿＿＿＿＿＿＿＿＿＿＿＿＿＿＿＿＿＿＿

注意：（1）此证切勿遗失应考时凭证入场。

（2）此证号数即应考时座位号数。

图 5.4　江苏省小学教员受检定试验人员试验证①

各区试验场所由主任试验委员预先择定公布。试场座位由试验委员依次编号。按照江苏省教育厅的规定，1930 年各区小学教员检定试验于 8 月 7 日至 9 日同时举行。各科试题试卷由江苏省教育厅检定小学教员委员会预备，封送各区主任试验委员举行试验。试验完毕后，所有试卷应再封送检定委员会核阅。为防止泄漏试题起见，小学教员检定委员会还规定了试验日程。检定委员会所定日程，各区主试委员不得改动。其日程如表 5.5 所示。

表 5.5　1930 年江苏省小学教员检定试验日程②

	8 月 7 日	8 月 8 日	8 月 9 日
上午	党义、国语	教育原理、学校行政、社会	算学
下午	自然、教学法	口试	体格检查

考试试题由各区试验委员会临时揭示。在试验开始前，试验所在地的主任试验委员须将试验规则公布于试场，主要包括：（1）受检定人应按照试验证上号数入座；（2）试验委员应随时稽查座位号数；（3）受检定人应遵守试验委员之命令；（4）卷末备有稿纸不得另纸起草稿，纸须与试卷同缴；（5）缴卷不得逾限；（6）缴卷时须将卷面浮签揭去；（7）缴卷后不得请求添改字句，出场后不得复入；（8）试验委员如当场发现受检定人有不规则行为者全部成绩应作无效。③ 除文字试验及口试外，各区均还举行体格检查。体格检查由主任试验委员聘请所在地的医生主持。体格检查表如表 5.6 所示。

---

①　《江苏省小学教员试验检定须知》，《宝山县教育月刊》，1930 年第 26 期，第 23 页。

②　《江苏省教育厅检定小学教员委员会会务概况》，《江苏教育季刊》，1930 年，创刊号，第 14 页。

③　《江苏省小学教员试验检定须知》，《宝山县教育月刊》，1930 年第 26 期，第 24－25 页。

表5.6　江苏省小学教员检定受试验人员体格检查表①

体格检查表县第　　　　　号

姓名		年岁		籍贯		性别	
体长		体重		胸围	常		
					盈		
					虚		
肺脏		视力	左	听力	左		
			右		右		
有无传染病							
备注							
	年　　月　　日　　检查者签名						

各科试验完毕后，各区主任试验委员将试卷、口试成绩及体格检查表汇集、封固，寄交江苏省教育厅检定小学教员委员会，由委员会延聘专家阅卷。每区试验终了一月后公布录取者姓名，并通令各县教育局长知照。

4. 小学教员检定试验成绩的揭晓与许可状的发放

1930年江苏省教育厅各县小学教员检定考试，除第九区即徐州府属各县，因受军事影响，"逃兵土匪，罗处四郊，至交通阻梗，裹足不前"而展缓举行外，其他各区均同时举行。各区试验时间总计三天，"秩序颇佳，受试人具能恪遵规约，一切作弊等事，都未发现"。② 各区试验完了后，由主任试验委员检齐试卷，封送至江苏省小学教员检定委员会，由委员会分发各科阅卷委员批阅，评定分数。

经江苏省小学教员检定委员会讨论，试验计分标准为：90分以上为甲等，80－89分为乙等，60－79分为丙等，50－59分为丁等，50分以下为戊等。③ 成绩核算方法，经委员会集议讨论，议决如下：（1）党义，国语，算学，教育原理，学校行政，四科分数相加平均为第一平均分数；（2）教学法，社会，自然，三科成绩相加平均为第二平均分数；（3）口试分数：甲为80分，乙为70分，丙为60分，丁为50分；（4）第一平均分数、第二平均分数与口试分数三项相加平均，为总平均分数。④ 该届录取标准，经委员会

① 《江苏省小学教员试验检定须知》，《宝山县教育月刊》，1930年第26期，第24页。
② 《江苏省教育厅检定小学教员委员会会务概况》，《江苏教育季刊》，1930年，创刊号，第14页。
③ 《江苏省小学教员试验检定须知》，《宝山县教育月刊》，1930年第26期，第26页。
④ 《江苏省教育厅检定小学教员委员会会务概况》，《江苏教育季刊》，1930年，创刊号，第14页。

讨论后，通过如下：（1）总平均分数 70 分以上者，录取为小学正教员；（2）总平均分数 70 分以下 60 分以上者，录取为初级小学正教员；（3）总平均分数在 70 分以上，而担任专科科目分数在 60 分以上，录取为小学专科教员；（4）总平均分数在 50 分以上，而担任专科科目分数在 70 分以上者，录取为初级小学专科教员。满以上四种分数者，具为及格。①

经评阅，此次检定考试中，所有各科计总平均分数满 75 分以上者，共 7 名，均录取为小学正教员；总平均分数满 60 分以上者，共 326 名，均录取为初级小学正教员。此外，小学专科教员 1 名，初级小学专科教员共 21 名。② 其具体分布如下：合格小学正教员：第三区 3 名，第五区 1 名，第六区 3 名；合格初级小学正教员：第一区 16 名，第二区 13 名，第三区 100 名，第四区 59 名，第五区 61 名，第六区 63 名，第七区 8 名，第八区 1 名，第十区 5 名；合格小学专科教员：第一区 3 名，第二区 2 名，第四区 5 名，第五区 2 名，第六区 7 名，第七区 3 名，第八区 1 名。③ 9 月 19 日，江苏省教育厅令以上各员"备具许可状费一元，二寸半身照片两张，汇齐送厅，以凭核给许可状"。④

江苏省试验检定合格小学教员的有效期为 5 年，且在有效期内根据不同情形还可适当延长有效期，但至多不得过 3 年。《修正江苏省试验检定合格小学教员有效期间暂行标准》规定："凡合于下列各项之一者，得延长有效期间 1 年：（1）在国立大学或已经立案之私立大学及专科学校所设立之暑期学校或暑期讲习科选修教育学程二学程以上，得有合格证书者；（2）在地方教育分区研究会或省立中学师范科及各县教育局呈准教育厅设立之暑期讲习会选修教育学程得八分以上，有合格证书者；（3）曾任小学教员满五年以上，在有效期间内，历经省督学或省立实验小学地方教育指导员及县督学教育委员视察均得有优良评语者。""凡合于下列各项之一者，得延长有效期间 2 年：（1）在国立大学或已经立案之私立大学及专科学校所设之暑期学校或暑期讲习科肄业二次以上，各选修教育学程二学程以上，得有合格证书者；（2）在地方教育分区研究会省立中学师范科及各县教育局呈准教育厅设立之暑期讲习科肄业二次以上各选修教育学程得八学分以上有合格证书者；（3）曾任小学教员五年以上，在有效期间内历经省督学或省立实验小学地方教育

---

① 《江苏省教育厅检定小学教员委员会会务概况》，《江苏教育季刊》，1930 年，创刊号，第 15 页。
② 《检定合格小学教员揭晓》，《江苏省政府公报》，1930 年 9 月 19 日，第 547 期，第 12 页。
③ 《检定合格小学教员揭晓》，《江苏省政府公报》，1930 年 9 月 19 日，第 547 期，第 13 - 17 页。
④ 《检定合格小学教员揭晓》，《江苏省政府公报》，1930 年 9 月 19 日，第 547 期，第 12 页。

指导员及县督学教育委员视察，均得有二次以上之优良评语者。""凡合于下列各项之一者，得延长有效期间 3 年：（1）在有效期间内曾进国立大学或已经立案之私立大学及专科学校肄业一年以上，得有成绩证明书者；（2）曾任小学教员五年以上，深明教育原理教育方式，有专门著述，或特殊成绩经教育厅褒奖者。"① 这个对教员资格的合格证期限的规定，体现了对教员资格的动态管理，通过资格证期限的设定或者延长有效期的方式，鼓励教员不断学习，从而提升专业素养。

该次小学教员检定考试成绩，大多数为不满 60 分者。经江苏省小学教员检定委员会集议讨论，议决"为补救师资缺乏起见，凡总平均分数在 45 分以上 60 分以下，而第一平均分数在 60 分以上者，均录取为初级小学助教员"。② 照上述标准，经详密的计算、审核，共计录取初级小学助教员 344 名。其具体分布如下：第一区 30 名，第二区 31 名，第三区 100 名，第四区 41 名，第五区 83 名，第六区 24 名，第七区 17 名，第八区 8 名，第十区 2 名。③ 该助教员的有效期间，也定为 5 年。在有效期内只准充任初级小学助教员，期满不得延长。如愿充任初级小学正教员，仍须再经检定试验合格，方许充任。④

虽然江苏省教育厅称"此种办法，纯为救济目前合格师资人才的缺乏，非滥于录取之意，且此项助教员，将来仍须再受试验检定及格，方得为正教员"⑤，但实际上也大大降低了小学教员的要求和质量。9 月 19 日，江苏省教育厅令各县转知各合格初级小学助教员，"遵章备许可状费 1 元，二寸半身照片两张，汇齐送厅，以凭核发许可状"。⑥ 根据《江苏省小学教员试验检定细则》的规定，凡经试验检定合格之小学教员除现任教员照常任事外，其未有相当职务者，各县教育局或市政府应尽量任用。⑦

5. 检定后各县小学师资的训练

综观江苏省历次小学教员检定考试成绩，大多数为不满 60 分者。在 1928 年中央大学举行检定时，各区受试教员成绩能在 60 分以上者，也不多见。对此，江苏省教育厅一面继续举行小学教员试验检定，一面又令各县举

---

① 《修正江苏省试验检定合格小学教员有效期间暂行标准》，《无锡教育周刊》，1931 年第 151 期，第 7 - 9 页。

② 《江苏省教育厅检定小学教员委员会会务概况》，《江苏教育季刊》，1930 年，创刊号，第 15 页。

③ 《检定取录初级小学助教揭晓》，《江苏省政府公报》，1930 年 9 月 19 日，第 547 期，第 18 - 20 页。

④ 《检定取录初级小学助教揭晓》，《江苏省政府公报》，1930 年 9 月 19 日，第 547 期，第 17 页。

⑤ 《江苏省教育厅检定小学教员委员会会务概况》，《江苏教育季刊》，1930 年，创刊号，第 15 页。

⑥ 《检定取录初级小学助教揭晓》，《江苏省政府公报》，1930 年 9 月 19 日，第 547 期，第 17 页。

⑦ 《江苏省小学教员试验检定细则》，《宝山县教育月刊》，1930 年第 26 期，第 16 页。

办小学师资短期训练班、暑期讲习班等，以提升小学教员的数量和质量。

小学教员试验检定是补充师资的重要举措。1930 年检定考试后，"历观各县呈荐小学校长，仍多以不合格人员充任，其人才缺乏情况，可以概见"。① 因此，江苏省教育厅又于 1931 年再次举行小学教员试验检定，其报名日期为 4 月 16 日起至 6 月 30 日止，考试日期为 8 月 10 日至 8 月 12 日。所有一切分区办法及报名手续，均依照 1930 年的小学教员试验检定有关规定办理。凡属不合格教员，由该县、局长督促劝导，令其依法报名受试。1930 年试验检定已经报名，并经覆审合格，照缴检定费用，临时因故未经受试者，准其于该届一律与试。由该县、局长分别转知该员，如仍不来与试，即取消其覆审资格。1930 年检定试验录取的初级小学助教员，如欲取得正教员资格，也须一律再受检定，但免缴检定费，以示体恤。② 1931 年 9 月 18 日，检定合格小学教员揭晓。该届小学教员检定试验，除第九、第十两区因水患未能如期举行外，各区均同时举行。所有各科试卷，计总平均分数合小学正教员标准者共 19 人，均录取为小学正教员；总平均分数合初级小学正教员标准者共 519 人，均录取为初级小学正教员；又录取初级小学专科教员 1 名。初级小学正教员：第一区 19 人，第二区 28 人，第三区 207 人，第四区 44 人，第五区 57 人，第六区 156 人，第七区 5 人，第八区 2 人；完全小学正教员：第三区 2 人，第四区 2 人，第六区 14 人，第七区一人；初级小学专科教员：第三区 1 人。③

《江苏省小学教员试验检定细则》规定，凡试验检定不合格之小学教员，由各县教育局或市政府酌设小学师资训练班，补充其学识，训练终了成绩合格者给予证书，暂准充任初小教员，仍应受检定试验。④ 为补充小学教员知识、挽救师资缺乏起见，在举行小学教员检定试验的同时，江苏省教育厅还令各县教育局酌量需要情形，开设短期师资训练班。

1930 年 9 月 16 日，江苏省政府委员会第 322 次会议通过了《江苏省各县小学师资训练办法》。《训练办法》规定：师资训练班学员入学资格为：曾受小学教员检定试验不及格者，曾充小学教员未受检定者；各县所设师资训练班训练期限定为 1 年；师资训练班每班人数至少须满 40 人方得开班。⑤师资训练班所授课程，主要包括党义、教育理论、学校行政及组织、各科教

---

① 《厅令第二届检定考试小学教员日期等》，《江苏省政府公报》，1931 年 4 月 27 日，第 727 期，第 4 页。
② 《厅令第二届检定考试小学教员日期等》，《江苏省政府公报》，1931 年 4 月 27 日，第 727 期，第 4 页。
③ 《教厅揭晓检定合格小学教员》，《江苏省政府公报》，1931 年 9 月 21 日，第 850 期，第 38－46 页。
④ 《江苏省小学教员试验检定细则》，《宝山县教育月刊》，1930 年第 26 期，第 16 页。
⑤ 《江苏省各县小学师资训练办法》，《江苏省政府公报》，1930 年 9 月 19 日，第 547 期，第 2 页。

学法、教育心理，以及其他基本学科等六个门类。其中党义主要讲授：三民主义、建国大纲、民族独立运动史；教育理论主要讲授：教育原理、教育方法、近代教育思潮、乡村教育；学校行政及组织主要讲授：设备、课程编制、行政之处置、训管问题、成绩考查、学校卫生；各科教学法主要讲授：各科教学之目的、各科教材之研究、各科特殊教学之方法；教育心理主要讲授：学习心理、测验统计；基本学科主要讲授：国语（包括注音符号）、算学、社会、自然、艺术、体育（本项各科学得就附近省县立师范，原有该项课程，随同听讲及试验）。① 师资训练班学员训练期满，由教育厅派员举行毕业成绩考试。及格者由教育局发给证书，并呈送教育厅验印；遇有合格师资缺乏时，得准暂充初级小学教员。各县师资训练班毕业学员，准充小学教员；有效期限一律定为二年。各县以前设立之不合格教师训练班，其修习期间为半年或八个月，准充小学教员；有效期限一律定为一年。各县师资训练班应附设于本县或邻县省立中学师范科；各县师资训练班学员膳宿得由公家供给，或酌给津贴；各县师资训练班应由教育局事先拟具计划、编造预算，专案呈经教育厅核准后，始得开办。②

为增进全省小学教师学识，研究教学上之困难问题，1930 年，江苏省教育厅制定《江苏省各县设立小学教师暑期讲习会办法大纲》9 条，令各县教育局利用暑假分别举办小学教员暑期讲习会。但遵照举办小学教员暑期讲习会的只有上海、吴江、丹阳、奉贤、启东、昆山、金山、武进、江阴、高淳、六合、高邮、淮安、宿迁、睢宁、铜山、邳县等 17 县，其余 44 县均未举办。③ 已经举办的各县讲习会，均觉"成效未著"，只因"各县单独设立，力量既嫌单薄，人才复难集中"，即使由教育厅督率，"亦觉难以周遍"，且"用费亦嫌过巨"。④

因此，在 1931 年暑期之前，江苏省教育厅变更办法，划分全省为六区，于南京、无锡、上海、南通、淮阴、徐州各省立中学内，分设小学教员暑期讲习会各一所，"地点适中，人才荟聚，效能自可增大"。⑤ 6 月 19 日，江苏省政府通过了教育厅制定的《江苏省小学教员暑期讲习会分区设立暂行办法》15 条、《江苏省各区小学教员暑期讲习会委员会组织大纲》6 条。教育厅随即通令全省各县教育局及南京、无锡、上海、淮阴、南通、徐州各省立

① 《江苏省各县小学师资训练办法》，《江苏省政府公报》，1930 年 9 月 19 日，第 547 期，第 2 页。
② 《江苏省各县小学师资训练办法》，《江苏省政府公报》，1930 年 9 月 19 日，第 547 期，第 3 页。
③ 《分区举办小学教员暑期讲习会》，《江苏教育季刊》，1931 年第 4 期，第 60 页。
④ 《分区举办小学教员暑期讲习会》，《江苏教育季刊》，1931 年第 4 期，第 62 页。
⑤ 《分区举办小学教员暑期讲习会》，《江苏教育季刊》，1931 年第 4 期，第 60 页。

中学校长遵照办理，并委派教育厅职员分任各区主席委员，前往各区组织委员会，成立各区讲习会，共同组织，审议讲习会一切进行事宜。同时，教育厅训令各省立中学校长、实验小学校长暨各该校地方小学教员指导员，"按照该校所指导各县暨所隶之区，届时分赴该区讲习会，报告平时研究指导所得，以供各县小学教员之参考，并注重教学训育上一切应行改正各点"。① 江苏省小学教员暑期讲习会分区及讲习会所在地点如表5.7所示。

表5.7　江苏省小学教员暑期讲习会分区及讲习会所在地点②

区别	所辖县名	讲习会所在地点
第一区	镇江、丹阳、金坛、溧阳、高淳、扬中、江宁、句容、溧水、江浦、六合、江都、仪征	南京
第二区	无锡、宜兴、武进、江阴、无锡、靖江、吴县、常熟、吴江、昆山、太仓	无锡
第三区	上海、宝山、松江、南汇、奉贤、金山、川沙、嘉定、崇明、青浦	上海
第四区	南通、如皋、海门、泰县、盐城、启东、泰兴、东台	南通
第五区	淮阴、淮安、涟水、高邮、宝应、泗阳、睢宁、宿迁	淮阴
第六区	铜山、丰县、沛县、萧县、东海、砀山、邳县、灌云、沭阳、赣榆	徐州

以上六区，每区各设小学教员暑期讲习会委员会，秉承江苏省教育厅审议本区讲习会一切进行事宜，并决定讲习各项经费预算、支配课程等事宜。委员会以教育厅指派委员、讲习会所在地省立中学校长、本区所辖各县教育局局长为委员，并以教育厅指派委员为主席委员；委员会设纪录一人，由主席委员就委员中指定一人充任，处理本会纪录文件等事项；委员会于各区小学教员暑期讲习会结束后撤销。③

各区小学教员暑期讲习会讲习科目如下：党义（注重三民主义中国国民党历次重要宣言及议决案）、注音符号、小学教学法（注重单级）、小学训育问题、小学教材教育行政（注重现行学制系统及现行教育行政系统）、小学设备、各科测验法、教育统计、合作学科，以上各科讲习时间由各区小学教员暑期讲习会委员会决定。各区小学教员暑期讲习会除定时讲习课程外，

---

① 《分区举办小学教员暑期讲习会》，《江苏教育季刊》，1931年第4期，第60页。
② 《分区举办小学教员暑期讲习会》，《江苏教育季刊》，1931年第4期，第60—61页。
③ 《特别要件：江苏省小学教员暑期讲习会分区设立暂行办法》，《江苏省政府公报》，1931年6月27日，第778期，第9页。

可分别举行各项问题临时讲演会及指导研究报告；各区小学教员暑期讲习会讲师，除党义科目应聘请党义教师检定合格人员担任外，余由主任就国内各大学教授，或全省中等以上学校教员，以及于小学教育有特殊研究或贡献者，遴选提出本区小学教员暑期讲习会委员会审核聘任。① 对讲习会讲习科目的要求，基本体现了小学教育教学中的实际内容。对讲课人员资质的规定，体现了对教师培训者素质的要求，他们来源于大学、中学或对小学教育有特殊研究和贡献者。讲习会培训形式不限于课程学习，形式可灵活选择。总之，讲习会作为近代较早的师资培训机构，从培训内容、培训主体和培训形式方面奠定了后来师资培训的基础。

　　《江苏省小学教员暑期讲习会分区设立暂行办法》规定，各区小学教员暑期讲习会讲习期一律定为四星期，自 7 月 13 日起至 8 月 9 日止。各区小学教员暑期讲习会听讲员以现任或曾任小学教员者为限，每县名额由各该区委员会按照实际状况酌量规定；各区小学教员暑期讲习会听讲员由各该地教育局长选定送会听讲；各区小学教员暑期讲习会听讲员听讲期满，由各该讲习会举行各科修了试验，试验成绩及格者由会发给修业证书。② 各区小学教员暑期讲习会听讲员，由各该县酌给膳费路费，其额数及其办法由各该区委员会核定；各区小学教员暑期讲习会经费，由各该区所辖县教育局共同负担，其支配及其数额由各区讲习会委员会商定，并拟具支出预算书呈请教育厅核准实行。③

　　1931 年，江苏省小学教员暑期讲习会由江苏省教育厅委定主席委员，分赴各区协同主任委员，组织委员会，切实办理讲习会各事宜。"各区讲习时间，大概均自 7 月 13 日开始，至 8 月 2 日或 3 日止，共计三周；上午上正课四节，下午除上正课外，举行名人演讲，或实验教育报告，或各种讨论会等；每科结束后，并由各科讲师，分别举行试验，考查成绩；其合格者由各该区主任遵章分别给予修业证明书；其缺席过多，或因病事请假，未能全部参加试验者，概不发给。"④ 讲习会培训结束后考核很重要，这种培训评价制度保证了培训质量，以防培训流于形式。表 5.8 为各区听讲员及经考查及格人数。

---

　　① 《特别要件：江苏省小学教员暑期讲习会分区设立暂行办法》，《江苏省政府公报》，1931 年 6 月 27 日，第 778 期，第 9～10 页。

　　② 《特别要件：江苏省小学教员暑期讲习会分区设立暂行办法》，《江苏省政府公报》，1931 年 6 月 27 日，第 778 期，第 10 页。

　　③ 《特别要件：江苏省小学教员暑期讲习会分区设立暂行办法》，《江苏省政府公报》，1931 年 6 月 27 日，第 778 期，第 8～10 页。

　　④ 《分区举办小学教员暑期讲习会》，《江苏教育季刊》，1931 年第 4 期，第 63 页。

表5.8　1931年江苏省各区小学教员暑期讲习会概况①

区别	县别	人数	县别	人数	备注
第一区 （南京 中学）	镇江	14	江浦	14	本区13县，学员共 到215人，考查成绩 及格给予证明书者 147人。
	江宁	30	金坛	20	
	句容	15	丹阳	21	
	六合	14	溧阳	28	
	高淳	16	江都	8	
	仪征	21	扬中	3	
	共计		215		
第二区 （无锡 中学）	无锡	39	武进	29	本区十县：学员共到 会175人，考查成绩 及格给予证明书者 171人。
	宜兴	27	昆山	20	
	吴县	17	靖江	13	
	江阴	10	吴江	8	
	太仓	6	常熟	6	
	共计		175		
第三区 （上海 中学）	上海	23	宝山	16	本区十县：学员共到 200余人，考查成 绩及格给予证明书者 182人。
	奉贤	21	南汇	24	
	川沙	5	崇明	12	
	金山	19	青浦	21	
	松江	22	嘉定	19	
	共计		182		
第四区 （南通 中学）	南通	56	如皋	20	本区九县：学员共到 180人，考查成绩及 格给予证明书者 175人。
	海门	25	阜宁	26	
	泰兴	17	盐城	7	
	泰县	10	东台	4	
	启东	15			
	共计		180		

---

① 《分区举办小学教员暑期讲习会》，《江苏教育季刊》，1931年第4期，第63－64页。

续表

区别	县别	人数	县别	人数	备注
第五区	淮阴	36	淮安	18	本区九县：学员共到145人，考查成绩及格给予证明书者138人。
	涟水	29	泗阳	12	
	高邮	14	宝应	12	
	兴化	6	宿迁	15	
	睢宁	3			
	合计		145		

说明：第六区（徐州中学）各县学员人数及成绩合格人数，无确切数据。

（三）北平市小学教员资格的检定

北平市是明清两代帝都，为全国的政治、文化中心，文人荟萃、学府林立，及至民国肇造也不失为全国的文化重镇。但由于民国初期军阀混战，百废待兴，教育成为当政者罕有问津的一个部门，北平市的小学教育也荒废殆尽。1928 年 6 月 21 日，国民政府把北京改名为"北平"，设北平特别市。1937 年 7 月 29 日，日本侵略军占领北平。翌年 4 月 17 日改北平为北京。在国民政府统治期间，北平特别市所推行的小学教员检定完整地体现了国民政府时期的教育理念及其特色。

1. 北平市教育的发展

北平市的教育行政机关始于 1906 年清政府在京师设立的掌管八旗学堂的八旗学务处。同年 6 月，清政府学部确定官制，设立了京师督学局，将八旗学务处裁撤，所有八旗小学归其考察节制。1912 年，民国政府设立京师学务局，下设总务、中学师范、小学及通俗四科。1928 年，南京国民政府始将京师学务局改为北平市教育局。1932 年 7 月，北平市政府出于简政的需要，把教育局合并到了社会局，在社会局添设第四科，专办北平市教育事业。不久，社会局改组，原第二科被裁撤，第四科遂列为第三科。至此，北平市各学校及一切地方教育事项由社会局第三科专管。第三科设科长一人，主持一切。在科长之下分设中学股、小学股及通俗股三股。每股各设主任一人，科员一人。中学股掌管中等教育，通俗股掌管社会教育，小学股则掌管初等教育。另外，该科还设有督学室、卫生教育委员会、体育委员会、义务教育委员会及其他委员会等组织。

国民政府初设特别市时，北平市公私立小学的各项学事均堪忧。1928

年，北平城郊各区人口总数为1129602人，其中学龄儿童共计143886人，入学儿童仅为27657人，占人口总数的10.8%，占学龄儿童的19.2%，其余的80.8%的适龄儿童均失学。[①] 在入学儿童中，还包括在改良私塾就读的学生。据国民政府的调查，1928年北平市城郊还有500余处的私塾，学生大约15000多人。[②] 可见，私塾蕴藏着比较丰富的教育资源，在校舍、师资等均十分匮乏的情况下，小学教育的发展还须借助散布各地的私塾。因此，北平市政府按照国家规定的办学要求，从校舍、教材、教学方法等各方面对旧式私塾进行改良，将其中合格者纳入正规教育行列。北平市城郊各区改良私塾共218所，学生5615人，其中男生5211人，女生404人。[③]

在以上已入学的学龄儿童中，按法定年龄7岁入学者仅占20%，剩下的80%或为早年龄，或为迟年龄。各年级学生的年龄大小不一，同一年级学生年龄相差最多的达15岁，但其所用教材、所学知识一样，致使教学效果大受影响。除此之外，受各种因素，特别是当时普遍存在的重男轻女思想的影响，北平市男女童在接受小学教育方面，入学比例是严重失衡的，女童的入学率与男童的入学率有相当大的差距。1928年，北平市市立小学男生占66%，而女生则仅占34%；私立小学的男女比例更为失衡，其中男生占总人数的75%，女生则占25%。[④]

之后几年小学学生入学率有所增长，但增长速度较为缓慢。1931年时，北平特别市共有小学199所，其中市立58所，私立119所，另有未立案小学22所。在校学生共计27361人，其中市立小学18140人，私立小学9221人。[⑤] 1932年，据社会局调查，北平市小学数目有所减少，共有市立、私立小学162所，而在校学生则由于班级的增多而有所增长，为28575人。[⑥] 到1935年6月，北平市小学校数为154所，其中市立小学61所，私立小学93所；学生数为29790人，其中高级小学6871人，初级小学22919人。[⑦]

从接受小学教育的学生毕业率来看，北平市小学学生毕业人数也有所上

① 北平特别市教育局第三科：《北平特别市初等教育统计（民国十七年度）》，1929年，转自邓菊英、李诚《北京近代小学教育史料》，北京教育出版社，1995年，第1016－1038页。

② 北平特别市教育局第三科：《北平特别市初等教育统计（民国十七年度）》，1929年，转自邓菊英、李诚《北京近代小学教育史料》，北京教育出版社，1995年，第1016－1038页。

③ 北平特别市教育局第三科：《北平特别市初等教育统计（民国十七年度）》，1929年，转自邓菊英、李诚《北京近代小学教育史料》，北京教育出版社，1995年，第1016－1038页。

④ 北平特别市教育局第三科：《北平特别市初等教育统计（民国十七年度）》，1929年。

⑤ 北平市社会局：《北平市社会局21年度教育行政工作报告》，1933年，第2页。

⑥ 北平市社会局第三科：《北平市21年度教育统计》，1934年，第30页。

⑦ 北平市政府秘书处第一科统计股：《北平市统计览要》，1936年，第40页。

升，但同入学数相差甚远。1928 年北平市在校小学生数为 27657 人，毕业生数为 4304 人[1]，毕业率仅为 15.5%。据 1929 年度统计，北平市小学毕业生数相较上年减少千余人，共 3378 人。相比较而言，1930 年度高级小学毕业生较 1929 年度增加 241 人，初级小学毕业生增加 219 人，共增加 460 人，为 3838 人。[2] 到 1935 年 6 月，小学在校生数为 29790 人，毕业生数为 7326 人，毕业率上涨至 24.6%。[3]

此外，北平市失学儿童数量也一直居高不下。据调查，1932 年，北平市儿童因家境贫寒、无力读书失学者达 9 万余人。[4] 1933 年 6 月，北平市学龄儿童 149000 余人，已入学者不过 5 万余人，只占全市学龄儿童的 34%，而未入学者则达 66%。[5] 其时，失学儿童大量存在是全国范围内普遍存在的现象。据 1929 年统计，全国小学仅 212300 余所，而全国学龄儿童则有 41441000 余人，已入初级小学者仅 7118000 余人，计失学儿童竟达 82% 以上。[6] 国民政府为推动初等教育的发展，以及义务教育的普及，于 1932 年颁布了《小学法》，进一步对全国公立、私立小学进行了规范；同年，还制定并颁布了《短期义务教育实施办法大纲》，规定"短期义务教育之实施，以乡镇坊公所为主体，省市行政区，特别区，及县市区，为实验区，为示范起见，应指定相当地点，设短期义务教育实验区，尽先办理短期义务教育；短期小学及短期小学班，均免收学费，所有书籍及学习用品，亦以学校供给为原则"。[7] 1933 年 3 月，教育部又颁布《小学规程》规定"在教育未普及前，修业四年即作义务教育终了"，并令各地方广设"简易小学及短期小学。简易小学招收不能入初级小学之学龄儿童。短期小学招收 10 足岁至 16 足岁之年长失学儿童"。[8] 同时，教育部还于 5 月 4 日发布通令："各省市除小学教育已臻普及之各地方外，其余各省市县一面应视各该地方之需要，酌量添办，并积极进行短期小学，一面就现有小学及设备较完全之小学，除因地方需要，仍用全日制外，应尽量改为半日或间时二部制。"[9]

① 北平特别市教育局第三科：《北平特别市初等教育统计（民国十七年度）》，1929 年，转自邓菊英、李诚《北京近代小学教育史料》，北京教育出版社，1995 年，第 1016－1038 页。
② 《北平市教育介绍》，《时代教育》，1933 年第 6 期，第 51 页。
③ 北平市政府秘书处第一科统计股：《北平市统计览要》，1936 年，第 37 页。
④ 《北平市失学儿童达九万余名》，《北平教育》，1932 年第 1 卷第 5 期，第 15 页。
⑤ 《平市失学儿童问题》，《北平教育》，1933 年第 2 卷第 8 期，第 7 页。
⑥ 《教部令推广儿童教育》，《北平教育》，1933 年第 2 卷第 4 期，第 9－11 页。
⑦ 《短期义务教育实施办法大纲》，《北平教育》，1933 年第 1 卷第 10 期，第 12－13 页。
⑧ 熊明安：《中华民国教育史》，重庆出版社，1997 年，第 133 页。
⑨ 《教部令推广儿童教育》，《北平教育》，1933 年第 2 卷第 4 期，第 9－11 页。

为救济年长失学儿童起见，北平市教育部门在以上法令的基础上，成立了以社会局局长为首的北平市义务教育委员会，并制定颁布了《北平市短期义务教育实施计划》。按照《实施计划》规定，在城郊二区先行实验短期义务教育，"城区以内二区全区界域为限，郊区以西郊香山附近四十六小学校为中心的附近五十村为限，凡区界内十六岁以下之失学儿童，均有受短期义务教育之义务"，短期小学"除学杂费不收外，并酌给学生书籍及学习用品"。① 到 1936 年，北平市各区共设短期小学 208 所，教职员 297 人，学生人数为 16663 人，其中男生 8730 人，女生 7933 人（如表 5.9 所示）。另北平市区立简易小学共 43 所，教职员共 121 人，学生人数 3302 人，其中男生 2487 人，女生 815 人。②

表 5.9　1936 年北平市各区短期小学实况③

| 班别 | | 单设班 | | | | | 附设班 | | | | | 总计 |
区别		一区	二区	三区	四区	合计	一区	二区	三区	四区	合计	
校数（所）		22	34	18	33	107	16	33	27	25	101	208
班数（个）		76	78	52	86	292	27	49	34	38	148	440
教员（人）	男	34	35	23	36	128	13	30	23	26	92	220
	女	4	4	3	10	21	14	19	11	12	56	77
	合计	38	39	26	46	149	27	49	34	38	148	297
学生（人）	男	1201	1406	1127	1578	5312	743	1092	779	804	3418	8730
	女	1179	1388	991	1476	5034	496	496	593	780	2899	7933
	合计	2380	2794	1228	3054	10346	1239	1239	1372	1584	6317	16663

除大量设置短期小学与简易小学外，北平市教育界对于小学采用二部制教学也积极响应。二部制可分为三种：第一种，全日二部制，即二部儿童隔日到校一次；第二种，半日二部制，即一部儿童上午到校，一部儿童下午到校；第三种，折中制，即一部儿童全日到校，一部儿童每日来校半日。④ 可以看到，实行二部制是为了在校舍、师资、经费等皆短缺的情况下，利用有限的资源，教授尽量多的儿童。这一方面可以节省经费，另一方面也可救济更多的

① 《北平市短期义务教育实施计划》，《北平教育》，1934 年第 10 期。
② 北平市政府秘书处第一科统计股：《北平市统计览要》，1936 年，第 109 页。
③ 北平市政府秘书处第一科统计股：《北平市统计览要》，1936 年，第 43 页。
④ 《平市小学施行二部制之必要》，《北平教育》，1933 年第 2 卷第 6 期，第 1 页。

失学儿童。

到 1936 年 6 月，北平市郊各区 9 岁到 12 岁的学龄儿童共有 71718 人，已受教育者为 36225 人，占 50.5%，未受教育者为 35493 人，占 49.5%。[①]虽然还有近一半的学龄儿童没有入学，但是与 1928 年的统计结果 80% 的失学儿童相比已有很大进步。

随着社会的变迁，社会变革运动的开展，以及广大民众对初等教育态度的积极转向，在北平市教育部门的经营下，该地小学教育有了一定的发展，学龄儿童入学率提高，失学率下降，学校规模也日渐扩大，但从总体来看，仍处在一个比较低的水准。

2. 北平市小学师资问题

师资是教育活动开展的关键一环，教育实施的成效如何很大程度上取决于师资的水平，小学教育亦是如此。由于此前军阀混战，社会经济文化事业受到极大破坏，北平市小学教职员收入相当低微，许多优秀的师资力量迫于生计被迫转作他行，这不但直接导致了教师队伍的不稳定，也造成了学校教师水平整体较低的情形，成为长期困扰北平市小学教育发展的重要因素。1928 年，北平特别市成立后，针对以上情形，采取了一系列相应的措施，使各小学教育的师资水平较之以前有所提升。

1928 年，国民政府对北平市城郊公立小学校 583 名教职员的收入进行了调查，发现年俸 240 银元的有 64 人，年俸 360 银元的有 82 人，年俸 480 银元的有 335 人，其余从年俸 96 银元到 840 银元不等，而私立小学校教职员的薪资则要减半。[②] 而教职员每月生活费 20 元的有 39 名，30 元的有 75 名，40 元的有 86 名，50 元的有 46 名，60 元的有 49 名，其余从 12 元到 180 元不等。[③] 这样的收入与消费刚好相抵，有的教职员甚至入不敷出，更不用说存攒积蓄。由于生活困难已达极点，北平市小学教员怠工事件屡屡发生。1929 年 8 月 21 日，甚至出现了全市小学教员一致怠工的情形。因此，在 8 月 26 日、28 日，市公立小学校长会两次呈请北平市政府增加小学经费，以改善教师待遇。其谈道："北平市公立小学教职员薪金多者四十多元少者仅二三十元，当此米珠薪桂之秋，而北平又非其他僻陋地方可比，生活方面极感困难，年来南京、上海、武汉、天津、保定各地小学教员薪金大都增至每月六

①　北平市政府秘书处第一科统计股：《北平市统计览要》，1936 年，第 44 页。
②　北平特别市教育局第三科：《北平特别市初等教育统计（民国十七年度）》，1929 年，转自邓菊英、李诚《北京近代小学教育史料》，北京教育出版社，1995 年，第 1016－1038 页。
③　北平特别市教育局第三科：《北平特别市初等教育统计（民国十七年度）》，1929 年，转自邓菊英、李诚《北京近代小学教育史料》，北京教育出版社，1995 年，第 1016－1038 页。

七十元，而北平情形竟不如远甚，此应请增加教职员薪金者一也；又小学校役工食每股仅八元，每班办公费仅五元，实嫌太少，不敷需用，此应请增加校役工食及办公费者二也……"①

至于北平市教职员的教学水平，也不乐观。1928 年北平市城郊各区小学教职员共有 1499 名，有学历的有 931 名②，占教职员总数的 62%。结合表 5.10，我们可以对其时北平市小学教师资历水平有一概括的认识。

表 5.10　1928 年北平市公私立各小学校校长、教员及职员资格之比较③

单位：人

来源学校种类	校长				教员				职员				总数
	公立		私立		公立		私立		公立		私立		
	男	女	男	女	男	女	男	女	男	女	男	女	
大学	1		9	1	1		15	2			2		31
师范大学或高等师范	8	3	1		8		6	2					28
师范学校本科	29	2	3	1	239	114	34	18	4				444
大学校育导修科					5	1							6
检定合格	6	1	39	1	80	15	30	10	1		3		186
师范简易科	4		3		1		18		13				39
中学			1				19	12	9		4		45
其他	2		22	4	13	14	31	58			7	1	152
总数	50	6	78	7	347	144	153	102	27		16	1	931

备注：本表根据北平特别市教育局第三科编《北平特别市初等教育统计（十七年度）》整理。

从上表可以看出，北平市小学教师的学历水平参差不齐，即使在有学历的人员中，正规师范学校本科毕业的也不过 444 人，仅占教职员总数的 29%，占有学历教职员的 47%。另外，教师中还存在较大比例的旧制中学或其他学校的毕业生，他们依靠教书谋生，但并未受过专门的职业训练。表中"检定合格"及"其他"两项是指没有正规中等以上学历的小学教员，主要

① 《北平特别市教育局呈文》，《教育月刊》，1929 年第 2 期。
② 北平特别市教育局第三科：《北平特别市初等教育统计（民国十七年度）》，1929 年，转自邓菊英、李诚《北京近代小学教育史料》，北京教育出版社，1995 年，第 1016－1038 页。
③ 北平特别市教育局第三科：《北平特别市初等教育统计（民国十七年度）》，1929 年，转自邓菊英、李诚《北京近代小学教育史料》，北京教育出版社，1995 年，第 1016－1038 页。

是旧时私塾出身或开办私塾的前清秀才等。前已谈及，1928 年时北平市城郊尚有私塾 500 余处。私塾教师多为年老龙钟之辈，其在知识水平、教材及教学方法方面均相当陈旧，与现代教育格格不入。但顾及数百塾师的生计，北平市教育局制定《整理私塾办法》，并对城郊各私塾及塾师资格进行调查，对于其中资格相当、教法尚可的塾师，先后发给设塾证，准其继续设塾，同时也随时派员视察；对于不合格的塾师，北平市教育局于 1929 年初在城郊设立塾师传习所多处，对其进行一系列的培训和改造。传习所开设课程为国语、党义、算数、教授法管理法大要，修业期为八个月，通过检验者发给塾师证，之后仍准其充任塾师①。除此之外，其他的教职员则或是日本简易师范科、速成班毕业，或是本国师范学堂毕业，真正合格的满足需求的人才是严重缺乏的。

3. 小学教员资格的检定

鉴于以上问题，北平市政府加强了对教职员的检定和培训，并推出一系列新的举措。

考虑到北平市小学教职员学历水平总体较低的情况，北平市早在 1929 年 10 月就成立了由伊齐贤、苏耀曾、王麟、吴启新、王峰、李琳、韩砚田七人组成的小学教员检定委员会，并制定颁布了《检定小学校教员暂行规程》②，以期通过教师进修和教师检定审查来促进教师队伍整体水平的提高。《检定小学校教员暂行规程》规定："北平市小学教员除国立省立师范大学、高等师范本科大学教育科及省立市立师范学校本科毕业生外均须依本规程检定，以合格者充之。"检定教员的方式分为两种，即无试验检定与试验检定。凡"毕业于中等学校并充小学教员二年以上确有成绩者、国立省立大学肄业二年以上曾选习相当教育学科或曾充小学教员一年以上确有成绩者、师范生三年毕业者（县立师范、前期师范等）且曾充小学教员一年以上确有成绩者、国立省立专门学校毕业确适于某种学科之职务者、简易师范毕业曾充小学教员五年以上者"，均采取无试验检定方式，待其通过资格审查后，填具保证书及检验身体检查证明书。凡"中等学校毕业或程度在中等学校毕业以上者、前期师范、师范简易科或讲习科毕业者、曾任小学教员满三年以上者、其他有相当程度经小学教员检定委员会认为合格者"，均采取试验检定方式，除对其资格进行审查外，必须加以各学科之试验，并须填具保证书及检验身体检查证

① 《北平特别市教育局整理私塾办法》，《教育月刊》，1929 年第 1 期。
② 《检定小学校教员暂行规程》，《教育月刊》，1929 年第 1 期。

明书。试验检定于每年七月举行一次，无试验检定得随时进行。经检定委员会检定合格者由北平市教育局授予教员许可状，准其任职各小学。

1933 年 12 月 22 日，北平市政府公布了《小学教员任免规程》，对小学教师的聘任做出明确规定：市立小学教员除应"人格高尚，身体健全，明了党义"外，还必须具有下列资格之一，"国省市立师范本科、高级中学、师范科、师范大学或大学教育科，高等师范专修科毕业者"①，合格者才准予聘任。

对于未通过检定的小学教员，北平市政府按照教育部指令举行小学教员暑期讲习会以提高其教学和科研水平。北平市小学教员讲习会早在 1918 年就已成立，之后或每年举行一次，或隔年举行一次。但到 1928 年以后，仅于 1931 年暑期举办一次。1933 年 4 月，教育部训令北平市社会局，自当年暑期开始逐年均应举办小学教员暑期讲习会。② 经过紧张的筹备之后，北平市 1933 年度小学教员暑期讲习会在 7 月 16 日开班。讲习会分为小学行政组、艺术组、普通教学组、单级二部教学组四组分别进行，自 7 月 16 日起至 8 月 12 日止，每日限定上午讲习 3 小时，除每星期六日为敦请教育专家轮流讲演之外，综计平时讲习时数 272 小时；讲习期满后，还要对参加人员之成绩进行审核，并发给证明书，1933 年度合格者为 276 人。③

1928 年北平特别市成立时，小学教育百废待兴。为普及义务教育，北平市政府整顿公立、私立小学，大力兴办短期小学及简易小学，实行二部制教学。为提高师资水平，北平市加强教职员的检定和培训。通过以上实践，北平市小学教育有所发展，但总体来说，仍处于一个较低的水准。抗日战争全面爆发不久，北平沦陷，作为和平时期正常的小学教育也就戛然而止。

（四）其他地区小学教员资格的检定

小学教师，除党义教师的检定由中央制定审查各级学校党义教师的条例，由各级教育行政机关与各同级党部会同办理外，关于一般教师的检定，大都由各省市自订办法，自由举行，所以各省的办法有所不同，具体实施亦有所不同。

1. 四川省

四川省的小学教员检定试验分三类：小学级任教员、初级小学级任教

① 《北平市小学教员任免规程》，《北平教育》，1933 年第 2 卷第 1 期，第 18 – 19 页。
② 《教育部训令》，《时代教育》，1934 年第 2 卷第 8、9 期，第 2 页。
③ 《北平市二十二年度小学教员暑期讲习会经过概略》，《时代教育》，1934 年第 2 卷第 8、9 期，第 1 页。

员、专科教员。其中小学级任教员的考试科目为：公民、国语、算术、自然、卫生、历史、地理、教育概论、小学教学法；初级小学级任教员的考试科目与小学级任教员的考试科目相同，唯取录标准较低；专科教员的考试科目除请求试验的某种科学（如音乐、体育、美术、劳作等）须试验外，还试验教育概论及受试科目之教学法；与考各员除笔试外均须参加口试。1937年，四川省小学教员试验检定于 2 月 22 日起至 24 日止，在各区分别举行。其各分区受试人数及经费预算如表 5.11 所示。

表 5.11　1937 年四川省小学教员试验检定概况①

区域	人数	经费（元）	区域	人数	经费（元）
成都区	601	1000	资中区	650	1000
重庆区	1403	1930	乐山区	114	292
宜宾区	313	554.12	遵县区	40	125.6
涪陵区	244	504	万县区	143	340
龙潭区	60	179.2	南充区	294	602.52
大竹区	192	363	锦阳区	215	420
遂宁区	588	975	会理区	28	95.2
阆中区	52	108.48	马边区	13	75.12
巫溪区	16	75.86			

2. 云南省

近代以来，随着小学教育的发展，云南小学数量不断增多。至二十世纪二三十年代，不少小学严重缺乏师资，导致教育质量堪忧。因此，云南省教育厅多次颁布小学教师的检定制度，建立检定委员会，对小学教员进行检定。

1933 年，云南省教育厅成立小学教员检定委员会，并公布《云南省检定小学教员施行细则》，规定对全省 11 个学区的小学教员进行全面检定。该年的小学教员检定中，云南全省 69 个县、市暨 3 个附属小学，共 7702 名教师报名受检，其中：无试验检定合格者共 4251 人；参加试验检定者 2451人，及格 288 人，不及格 2163 人。②

1933 年，云南的姚安县免试检定 86 人，受试验检定 67 人，计 153 人，

① 《省府定期举行小学教员试验检定》，《四川月报》，1937 年第 10 卷第 1 期，第 246 – 247 页。
② 海淞，等编：《云南考试史》上卷，云南人民出版社，2012 年，第 257 页。

其中及格 101 人，不及格 52 人。① 1941 年，姚安报省教育厅小学教员检定委员会复审教员 291 人，合格教员 163 人，不合格教员 128 人。其中，合格者包括师范毕业生正师 32 人，简师 42 人，共 74 人；中学毕业曾任教 1 年以上者，高中 37 人，初中 39 人，共 76 人。不合格者包括师范修业生（含简师修业）26 人，中学毕业或修业者 52 人，小学毕业生 45 人，其他 5 人。②

3. 浙江省

自 1936 年开始，浙江省政府规定各市县立小学应聘教员，均须缴验试验检定合格证书，由各县市政府分别检验，否则概不得任用。1936 年，浙江省教育厅举行全省小学教员检定考试，除无试验检定人员由各区呈报核定外，试验检定于 7 月 6 日起全省分十三区举行，总计应考者为 3000 人左右。③

4. 山东省

在北洋政府时期，山东省的小学教员检定取得了一定成绩，但是仍存在诸多问题。1929 年，山东省政府教育厅对这些问题进行过较系统的分析："综查检定教员，自民国九年（1920 年）举办以来，检定人数，固属不少，而实地考察各县情形，其未受检定充任教员者，仍所在皆有，地方教育，获益无多，究其原因，不外下列四点：1. 各县遵办不力。各县承办检定教员，办理完善者，实居少数，虽经迭次严饬，仍多视同具文，敷衍从事，且对于此项检定及格教员，不惟不优予位置，往往投散置闲，而未受检定者反得滥竽充数，以致人人多存观望规避之心，惟恐一经试验，倘不及格，反将现有职务撤消。2. 考试揭晓迟慢。查历届检定，试验完竣，由各区将试卷送齐后，延人评阅，核算分数，再行公布，至各县得到许可状时，已届半年之久，自不能为全县教员去留之标准，且期间不无变迁，往往有尚未领到许可状，而已经撤换者。3. 试区县份太多。本省举办检定，虽已将全省扩充为二十区，其试验场所仍有与所属各县相距二百余里者，小学教员薪金既属廉薄，又多系寒俊，除应缴之费用外，其赴试费用几占全年薪水四分之一，故多裹足不前。4. 试期夏季不宜。历届检定试验，向利用暑期在各校休课期间，教员赴试，正值青纱帐起，萑苻不靖之时，故各县教育（员），多虑道途不便，不肯应试。以上四端，皆系往日举办之缺点，历经多年未能改良者。现在既以整顿地方教育为急务，自必先慎选师资，以固基础。查举行检定小学教员，原为甄陶不良之师资，本省各县师资之不良，自无庸讳言，是

① 云南省姚安县志编纂委员会编纂：《姚安县志》，云南人民出版社，1996 年，第 607 页。
② 云南省姚安县志编纂委员会编纂：《姚安县志》，云南人民出版社，1996 年，第 607－608 页。
③ 《教厅举行小学教师检定试验》，《进修半月刊》，1936 年第 5 卷第 19 期，第 69 页。

以举行检定，实为当今之要图。"①

鉴于以上问题，山东省小学教员检定进行了一定的改革。1931 年，山东省举行小学教员检定试验，山东省教育厅将全省 1 市 108 县划分为 36 区，分别举行。"全省共登记 27993 人，审查合格 26523 人。有 16861 人报名试验，复审合格共 16648 人。符合免试及暂免试验资格的教员共 1005 人。"② 经审核与试验，免试验检定合格教员 832 人，暂免试验检定合格教员 187 人，免一部分试验检定合格教员 1311 人，受试验检定合格教员 3490 人，代用教员 3640 人，共 9460 人。③ 自此至 1937 年，山东省每年进行一次小学教员试验检定，共进行了 7 次。

日伪时期，山东日伪政权坚持按部就班地进行各级教员检定。随着日伪控制区的逐步扩大，其下辖的小学教员数量也在逐年增加。1941 至 1943 年，山东日伪政权统治下的教员人数分别为 24435 人、41455 人、47305 人。④ 日伪时期，山东分别于 1940、1942、1944 年举行了三届小学教员检定试验。其中，1942 年的小学教员检定考试在 4 月 27 至 28 日举行，84 个县市的小学教员参加，其中，符合免试条件的共 1497 人，试验合格教员共 3047 名，合计 4544 人。具体见表 5.12。

表5.12　山东省日伪控制区免试、受试检定合格小学教员及

代用教员统计表（1942 年）⑤

单位：人

	免试			合计	受试			合计	总计
	高级	初级	专科		高级	初级	代用		
登州道	53	40		93	22	250	23	295	388
莱潍道	65	49	1	115	28	155	55	238	353
青州道	63	45	1	109	19	161	22	202	311
沂州道		2		2	2	3	1	6	8
兖州道	58	85		143	15	210	35	260	403
泰安道	66	77		143	5	128	39	172	315

① 《筹办检定小学教员事项纪要》，《山东省政府教育厅第一次工作报告》，1930 年，第 181－183 页。转引自范星：《民国时期山东小学教员检定研究》，山东师范大学硕士学位论文，2010 年，第 11－12 页。
② 转引自范星：《民国时期山东小学教员检定研究》，山东师范大学硕士学位论文，2010 年，第 20 页。
③ 转引自范星：《民国时期山东小学教员检定研究》，山东师范大学硕士学位论文，2010 年，第 23 页。
④ 王坦：《山东考试通史》上卷，山东教育出版社，2011 年，第 392 页。
⑤ 王坦：《山东考试通史》上卷，山东教育出版社，2011 年，第 395 页。

续表

	免试			合计	受试			合计	总计
	高级	初级	专科		高级	初级	代用		
曹州道	74	60		134	11	130	41	182	316
济南道	34	55		89	11	125	45	181	270
东临道	99	158		257	34	643	138	815	1072
武定道	71	157	1	229	16	457	113	586	815
济南市	46	16		62	4	7	3	14	76
烟台区	28	21	4	53	17	47		64	117
威海区	2			2	5	26	1	32	34
总计	715	772	10	1497	189	2342	516	3047	4544

但是，日伪时期的小学教员检定，从组织考试到试卷命题上，都尽可能地将奴化教育的内容融入其中，不但不能提高小学教员的素质，而且还欲将小学教员转化为其进行奴化教育的工具。总之，日伪时期的教员检定已然成为日本侵略者进行奴化教育的重要手段。

二、南京国民政府时期的中学教员资格检定

（一）中学教员资格检定背景

随着师范教育与高等教育的逐渐规范和发展，在南京国民政府时期对中学教员的任职资格的要求也日趋规范。在该时期，曾出台多个法令明确规定中学教员的任职资格，以加强师资力量，提高教育教学质量。

南京国民政府时期，中学师资的来源主要有："1. 大学文理科教育学科毕业者；2. 高等师范或师范大学毕业者；3. 大学教育学院教育系师资科或其他专修科毕业者；4. 大学各科或高等专门毕业生，未习教育学程者；5. 国学或艺术上富有研究者。"① 中学教师的专业训练经历是其取得教师资格的必要准备，但正式的中学教师还须经过检定手续。1935 年，教育部公布了《中学规程》，分别规定了初级与高级中学教员的任职资格。规定无论是初级中学教师还是高级中学教师，首先要品格健全，其所任教的学科为其所专习的学科，且还要符合系列规定条件。初级中学教师要具备下列规定资格

---

① 张季信：《地方教育行政》，南京书店，1934 年，第 148 页。

之一："1. 经初级中学教员考试或检定合格者；2. 具有高级中学教员规定资格之一者；3. 国内外大学本科、高等师范本科或专修科毕业者；4. 国内外专科学校或专门学校本科毕业后，具有一年以上教学经验者；5. 与高级中学程度相当学校毕业后，曾任中等学校教员有三年以上之教学经验，于所任教科确有研究成绩者；6. 具有精练技能者（专适用于劳作科教员）。"高级中学教师要具备以下规定的资格之一："1. 经高级中学教员考试或检定合格者；2. 国内外师范大学或师范学院毕业者；3. 国内外大学本科、高等师范本科或专修科毕业后，有一年以上的教学经验者；4. 国内外专科学校或专门学校毕业后，有二年以上教学经验者；5. 曾经有有价值的专门著作发表。"①可见，检定合格是取得中学教师资格的重要方式。

为规范中学及师范学校的教员检定，1934 年 5 月 21 日，民国教育部第5823 号部令公布《中学及师范学校教员检定暂行规程》，对高中、初中、中师、简师教员制定了相应的检定标准和方法。《规程》规定：中学及师范学校教员的检定，分无试验检定、试验检定两种。"无试验检定由检定委员会审查各项证明文件决定之，试验检定，除审查其各项证明文件外，并加以试验。""试验检定至少每三年举行一次。无试验检定每学期开始前举行之。"受试验检定的中学及师范学校教员，分高级中学、初级中学、师范学校、简易师范四种。中学及师范学校教员请求检定时，需呈缴"毕业证书或修业证书、服务证明书、著作（无著作者缺）、本人履历书、志愿书及最近照片"；"各省市举行中学及师范学校教员试验检定，须于三个月前由各该省市教育行政机关将日期及办法登报公布"。试验科目包括共同应试科目、专科应试科目与口试三种。其中，共同应试科目为教育概论、教学法；专科应试科目包括公民、教育、国文、国语、算学、生物、生理卫生、化学、物理、历史、地理、图书、音乐、师范学校教育、幼稚教育等 15 种。各科目及口试，均满 60 分者为合格，由各地教育局发给及格证明书。"受试验检定未能及格，而某科目成绩满六十分者，给予该科目及格证明书，以后再请检定时，得免除该科目之试验"；"检定合格证书有效期间为六年，期满重行检定"。②凡在省外检定合格并领有一省市教育行政机关发给证书的中学及师范学校教员，在合格证书有效期间内至另一省任教者，教育部明确规定，其应由当地教育厅予以登记，"毋须再行检定"。③

① 罗廷光：《教育行政》下册，福建教育出版社，2008 年，第 332－333 页。
② 李友芝，等：《中国近现代师范教育史资料》第二册，1983 年，第 371－374 页。
③ 《教育部代电》，《教育部公报》，1937 年 3 月 7 日，第 9 卷第 9/10 期，第 27 页。

157

《中学及师范学校教员检定暂行规程》对受检定人员的资格做了详细规定（见前述中学教员检定资格要求内容）。此后，各地所举行的中学及师范学校教员检定都是以该规定检定资格为标准进行审定的。教师检定是与师范教育制度相辅相成的，凡曾受专业训练者，无须再经检定试验即可取得法定的教师资格，而无试验检定只是民国政府对于教师的一种登记手续而已。但是根据《规程》规定，凡大学本科毕业，无须受师范专业训练，即可取得初中教员无试验检定的资格①，可见民国政府对于师范专业训练，并未给予足够的重视。教师应该是一种"双专业"，即学科教育和教师教育共同构成教师专业素养，没有受过师范教育就可以成为教师，是对教师专业性的忽视。

在颁布《中学及师范学校教员检定暂行规程》的当日，民国教育部还以第5801号部令公布《中学及师范学校教员检定委员会组织规程》，详细规定了中学及师范学校教员检定委员会的组织与职责。《规程》明确规定："各省市（行政院直辖市）教育行政机关，为检定中学及师范学校教员，组织中学及师范学校教员检定委员会"；"中学及师范学校教员检定委员会设委员7人至11人，由省市教育行政机关长官充任委员长并就下列人员分别指派或聘请为委员：省市教育行政机关主管科科长；省市督学；现任或曾任大学校长或教育学院院长"；"委员会举行会议时，以委员长为主席；委员长缺席时，应指定委员1人为代理主席"；"下列各事项须经委员会会议审核决定之：各项试验规则之拟订；受检定各教员呈缴各项文件之审查；受检定各教员检定合格或不合格之核定；检定试验成绩之核算及揭示事项；其他关于检定之重要事项"；"委员会设命题阅卷委员若干人，由委员会就下列人员聘请之：富于某科教学经验之大学教授；中学及师范教育专家"。②1944年7月7日，民国教育部对该规程进行修订，以第32914号训令颁发《中学及师范学校教员检定委员会组织规程》，其中更加详细规定了中学及师范学校教员检定委员会的组织与职责。

1934年，民国教育部在颁布中学教员检定相关制度后，即令各省市教育局及时开展中学教员检定事宜。但直至1935年初，"因故未克举办之省市颇多"，故教育部特于1935年4月15日重令各省市教育局举办中学教员检定。③此后，各省市教育局根据教育部所颁布的《中学及师范学校教员检定

---

① 罗廷光：《教育行政》下册，福建教育出版社，2008年，第332—333页。
② 李友芝，等：《中国近现代师范教育史资料》，北京师范学院内部交流资料，1983年，第499—500页。
③ 《教部重令举办中学教员检定试：检定办法、试验科目》，《公教学校》，1935年第8期，第12页。

委员会组织规程》及《中学及师范学校教员检定暂行规程》，成立检定委员会，颁布具体检定办法，在 1937 年之前基本完成各地区的第一届中学及师范学校教员检定事宜。1944 年 7 月，教育部第 32941 号训令颁发《中学及师范学校教员检定办法》。《检定办法》仍将检定分为无试验检定、试验检定两种，但对于其举行时间有所调整，试验检定由"至少三年举行一次"改为"每学年举行一次，于第一学期开始前举行之"，无试验检定改为"每学期举行一次，于每学期开始前举行之"。①

（二）中学及师范学校教员资格检定的具体实施

中等教育是基础教育的重要阶段，中学师资素质关涉中等教育质量。在南京国民政府时期，随着教育的发展，各县纷纷请设中学，但教育人才、师资却十分缺乏。因此，各地学校不得不任用相当部分的非正式学校毕业人员充当中学教师，造成中学师资鱼龙混杂、水平参差不齐的局面。为确保师资水平，民国教育部颁布对中学及师范学校教员进行检定的系列法令，令各地对中学及师范学校教员进行检定，检定合格者才能予以聘任。但由于各地具体情况不同、对于教育的重视程度不同、经济发展水平存在差异，南京国民政府时期各地对于中学及师范学校教员检定事宜的具体实施也有所不同。

1. 福建省

为提高中等学校的师资质量，借以改进中等教育，福建省于 1936 年 7 月依照教育部所颁规程，组织福建省中学及师范学校教员检定委员会，该会会长由教育厅厅长郑贞文兼任，聘郑坦、张志智、陈锡恩、叶松坡、何雨农、孙承烈、王书贤、姚虚谷、王启炜等为委员处理会务，李为、章育才、林湘藩、薛贻丹、郑惠卿、谢竞美、陈权等为干事，分为审查、文书、考试、庶务四组办理检定事宜。②

委员会成立后，即着手办理师资检定事宜。其首先制定公布了《福建省中学及师范学校教员检定办法》，规定：检定教员分为高级中学、初级中学、师范学校、简易师范学校教员四种；试验检定每两年举行一次，无试验检定每学年开始前举行，其时间及地点由检定委员会先期登报公布；"凡是在本省公私立中学及师范学校充当教员或原任本省中学及师范学校

---

① 刘国平，等：《师典》，上海人民出版社，2004 年，第 532 页。
② 《组织中学及师范学校教员检定委员会》，《福建教育》，1936 年第 2 卷第 9 期，第 157 页。

教员者均应依照本办法请求检定"；"请求检定时，须填写检定报告名表一张，呈缴毕业证书或修业证书、服务证明书，著作（无著作者缺），及最近二寸半身照片三张（背后书明姓名）；请求试验检定者每人所请求专科应试科目至多以四科为限"；检定合格，由福建省政府教育厅给予检定合格证书，依照检定合格之科目，准充福建省中学及师范学校某科教员，有效期定为 6 年；受试验检定未能及格，而某科成绩满 60 分者，由福建省政府教育厅给予该科目及格证明书，以后再请检定时得免除该科目之试验；凡手续不完全者不予检定。①

福建省先行举办无试验检定。按照规定，全省公立、私立中师学校的现任教员均须呈请检定，非现任教员而志愿担任中师学校教职员者亦得报名应检。计各学校现任教员呈请检定者 1205 人，志愿检定者 503 人，合计 1708 人。经审查计高中及师范教员合格者 658 人，初中教员合格者 185 人；不合格者 865 人，其中有五年以上教学经验须参考督学视察教学后之报告再行决定者 327 人（其中一科合格，另一科须待视察者合并计算）。合格教员中，若以科目分，则公民科高中师范 102 人，初中 32 人；国文科高中师范 119 人，初中 53 人，简师 4 人；英语科高中师范 124 人，初中 39 人；算学科高中师范 87 人，初中 24 人；物理科高中师范 63 人，初中 2 人；化学科高中师范 78 人，初中 8 人；历史科高中师范 75 人，初中 14 人，简师 2 人；图画科高中师范 61 人，初中 10 人；劳作科师范 34 人，初中 4 人；音乐科高中师范 10 人，初中 3 人；体育科高中师范 23 人，初中 12 人，简师 1 人；生理卫生科高中师范 28 人，初中 6 人，简师 1 人；教育科 182 人，简师 2 人。②

1937 年 7 月，福建省举行中学及师范学校教员试验检定考试。7 月 1 日至 7 日，检定考试分别在福州、厦门两地举行，福州考试地点为省立福州中学，厦门考试地点为省立厦门中学；主考人员除厦门由教育厅派督学何雨农前往主试外，福州由教育厅厅长郑贞文自任主考。③ 其考试时间、科目、人数如表 5.13、表 5.14 所示。

① 《福建省中学及师范学校教员检定办法》，《福建教育》，1936 年第 2 卷第 7 期，第 115 页。
② 《检定中学及师范学校师资》，《福建教育》，1936 年第 2 卷第 12 期，第 158 – 159 页。
③ 《举行中学师范教职员检定试验》，《闽政月刊》，1937 年第 2 卷第 1 期，第 150 页。

表5.13　福建省中学及师范教员检定考试时间及科目①

考试时间			考试科目
7月1日	上午	8：00—9：50	教育概论
		10：00—11：50	教学法
	下午	1：30—3：20	国文：作文一篇；体育：体育原理；教育、师教：教育心理；幼教：儿童心理；物理：物性学及热学
		3：30—5：20	国文：中国文学史；体育：各种运动法则及原理；教育、师教：教育史；幼教：保育法；物理：力学
7月2日	上午	8：00—9：50	国文：文字学；体育：健康教育及健康检查；教育、师教、幼教：教育测验及统计；物理：光学、电学
		10：00—11：50	国文：伦理学、国文教学法；体育：运动裁判法及指导、体育教学法；教育、师教：教育行政、各科教材及教法；幼教：幼稚园行政、幼稚园教材及教法；物理：近世物理学、物理学教学法
	下午	1：30—3：20	历史：本国史、外国史；图画：作画；生物：植物学
		3：30—5：20	历史：历史教学法；图画：美学概要；生物：动物学
7月3日	上午	8：00—9：50	图画：西洋画概论；地理：本国地理
		10：00—11：50	图画：透视学、图画教学法；地理：外国地理
	下午	1：30—3：20	地理：地图画法；英语：作文一篇及翻译
		3：30—5：20	地理：地理教学法；英语：英国文学
7月4日	上午	8：00—9：50	英语：英国文法；生物：遗传学及进化论
		10：00—11：50	英语：英语语音学、英语教法；生物：生物教学法
	下午	1：30—3：20	化学：有机化学、无机化学；音乐：普通乐学
		3：30—5：20	化学：分析化学、理论化学；音乐：和声学
7月5日	上午	8：00—9：50	化学：工业化学概要；音乐：各种乐器奏法
		10：00—11：50	化学：化学教学法；音乐：音乐教学法
	下午	1：30—3：20	算学：普通算学，包括算术、代数、几何及三角
		3：30—5：20	算学：立体几何

---

① 该表根据《举行中学师范教职员检定试验》内容整理而成。《举行中学师范教职员检定试验》，《闽政月刊》，1937年第2卷第1期，第149－151页。

续表

考试时间			考试科目
7月6日	上午	8：00—9：50	算学：高等代数
		10：00—11：50	算学：微积分
	下午	1：30—3：20	生理卫生：生物
		3：30—5：20	生理卫生：病理学
7月7日	上午	8：00—9：50	生理卫生：传染学、急救术
		10：00—11：50	生理卫生：卫生、卫生教学法
	下午	1：30—3：20	算学：平面及立体解析几何
		3：30—5：20	算学：算学教学法

表 5.14　福建省中学及师范教员检定考试应试人数①

单位：人

应考科目	应考地点及人数		
	福州	厦门	总计
国文	22	16	38
教育	3		3
历史	15	12	27
生物	1	5	6
英语	7	6	13
音乐	5	4	9
生理卫生	6	4	10
体育	6	5	11
物理	4	4	8
图画	4	3	7
地理	11	9	20
化学	1	4	5
算学	8	5	13
总计	93	77	170

---

① 该表根据《举行中学师范教职员检定试验》内容整理而成。《举行中学师范教职员检定试验》，《闽政月刊》，1937年第2卷第1期，第151页。

所有参加考试人员应注意以下事项："1. 与考人在试场内均尽须遵守试场规则。2. 与考人膳食自理，各试场仅备茶水。3. 与考人除应用文具外，其他任何书本纸张物件，不得携带入场。4. 与考人在试卷上不得填写本人姓名、校名或其他符号。5. 与考人均经编定号数应各到号入座。6. 考试每日分四场，每场以考一科为原则。7. 音乐科之'各种乐器奏法'一科，福州、厦门两地应考者均候于 7 月 15 日在福州考试，其在厦门应考该科者，另候通知前来应试。"

总之，福建省先后举行第一、第二两届中学师范教员无试验检定及第一届中学师范教员试验检定，经检定合格者共 1432 人。[①] 第三届中学师范教员无试验检定于 1938 年 8 月起举行。截至 1938 年 4 月止，报名人数达 275 人，经检定合格者 127 人。各科检定合格人数为公民 3 人、体育 5 人、国文 18 人、英语 14 人、算学 12 人、生物 13 人、生理卫生 6 人、化学 26 人、物理 13 人、历史 26 人、地理 6 人、图画 4 人、教育 16 人。于 1939 年 7 月 21 日起至 27 日，分别在永安、龙岩及闽清三处，举行第二届中学及师范学校教员试验检定，每处由教育厅指派督学一人为主试员，参加者计 43 人。[②] 第四届试验检定于 1943 年 6 月 25 日起，在闽清、南平、沙县、顺昌、邵武、莆田、南安、南靖、长汀、永安、宁化、德化等十二区同时举行，除邵武一区无人报考外，其余十一区共计 129 人报考。[③]

2. 江苏省

江苏省中学及师范学校教员检定是在 1936 年开始筹备进行的。1934 年 5 月，民国教育部颁布施行《中学及师范学校教员检定暂行规程》后，江苏省教育厅以事务繁多为由，呈请暂缓举行。1936 年 7 月，教育厅咨请省政府奉教育部令在 1936 年度行政计划中增入"举行中学师范学校教员检定"一项。10 月，江苏省中学及师范学校教员检定委员会成立，并遵照规程先行举办无试验检定，分别拟定《江苏省举行中学及师范学校教员无试验检定暂行办法》、《江苏省中学及师范学校教员无试验检定须知》、声请书、履历书、志愿书等，呈报教育部、省政府备案。《江苏省举行中学及师范学校教员无试验检定暂行办法》共 15 条，规定无试验检定暂分高级中学教员、初级中学教员、师范学校教员、建议师范学校教员四种，由江苏省教育厅依照部颁规程组织江苏省中学及师范学校教员检定委员会办理；"凡具有《中学及师

① 《教育消息：最近福建省教育重要设施》，《教育杂志》，1939 年第 29 卷第 12 号，第 55 页。
② 《教育消息：最近福建省教育重要设施》，《教育杂志》，1939 年第 29 卷第 12 号，第 55 页。
③ 《中学教员检定考试》，《新福建》，1943 年第 3 卷第 6 期，第 74 页。

范学校教员检定暂行规程》第四条规定资格之一者，得向江苏省教育厅声请受无试验检定"；"声请检定时，须呈缴下列各件：1. 毕业证书或修业证明书；2. 服务证明书；3. 著作（无著作者缺）；4. 本人履历书一份；5. 志愿书一份；6. 本人最近二寸半身软底照片四张"，前三项各件于核定后发还；"声请受检定科目，须依照毕业证书或修业证书内所载之科系，并查找修正中学及师范学校规程内所规定之科目，于声请受检定时，明白认定。如原毕业学校不分科系者，应依专习之学科及经验，认定受检定科目。未在大学或专门学校毕业或修业者，依照教学经验或服务政见，或所缴专门著作，认定受检定之科目"；"凡受无试验检定者，经江苏省中学及师范学校教员检定委员会检定合格后，由江苏省教育厅发给检定合格证书，并汇报教育部备案"。① 经检定合格者，领受检定合格证明书时，应纳费 1 元；领受检定及格证书后遇有毁损及遗失等情事，应详述理由并备具证明书呈请江苏省教育厅查核换给新证书，并应纳费 2 元；现任中学及师范学校检定不及格或不受检定之教员得由江苏省教育厅令所在学校校长停止其职务。②

同年 12 月，江苏省教育厅将中学教员无检定考试事宜布告各县市，称"遵照部颁规程，组织中学及师范学校教员检定委员会，举行中学及师范学校教员无试验检定，兹定自 1936 年 12 月 16 日起，至 1937 年 2 月 15 日止，为声请检定日期"。③ 江苏省中学及师范学校教员检定委员会规定，"凡声请无试验检定人，应向江苏省教育厅请发下列文件，并遵照规定办法办理之。1. 中学及师范学校教员检定暂行规程；2. 江苏省举行中学及师范学校教员无试验检定暂行办法及检定须知；3. 声请书；4. 履历书；5. 志愿书。凡声请检定人，曾任中等以上学校教员职务者，填写履历书'经历'栏时，必须详细填明曾任某校某科教员起讫年月，并注明高中或初中、师范、简易师范，俾免行查手续；凡所缴服务证件，经教育行政机关驳斥有案者，不予认可；凡呈缴专门著作及译述，应与声请检定科目相符；凡未在专科以上学校毕业者，缴呈教学经验证件，须在中等学校任教，并与声请检定科目相符合者，方为合格；凡须证明所任教科，确有研究成绩者，须教呈研究文件或任教学校、校长之确切证明书；凡应劳作科教员检定具有精练技术者，须缴服务机关具体证明书，或缴相当成绩并经有关机关团体证明属实者；凡毕业证书已遗失，原校亦已停办者，应呈请原校主管教育行政机关发给证明书，

① 《江苏省举行中学及师范学校教员无试验检定暂行办法》，《江苏教育》，1936 年第 5 卷第 12 期，第 138 页。
② 《江苏省举行中学及师范学校教员无试验检定暂行办法》，《江苏教育》，1936 年第 5 卷第 12 期，第 138 页。
③ 《江苏省教育厅布告》，《江苏教育》，1936 年第 5 卷第 12 期，第 137 页。

如原校未停办，应依规定补领毕业证书，方得声请检定；声请受检定人邮寄文件，必须挂号以免遗失；声请受检定人，对于江苏省教育厅所发收据须妥慎保存，以凭领回证件；履历书内现在住址，如有变更，应即备函挂号通报，函内应注明收据号数；毕业证书及服务证件，于本届检定结果公布日起一个月内领回，逾期不负保管责任"。①

　　江苏省中学教员检定制度与教育部公布的有关检定制度理念基本相同，但是具体实施细则更明确，要求更具体。比如对"履历"的证明，要求必须填写明确起讫日期，对于专门著作要求与申请检定科目符合，这一点目的在于保证教师在任教学科上的专业性。清晰的制度文本在实施过程中提高了操作性，避免了制度模糊带来的实施困难。

　　3. 广东省

　　根据教育部颁布的各项有关规程，广东省教育厅制定公布了《广东省中学师范教员检定办法》，并组织检定委员会办理检定事宜。1937 年 2 月 15 日至 6 月 30 日，广东省举行第一次中学及师范学校教员无试验检定。②

　　广东省中学及师范学校教员第一届无试验检定申请检定者共 6235 人，其中合格者 1960 人。③ 此后，广东省又举行了七次中学及师范学校教员的无试验检定，其检定人数及科目如表 5.15 至表 5.17 所示。

表 5.15　广东省中学及师范学校教员第一次无试验检定合格人数统计表④

单位：人

科别	高中	初中	师范	简师	合计
国文	171	243	151	13	578
算学	186	194	208	4	592
英语	141	118	49		308
历史	89	119	87	9	304
地理	33	37	28		98
物理	278	289	269	20	856
化学	167	184	155	9	515

---

① 《江苏省中学及师范学校教员无试验检定须知》，《江苏教育》，1936 年第 5 卷第 12 期，第 138 页。

② 《举行中学师范教员检定》，《教育生活》，1937 年第 4 卷第 9/10 期，第 55 页。

③ 《结束中学及师范学校教员第一届无试验检定》，《广东教育战时通讯》，1939 年第 21/22 期，第 28 页。

④ 《广东省中学及师范学校教员第一次无试验检定合格人数统计表》，《广东教育战时通讯》，1941 年，第 34/35 期，第 22 页。

续表

科别	高中	初中	师范	简师	合计
生物	54		51		105
动物		73		2	75
植物		111	2	6	119
生理	54		51		105
卫生	5	5	3		13
伦理	17		16		33
公民	77	19	15	1	112
教育			164	88	252
美术			7	1	8
图画	8	13	2		23
体育	4	9	6	2	21
音乐	4	3	2		9
总计	1288	1417	1266	155	4126

注：凡一人声请检定两科者作两人计，一人声请检定三科作三人计。

表 5.16　广东省中学及师范学校教员历次无试验检定合格人数[①]

单位：人

级别		合计	高中	初中	师范	简师
总计		2538	1516	651	264	137
次别及时间	第一次	1960	1099	539	188	134
	第二次（1941 年）	74	52	11	10	1
	第三次（1942 年 1 月）	40	28	6	6	
	第四次（1943 年）	52	34	9	9	
	第五次（1945 年 1 月）	136	92	28	16	
	第六次（1945 年 3 月）	44	35	7	2	
	第七次（1946 年 4 月及 11 月）	232	176	51	33	2

---

① 《本省中学及师范学校教员历次无试验检定合格人数》，《广东统计月报》，1947 年第 1 卷第 2 期，第 116 页。

表5.17　广东省中学及师范学校教员第八次无试验检定各科合格人数①

（1947 年 4 月）

单位：人

科别	总计	高中	初中	师范	简师
合计	1120	403	290	348	79
国文	151	50	41	42	9
英语	79	38	24	16	1
数学	136	53	35	40	8
物理	187	75	47	53	12
化学	141	51	45	35	10
公民					
历史	112	48	24	35	5
地理	59	22	17	16	4
教育	80			64	16
伦理					
生物	38	38			
动物					
植物					
博物	75		38	30	7
自然					
矿物	1		1		
生理					
卫生					
美术	6			4	2
图画	9	4	5		
手工					
童军					
体育	35	11	9	11	4
音乐	4	1	1	1	1
劳作	7	3	3	1	

说明：1. 一人声请两科均合格者作两人计，余类推。2. 此次检定实有人数为 374 人。

---

①　《本省中学及师范学校教员第八次无试验检定各科合格人数（1947 年 4 月）》，《广东统计月报》，1947 年第 1 卷第 6 期，第 117 页。

4. 山东省

1935 年 5 月，山东省教育厅遵照教育部所颁《中学及师范学校教员检定委员会组织规程》，组织成立中学及师范学校教员检定委员会，除按组织规程由教育厅厅长任委员长，第三科科长杨展云、督学徐元良任委员外，还聘前河南中山大学校长张鸿烈、前私立齐鲁大学代理校长林济青、国立山东大学校长赵畸、前河南中山大学校长黄际遇四人为委员。[①] 检定委员会成立后，即开始遵照教育部所颁检定规程筹备举行山东省第一届中学及师范学校教员检定考试。第一次检定自同年 6 月 15 日起开始报名，7 月 15 日起举行有试验检定考试。但因赶办不及，展缓至 8 月 20 日至 24 日在山东省立图书馆举行，聘请各科考试委员 18 人。经审查，各种学校、各科应受试人员 623 名。实到受试人数，"应高中及师范学校教员考试者 19 人，应处置及简易乡村师范学校教员考试者 191 人"。[②] 检定考试后，除全部学科及格者得充教员外，其有一门学科不及格者，仍准暂充教员一年，但不给合格证书。"应高中各科教员考试全部学科及格者 6 人，应初中各科教员考试全部学科及格者 68 人，应师范学校各科教员考试全部及格者 7 人，应简易乡村师范学校各科教员考试全部及格者 24 人，准暂充教员一年者，高中 6 人，师范学校 4 人，初中 30 人，简易乡师 7 人。"[③]

5. 浙江省

浙江省教育厅接教育部令后，即着手组织中学及师范教员检定事宜，组织检定委员会，订定《浙江省举行中学及师范学校教员试验检定暂行办法》《浙江省中学及师范学校教员试验检定须知》，分发各属地区志愿受检定人员知照。浙江省中学及师范学校教员试验检定原定于 1936 年春假期间举行，但因声请受无试验检定者，"数在千五百以上，证件稽核，诸费手续；遂致不得不暂行从缓"，"改定于 8 月 3 日开始举行，并定自 6 月 1 日起至 6 月 30 日，为试验检定声请时期"。[④] 检定结束后，浙江省教育厅于 1936 年 11 月 10 日训令省立各中学、各师范学校，自 1936 年度第二学期起，所有省立各中学及师范学校新聘教员，"均须聘用检定合格人员，其未经检定合格者，不准聘任。至旧聘职员，如有未经检定者，姑准接续聘用，仍须遵照规程，迅

① 《山东省政府 24 年 5 月份行政报告》，《山东省政府行政报告》，1935 年 5 月，第 11 页。
② 《办理中学师范教员检定》《山东省政府行政报告》，1935 年 8 月，第 13 页。
③ 《办理中学师范教员检定》《山东省政府行政报告》，1935 年 8 月，第 13 页。
④ 《本省中学师范教员试验检定改于本年 8 月 3 日开始举行》，《浙江教育》，1936 年第 1 卷第 7 期，第 158 页。

于第二届无试验检定开始时申请检定"。①

　　全面抗战爆发后，为使全省中学及师范学校各科师资普遍合于标准，浙江省教育厅于 1939 年 12 月通告举行第四届中学及师范学校教员无试验检定外，又于 1940 年通告举行第二届试验检定。通告称："本厅举行第二届中学教员试验检定，凡声请检定人员，应遵照下列各点办理：1. 声请检定人应向本厅请发中学及师范学校教员检定暂行规程、浙江省举行中学及师范学校教员试验检定暂行办法、声请书、履历书、志愿书等各种文件；2. 依照声请书等各项规定，用正楷详晰填明，不得草率；3. 呈送声请书等时，须附缴规定之各项证件及相片四张，本届为便利声请人起见，毕业证书暂准得辑制照片代验，惟以清晰可办者为合用，但必要时仍须调验原毕业证书；4. 声请检定期限 8 月 1 日起至 15 日止，逾期送到或所送书件不符规定者，不予收受；5. 试验日期 9 月 15 日至 18 日。"②

　　6. 四川省

　　1936 年，四川省筹备举办第一届中学及师范学校教员检定。省教育厅成立检定委员会，并先后制定公布《四川省第一届中学及师范学校教员试验检定办法》《四川省中学师范学校教员检定委员会办事细则》等法令，逐次展开对中学及师范学校教员的检定。此次呈请受无试验检定的中学及师范学校教员共 2900 余人，合格者共 1347 人。③ 对于教员的检定考试，为适应需要，四川省先行举行了中学及师范学校体育、音乐、图书、劳作四科教员试验检定。《检定办法》规定："应试者视其学历与经验就科中同时声请受二科以上之检定试验"；"试验检定登记日期自 5 月 1 日起至 7 月 31 日止，登记地点设省政府教育厅内；检定试验分成都、重庆、万县、南昌四区举行，各设分区办事处由省政府派员主持之"。④ 试验检定科目分为共同应试科目、专科应试科目、口试三种。其中，共同应试科目包括教育概论（同时声请受二科以上教员检定试验者，本科目只须考试一次）、教学法两种。各专科应试科目如下："1. 体育科：体育原理、各种运动法规及原理、健康教育及健康检查、体育教学法；2. 音乐科：普通乐学、和声学、各种乐器奏法（钢琴、提琴及中国乐器中之任何一种）、音乐教学法、唱奏；3. 图画科：作画（中国画一幅、木炭画、石膏模型一幅）、美学概要、西洋画概论、透视学、图

---

　　① 《浙江省教育厅训令教字第 2306 号》，《浙江省政府公报》，1936 年 11 月 21 日，第 2797 期，第 12 页。

　　② 《本省举行中学教员试验检定》，《进修》，1940 年第 2 卷第 9 期，第 20 页。

　　③ 《本省教育要闻：中学师范无试验检定合格教师第一次共计 1347 人》，《四川教育》，1937 年第 1 卷第 3 期，第 78 页。

　　④ 《四川省第一届中学及师范学校教员试验检定办法》，《广汉县政周刊》，1937 年第 11 期，第 8—9 页。

画教学法；4. 劳作科：作物学、艺园学、造林学、畜牧学、农艺教学法（以上适用于劳作科农畜教员），材料及工具概论、绘制工作图、实地制作、设计构图、工艺教学法（以上适用于劳作工艺教员）；家庭经济及管理、家庭卫生、儿童养育法、刺绘编织缝纫法、家事教育法（以上适用于劳作科家事教员）"。① 共同应试科目、专科应试科考试时，高级中学教员、师范学校教员同试，初级中学教员、简易师范学校教员同试。全部受检定人均须参加口试。②

7. 贵州省

1937 年 8 月，贵州省教育厅成立中学及师范学校教员检定委员会，即着手施行中等学校教员的检定事宜。经检定，高中师范教员正式合格者为 274 人，代用合格者为 146 人；初中教员正式合格者为 178 人，代用合格者为 129 人；高职教员正式合格者为 27 人，代用合格者为 10 人；初职教员正式合格者为 8 人，代用合格者为 12 人；简师教员正式合格者 2 人，代用合格者 1 人。以上合计为 787 人。③

8. 北平市

1935 年，北平市教育局遵教育部令办理中学及师范学校教员检定。北平市报名参加此次检定人员共 1878 名。北平市中学及师范学校教员检定委员会于同年 8 月 6 日成立，开会审定声请检定人员所交资格、证件，经议决通过审定各人员名单于 8 月 19 日公布。8 月 29 日至 9 月 2 日，试验检定照章举行。命题及阅卷事项均聘请各大学教授担任。经检定委员会两次审定的合格人员，"计高级无试验检定合格共 1093 名，初级无试验检定合格共 502 名，又试验检定全部及格 1 名，科别及格者 34 名，迄至有专门科目完全及格而教育科目两种均在 40 分以上者，经议决暂准教学，嗣后补考"。④

9. 上海市

为推动中等教育的发展，1935 年 5 月，上海市教育局依照教育部所颁《中学及师范学校教员检定暂行规程》及《检定委员会组织规程》，聘派委员，组织成立检定委员会，筹办本市中学及师范学校教员检定事宜。据《上海市教育局中学及师范学校教员检定委员会办事细则》规定，委员会设委员长一人，由教育局局长担任，委员 6 人至 10 人，由局长指派或聘请，并于

---

① 《四川省第一届中学及师范学校教员试验检定办法》，《广汉县政周刊》，1937 年第 11 期，第 9 - 11 页。
② 《四川省第一届中学及师范学校教员试验检定办法》，《广汉县政周刊》，1937 年第 11 期，第 11 页。
③ 黔教育厅：《贵州省教育概况》，1939 年 1 月，转引自陈光春《生成与失范：民国时期中学教师管理制度研究（1912—1949）》，华中科技大学出版社，2016 年，第 110 页。
④ 《社会局文电》，《北平市市政公报》，1935 年 12 月，第 331 期，第 9 页。

委员中指派 1 人至 3 人为常务委员；委员会会议由委员长召集，委员过半数之出席为法定人数；会议以委员长为主席，委员长因事不能出席时，指定常务委员 1 人为代理主席；委员会设命题委员、监试委员若干人，分任命题、阅卷及监试事宜，由教育局聘请富于某科教学经验之大学教授、中学及师范学校教育专家充任。委员会主要负责拟定各项试验规则、审查受检定各教员呈缴各项文件、核定试验日期及地点、支配试验科目及时间、主试及监试、检定试验成绩核算及揭示、检定受检定各教员检定合格或不合格，以及其他关于检定的重要事项。① 委员会还设干事若干人，由教育局职员充任，秉承委员长及常务委员办理文件之收发及撰拟缮印、受检定各教员名册相片及呈缴各项文件等之编制及管理、试卷之编号及管理、试场之布置及照料、试题之印制及管理、助理监试、试验成绩之登记、计算、保管，以及其他关于试验手续事项。②

　　上海市中学及师范学校教员检定委员会成立后，即制定上海市《中学及师范学校教员检定办法》九条，并决定自 1935 年 7 月 1 日至 7 月 6 日为报名日期，8 月 5 日至 9 日为检定试验日期，并分呈教育部及上海市政府备案。③ 至 8 月初，上海市报名中学及师范学校教员检定已有千余人。"所有自请试验检定，审查资格相合；及自请无试验检定，审查资格相合；及自请无试验检验而审定应受试验检定各人员"，定于 8 月 11 日下午 1 时至 5 时，携带报名收据，前往万竹小学领取应试证、试验时间表、试验规则；自 12 日起至 17 日依照本人应试验科目之规定时间至震旦大学应试。④

　　9 月 6 日，上海市中学及师范学校教员检定合格名单揭晓，计无试验检定合格者 1161 人，试验合格者 18 人，一部分科目合格者 21 人。⑤ "凡检定合格的高中教员，除教育科外得兼任师范学校同科目教员，初中教员其有合于公民科教员资格而未缴上海市审查训育主任公民教员资格委员会审查合格证书者"，还须先向审查委员会声请审查所有合格证书。⑥

　　检定考试结束后，上海市教育局将受检定人所缴证书等件先行发还。对

　　①《上海市教育局中学及师范学校教员检定委员会办事细则》，《上海市政府公报》，1935 年第 157 期，第160 页。

　　②《上海市教育局中学及师范学校教员检定委员会办事细则》，《上海市政府公报》，1935 年第 157 期，第161 页。

　　③《筹备中学师范教员检定》，《上海市教育局教育周报》，1935 年 6 月 10 日，第 294 期，第 3 页。

　　④《定期举行中学及师范教员检定试验》，《上海市教育局教育周报》，1935 年 8 月 20 日，第 302 期，第1 页。

　　⑤《中学师范教员检定揭晓》，《上海市教育局教育周报》，1935 年 9 月 16 日，第 307 期，第 2 页。

　　⑥《中学师范教员检定揭晓》，《上海市教育局教育周报》，1935 年 9 月 16 日，第 307 期，第 2 页。

于所有检定合格证书是否须贴印花的问题，经请示教育部后，上海市教育局奉令免贴印花。检定合格证书、试验科目及格证明书于 12 月 2 日起至 6 日止，每日上午 9 时至 12 时，下午 1 时至 4 时，按照后开号码分日发给受检定人。其领取时间分别是，12 月 2 日为 1 号至 300 号，12 月 3 日为 301 号至 600 号，12 月 4 日为 601 号至 900 号，12 月 5 日为 901 号至 1200 号，12 月 6 日为 1200 号以后。[①] 上海市教育局令受检定人自行查明号码后，依照排定日期，携带原名章，亲自到教育局领取。针对相片尚未缴全者，教育局令其"先将相片在背面注明姓名、号码及中学教员检定字样，于 12 月 6 日以前寄交教育局第二科，自 12 月 12 日起至 13 日止，依照上述时间，再行携带原名章到教育局领取"。[②]

从南京国民政府时期各地中学教员检定实施的具体情况分析，各地均按照国家相关制度针对本地情况制定了地方教员检定制度，组织了检定委员会，但是与小学教员检定情况类似，参与检定合格人数在很多地方不足半数，特别是申请试验检定者通过率较低。

三、南京国民政府时期的党义教师资格的检定

南京国民政府成立后，由于他们与北洋军阀所代表的阶级利益、统治基础不同，其统治手段也有所变化，反映到教育上最为明显的，即是以"三民主义"相号召的"党化教育"确立起来。作为实现三民主义教育宗旨的重要手段，20 世纪 30 年代党义教育在全国普遍推行。党义教师资格检定制度也随之建立起来。

（一）南京国民政府时期的党义教师资格检定制度简况

1928 年 6 月 30 日，国民党中央常务会议通过《检定各级学校党义教师条例》《各级学校党义教师检定委员会组织通则》，开始有计划地对大、中、小各级学校的党义教师进行检定。

《检定各级学校党义教师条例》是国民党制定的第一个党义教师资格检定条例，也是建立党义教师资格认定制度的开始。该条例主要内容有："全

[①] 《上海市教育局布告第 38627 号：为发给中学及师范学校教员检定合格证书及试验科目及格证明书》，《上海市教育局教育周报》，1935 年 12 月 1 日。
[②] 《上海市教育局布告第 38627 号：为发给中学及师范学校教员检定合格证书及试验科目及格证明书》，《上海市教育局教育周报》，1935 年 12 月 1 日。

国各级学校之党义教师，须一律受党义教师检定委员会之检定。"应受检定之党义教师，暂以担任建国方略（孙文学说、民权初步、实业计划）、建国大纲、三民主义、本党第一次全国代表大会宣言等科目者为限；"各级学校之训育主任，亦适用本条例之规定检定之"。受检定的党义教师应具备下列资格："1. 党员；2. 合于各该地教育行政机关所规定之教员资格者"；受检定之教师须填具志愿书、履历书及缴本人最近二寸半身相片，送交党义教师检定委员会。①

　　此外，《条例》还规定，检定合格之党义教师，由该党义教师检定委员会分别给与证书。证书的有效期定为二年，逾期后须重受检定。②

　　为使全国各级学校党义教师思想一致起见，国民党中央常务会议还通过了《各级学校党义教师检定委员会组织通则》，组织党义教师检定委员会负责对党义教师的检定事宜。《组织通则》规定："党义教师检定委员会由各级党部训练部与各该级教育行政机关共同组织之，为检定便利起见，分下列四种：1. 大学及高等专门学校党义教师检定委员会，由中央训练部与全国最高教育行政机关共同组织之；2. 省（或特别市、区）立学校及直接管辖之私立中小学党义教师检定委员会，由省（特别市、区）党部训练部与省（特别市、区）教育行政机关共同组织之；3. 县立学校及私立中小学校党义教师检定委员会，由县党部训练部与县教育行政机关共同组织之；4. 市立学校及私立中小学校党义教师检定委员会，由市党部训练部与市教育行政机关共同组织之。"各种党义教师检定委员会的委员"以5人至9人为限，除各级党部训练部部长及各该级教育行政长官为当然委员外，由各级党部训练部就党员中之确明党义、精研教育、且有教育经验者聘任之"。各种党义教师检定委员会于每学期开学以前举行检定，检定完毕后应即撤销。③

　　1929 年 11 月 18 日，国民党中央常委会通过了《检定党义教师委员会组织通则》与《检定各级学校党义教师条例》。《检定各级学校党义教师条例》中依然明确指出："全国各级学校党义教师之检定，由检定党义教师委员会依本条例行之。"同时，该条例规定，其所称之党义教师，系指各级学校现任或志愿担任党义课程之教师。"全国各级学校之党义教师，均应受检定党义教师委员会之检定，其未经检定或经检定而不及格者不得充任。但单级学

　　① 《检定各级学校党义教师条例》，《中央周报》，1928 年 8 月 13 日，第 10 期，第 12 页。
　　② 《检定各级学校党义教师条例》，《中央周报》，1928 年 8 月 13 日，第 10 期，第 13 页。
　　③ 《法制：各级学校党义教师检定委员会组织通则》，《中央党务月刊》，1928 年第 3 期，第 15 页。

校之讲述党义课程者，得暂免检定。"①

相对来说，此次颁布的《检定各级学校党义教师条例》对请求检定者的资格审查及试验科目与之前有所不同。在请求检定者资格审查上，其规定："凡请求检定者，除缴本人最近二寸半身相片及填具志愿书、履历书外，并须缴验下列凭证：1.本党党证；2.学校毕业证书或教员资格检定证书或其他足以证明教师资格之书据。"在考试科目上，其规定："凡是本党党员或合于教育行政机关所规定之教师资格，而受高等或中等教育之党义教师试验检定者，其考试之科目如下：三民主义、建国方略、建国大纲、本党历次全国代表大会宣言。凡是本党党员或合于教育行政机关所规定之教师资格，而受小学教育之党义教师试验检定者，其考试之科目如下：三民主义、民权初步、建国大纲。"②

依据《检定各级学校党义教师条例》，国民党中常委制定《检定党义教师委员会组织通则》，对党义教师检定委员会的组织做了更加详细的规定。其主要内容有：

中央检定党义教师委员会，"由中央训练部会同教育部组织之，检定下列各级学校之党义教师：1.国立或经教育部立案之大学；2.国立或经教育部立案之高等专门学校。前项所列之学校，其距离中央较远者，得由中央检定委员会派员检定之"。③

省检定党义教师委员会，"由省党部训练部会同教育厅组织之，检定下列各级学校之党义教师：1.全省省立及呈准立案之私立中等学校；2.全省各县县立或普通市市立之中等学校；3.全省省立或县立、乡立、村立及呈准立案之私立小学校；4.在该省内各大学或高等专门学校所附设之中小学校。前项所列学校党义教师之检定，因区域之关系，得由省检定委员会分区举行之，其人员由省检定委员会委派之"。④

特别市检定党义教师委员会，"由特别市党部训练部会同教育局组织之，检定下列各级学校之党义教师：1.特别市市立及呈准立案之私立中等学校；2.特别市市立及呈准立案之私立小学校；3.在该市内各大学或高等专门学校所附设之中小学校"。⑤

此外，《检定党义教师委员会组织通则》还规定：海外各级华侨学校党

---

① 《检定各级学校党义教师条例》，《教育公报》，1929 年第 1 卷第 12 期，第 157 – 158 页。
② 《检定各级学校党义教师条例》，《教育公报》，1929 年第 1 卷第 12 期，第 158 – 159 页。
③ 《检定党义教师委员会组织通则》，《教育公报》，1929 年第 1 卷第 12 期，第 159 – 160 页。
④ 《检定党义教师委员会组织通则》，《教育公报》，1929 年第 1 卷第 12 期，第 160 页。
⑤ 《检定党义教师委员会组织通则》，《教育公报》，1929 年第 1 卷第 12 期，第 161 页。

义教师之检定由各级海外总支部或直辖支部酌量情形拟定办法，呈准中央训练部施行之；检定党义教师委员会之委员为 5 人或 7 人，除各该级党部训练部长及教育行政机关长官为当然委员外，中央检定党义教师委员由中央训练部提请中央常会任用之，各省各特别市及海外总支部直辖支部等所在地之检定党义教师委员，由各该党部陈请中央训练部任用之。①

1931 年 7 月，国民党中常会又通过《审查党义教师资格条例》，这一方面使党义教师的资格审定更加完善，另一方面也标志着党义教师资格认定制度的重大转变。

对于请求审查者的资格与要求，《条例》规定：全国各级学校现任党义教师之未经检定者，或志愿充任党义教师者，除由本人径向审查党义教师资格委员会请求审查外，由各级学校、各级教育行政机关、各级党部等提请审查。"凡请求审查者，须呈缴本人最近二寸半身相片二张、志愿书、履历书、本党党证、学校毕业证书或教员资格检定证书或其他足以证明教师资格之书据，其有著述者，连同著述一并呈送。"下列人员得请求审查："1. 本党党员具有与各该级学校教师相当之资格者。2. 本党党员具有下列资格之一者：（甲）曾任或现任中央党部干事以上职务满两年，并曾在大学、或专科、或旧制专门以上学校毕业，对党义确有特殊研究者，得请求分别给予充任大学或专科学校党义教师之资格；（乙）曾任或现任省、特别市党部干事以上职务满二年，或县市党部委员并曾在专科或旧制专门以上学校肄业满一年，对党义确有研究者，得请求给予高级中学党义教师之资格；（丙）曾任或现任省、特别市党部干事以上职务满二年，或县市党部委员并曾在高级中学或旧制中等学校毕业，对党义确有研究者，得请求给予充任初级中学党义教师之资格；（丁）曾任或现任县市党部干事以上之职务满二年，或直属区党部委员并曾在初级中学肄业满二年，或旧制中等学校肄业满一年者，得请求给予充任小学党义教师之资格。3. 本党党员曾在与各该级学校教师资格相当之党务学校毕业者。4. 本党预备党员曾服务教育三年以上，具有与各该级学校教师相当之资格者。"②

对于免于审查资格，《条例》规定：中央审查党义教师资格委员会对于具有下列资格人员之一者，得酌给合格证书，并免除其他手续：1. 曾任或现任中央委员会委员者；2. 曾任或现任省、特别市党部委员，并曾服务教育一

① 《检定党义教师委员会组织通则》，《教育公报》，1929 年第 1 卷第 12 期，第 161 页。
② 《审查党义教师资格条例》，《中央周报》，1931 年 1 月 26 日，第 138 期，第 23 页。

175

年以上者；3. 本党党员曾任专科或旧制专门以上学校教授满二年以上者。"本党党员具有党义教师之检定合格者、曾任检定党义教师委员会委员者、曾任党义教师二年以上者等资格之一者，得免审查，但须提出证明资格之文件，向党义教师资格审查委员会于规定时间内请求登记，经登记后，得各按其资格上之学校级别，取得各该级学校党义教师之资格。"①

对于代用党义教师，《条例》规定："党员缺乏地区，其中小学校党义教师得由所在地省、特别市党部申叙理由，呈请中央训练部核准任用，对本党党义确有认识与信仰，及合于教育行政机关所规定教师资格之非党员，为代用党义教师。"中小学校聘任代用党义教师之前，"须将该代用党义教师之志愿书、履历书、学校毕业证书，或其他足以证明教师资格之书据，及最近二寸半身相片二张，其有著述者，应连同著述并呈送，经审查合格，发给代用党义教师证书后方得聘任"。"凡经审查合格之代用党义教师，应由审查党义教师资格委员会代请省、特别市党部委员二人介绍，为本党预备党员，函请该省市党部办理入党手续。"②

此外，《条例》还规定："凡具下列情形，经查明属实者，应分别取消其党义教师资格或停止其职务：1. 取得合格证书之党义教师，其后受开除党籍之处分者，应即取消其党义教师资格；2. 取得合格证书之现任党义教师，受停止党权之处分，共六个月以上者，应即停止其职务，其在六个月以下者得暂准其服务，如学期终了尚未恢复党权，不得继续聘任。"③

综上可以看到，《审查党义教师资格条例》对党义教师资格审查的各个方面都进行了细化。同时，其对党义教师资格认定制度的规定也发生重大变化。该《条例》用"审查"代替"检定"，标志着党义教师资格认定的宗旨的变化。且审查手续也较为简单，申请审查者只需提供"本人最近二寸半身相片二张、志愿书、履历书、本党党证，学校毕业证书或教员资格检定证书，或其他足以证明教师资格之书据"。该《条例》对于党义教师的学历、党历等方面的要求也有所放宽，且其仅规定"凡经审查合格之党义教师，或代用党义教师，经学校聘定后，应将其工作成绩按期呈报各该管党部及教育行政机关考核"，并未对审查有效期进行限定。

由于国民党向各级学校推行党化教育并开设党义课程，遭到各界人士的质疑；因此，1932 年到 1933 年，教育部陆续颁布了《小学课程标准》《中

---

① 《审查党义教师资格条例》，《中央周报》，1931 年 1 月 26 日，第 138 期，第 24 页。
② 《审查党义教师资格条例》，《中央周报》，1931 年 1 月 26 日，第 138 期，第 24 页。
③ 《审查党义教师资格条例》，《中央周报》，1931 年 1 月 26 日，第 138 期，第 24 页。

学课程标准》《小学法》《小学规程》《中学法》《中学规程》等，把中小学原有的"党义"课程改为"公民"课程。为加强各省对公民教员的资格审查，国民党中央执委会又通过了一系列审查公民教员资格的法令。如 1933 年 8 月 31 日，中央执行委员会通过了《审查中等学校公民教员资格条例》《审查中等学校训育主任资格条例》《审查训育主任、公民教员资格委员会组织条例》等。

（二）各地党义教师资格检定的具体实施

1929 年 10 月 28 日，国民党中央第 44 次中常会通过了《各级学校教职员研究党义暂行条例》。《条例》规定"各级学校教职员之研究党义其研究程序分为四期"，"第一期，研究孙文学说、军人精神教育、三民主义；第二期，研究建国大纲、五权宪法、民权初步、地方自治开始实行法；第三期，研究实业计划；第四期，研究实业计划"。[1] 在每期学习期间，平均每天要拿出半个小时的时间来自修，每周还要有一次集体学习，对于成绩优秀的给予奖励。可见，国民政府试图通过党义教育把资产阶级的宇宙观、世界观，以及国民党的大政方针灌输到国民心中，以便于统治。为推动党义教育的进行，国民政府在各级学校里均配备了党义教师的职位。对于党义教师的聘用，国民政府制定了严格的标准，党义教师须由检定党义教师委员会检定合格，方可担任。各地根据规定，对各级学校的党义教师及训育主任展开检定。

1. 江苏省

1930 年，江苏省国民党执行委员会训练部会同各市政府教育科、各县县政府教育局等组织进行了江苏省中小学党义教师的检定。江苏省执委会先后议决通过了《江苏省各县执行委员会训练部检定各级学校党义教师条例》《江苏省检定各级学校党义教师条例》《江苏省各级学校党义教师检定委员会组织条例》《江苏省各县中小学党义教师检定委员会组织通则》《江苏省中小学党义教师检定委员会组织条例》等，以规范党义教师的检定事宜。

按照《江苏省各县执行委员会训练部检定各级学校党义教师条例》规定，江苏省立中小学校及直接管辖的私立中小学校党义教师均应受该《条例》的规定进行检定，各级学校训育主任也适用该《条例》的规定进行检定。《条例》对检定资格、检定科目、检定方式、检定证书有效期等进行了

---

① 《各级学校教职员研究党义暂行条例》，《时报》，1929 年 10 月 30 日。

详细规定，其主要内容有：

检定资格。 （1）中等学校以上之党义教师应具备下列资格：国民党党员、国内外大学或专门学校以上毕业或于该条例未施行前曾充中等学校党义教师一年以上者或曾得检定书未逾有效期间者；（2）小学党义教师应具备下列资格：国民党党员、中等学校毕业或于该条例未施行前曾充小学党义教师一年以上者或曾得检定书未逾有效期间者；（3）凡曾由党义教材之著述其理论经本部所设之检定委员会审查认为正确者，得免检定。但是如有"不良之嗜好、腐化之行为、言论文字曾有违反党义之表示、思想偏激行为恶化者"不得受检定，若领受检定证书后，有其中之一者，取消其检定资格。①

检定的组织及检定的科目、方式。 《条例》规定，施行检定由江苏省执行委员会训练部会同省教育厅行政机关组织检定委员会办理。检定科目如下："（1）中等学校：三民主义、建国方略、建国大纲、本党重要宣言及决议案；（2）小学校：三民主义、建国大纲、民权初步、孙文学说"。检定方法分笔试、口试两种，凡受检定者须填具履历书、缴验党证及二寸半身相片。②

检定有效期。 凡经检定合格者，由检定委员会给与检定证书。检定证书的有效期定为二年，二年后须重受检定。③

依据《检定各级学校党义教师条例》，江苏省执行委员会训练部又制定颁布《江苏省各级学校党义教师检定委员会组织条例》，规定：由江苏省党部训练部会同教育厅组织检定党义教师委员会，检定下列各级学校之党义教师：（1）全省省立及呈准立案之私立中等学校；（2）全省各县立或普通市市立之中等学校；（3）全省省立或县立、乡立、村立及呈准立案之私立小学校；（4）在本省内各大学或高等专门学校所附设之中小学校。以上学校党义教师的检定因区域关系由检定委员会分区举行，其人员由省检定委员会委派。检定委员会的委员定为 7 人，除江苏省党部训练部长及教育厅长为当然委员外，其余各委员由省党部呈请中央训练部任用。④ 其后，江苏省执行委员会训练部又制定颁布《江苏省中小学党义教师检定委员会组织条例》，专

---

① 《规则：江苏省各县执行委员会训练部检定各级学校党义教师条例》，《江苏党务》，1929 年第 8 期，第 3 页。

② 《规则：江苏省各县执行委员会训练部检定各级学校党义教师条例》，《江苏党务》，1929 年第 8 期，第 3 - 4 页。

③ 《规则：江苏省各县执行委员会训练部检定各级学校党义教师条例》，《江苏党务》，1929 年第 8 期，第 4 页。

④ 《江苏省各级学校党义教师检定委员会组织条例》，《革命的江苏》，1929 年，创刊号，第 56 - 57 页。

门就检定中小学党义教师委员会的组织做出规定，检定中小学党义教师委员会专以检定江苏省省立中小学及直接管辖的私立中小学党义教师与训育主任为任务。该委员会由江苏省执行委员会训练部与省教育行政机关共同组织；委员会委员同样定为7人，除江苏省训练部部长及省最高教育行政长官为当然委员外，由省训练部另聘"确明党义精研教育且有教育经验"的党员5人充任；委员会互推党务委员3人处理日常会务；委员会于必要时，聘任干事3人至5人协同办理审查及注册等事宜；经委员会检定合格的党义教师及训育主任由该委员会发给检定合格证书；委员会于检定完毕后即行撤销。①

依据江苏省党务整理委员会议决，并呈经中央训练部核准，由吴保丰、陈和铣、张道藩、朱坚白、叶秀峰、叶楚伧、祁锡勇等七委员组织成立江苏省检定党义教师委员会。1930年5月19日，江苏省检定党义教师委员会在江苏省党务整理委员会内开始办公。党义检定委员会第二次委员会议决议：江苏省中等学校及省立小学的党义教师及训育主任，由江苏省检查委员会直接检定；各县小学，检定党义教师委员会委托各该县县党部训练部会同教育局办理考试事务，命题阅卷交由检定党义教师委员会负责。② 各县进行中小学党义教师检定时，也应成立相应的检定党义教师委员会。为规范各县检定党义教师委员会的组织，江苏省执行委员会训练部还制定颁布《江苏省各县中小学党义教师检定委员组织通则》，规定"各县县立学校及私立中小学党义教师检定委员会由县党部训练部与县教育行政机关共同组织"，各县各级学校党义教师检定委员会之委员以5人至7人为限，除各县训练部部长及各该县教育行政长官为当然委员外，由"县训练部就党员中之确明党义精研教育且有教育经验者聘任"；各县党义教师检定委员会以检定各该县所管辖的小学校及私立中学校的党义教师与训育主任（或其职责与训育主任相同者）为任务；各县党义教师检定委员会由委员中互推常务委员1人处理日常会务；各县党义教师检定委员会于每学期开学以前举行检定完毕后应即撤销；经各县检定委员会检定合格的党义教师及训育主任由该委员会发给检定合格证书。③

由于江苏省区域广阔，学校众多，检定委员会认为应分区进行检定，于是，函请江苏省党务整理委员会训练部转令各县县党部训练部照办，同时，

---

① 《江苏省中小学党义教师检定委员会组织条例》，《江苏党务》，1929年第8期，第6页。
② 《分区检定党义教师》，《江苏省政府公报》，1930年6月13日，第463期，第21－22页。
③ 《江苏省各县中小学党义教师检定委员组织通则》，《江苏党务》，1929年第8期，第5－6页。

由江苏省教育厅转知各县教育局照办。①

江苏省检定党义教师委员会成立后，即开始着手实施对中小学党义教师及训育主任的检定，规定"凡属现任或有志于（江苏）省中等学校或小学党义教师以及训育主任者"，应"速来检定"。经检定党义教师委员会议决，党义教师检定的报名日期为 6 月 1 日至 6 月 30 日，考试日期为 7 月 10 日至 11 日两天。②

受检定者必须为中国国民党党员，且合于教育行政机关所规定的教师资格。受检定者应缴验：（1）国民党党证；（2）学校毕业证书或教员资格检定证书，或其他足以证明教师资格之书据；（3）志愿书；（4）履历书；（5）最近二寸半身相片三张；（6）预缴证书印花费 5 角，不录取者退还。志愿书、履历表，受鉴定可分别向检定党义教师委员会或各县县党部训练部索填，连同其他应缴各件，直接送至检定党义教师委员会，或交各该县党部训练部核收。对于考试科目，检定党义教师委员会议决如下：（1）中等学校党义教师及训育主任之考试科目：三民主义、建国方略、建国大纲、本党历次全国代表大会宣言、思想测验；（2）小学党义教师之考试科目：三民主义、民权初步、建国大纲。对于考试办法，检定党义教师委员会规定：（1）全省中等学校及省立小学之党义教师及训育主任，由省检定委员会直接检定，以上各党义教师可直接到检定党义教师委员会报名；（2）各县小学（除省立外），委员会委托各该县党部训练部会同教育局办理考试事务，命题阅卷由委员会负责，以上各党义教师向各该县训练部报名。③

1930 年 8 月 1 日，江苏省检定党义教师委员会发布通告：由其直接检定合格的高级中学党义教师兼训育主任检定合格者计 32 人；高级中学党义教师检定合格者计 18 人；初级中学党义教师兼训育主任检定合格者计 14 人；初级中学党义教师检定合格者计 21 人；小学党义教师兼训育主任检定合格者 13 人；小学党义教师检定合格者计 3 人；须补缴证明文件后准予合格者 2 人；共计 103 人。④ 同时，令各检定合格人员于 8 月 3 日起到检定党义教师委员会领取检定合格证书，或将报名收据寄至检定委员会，并附挂号费 3 角，以便寄发。另外，检定党义教师委员会要求检定合格者须有照片 3 张，

---

① 《分区检定党义教师》，《江苏省政府公报》，1930 年 6 月 13 日，第 463 期，第 21－22 页。
② 《江苏省检定党义教师委员会通告（第一号）》，《江苏省政府公报》，1930 年 6 月 18 日，第 467 期，第 57 页。
③ 《江苏省检定党义教师委员会通告（第一号）》，《江苏省政府公报》，1930 年 6 月 18 日，第 467 期，第 57 页。
④ 《江苏省检定党义教师委员会通告》，《江苏省政府公报》，1930 年 8 月 1 日，第 505 期，第 31 页。

并缴纳印花费，其中中学 5 角，小学 3 角，如未缴齐，须从速补缴，以便领取合格证。① 8 月 25 日，《江苏省政府公报》又公布了江苏省检定党义教师委员会检定合格的各县小学党义教师及训育主任名单，其中，小学党义教师检定合格者计 280 名，小学党义教师兼训育主任检定合格者计 134 人。②

2. 浙江省

1928 年 8 月，浙江省党部即组织开展了对中等学校党义教师、训育主任的检定。此次检定共设三个科目：三民主义、建国大纲、建国方略及第一次全国代表大会宣言，试题如下：

三民主义试题：（1）试说明"主义"之意义；（2）试分别说明民族主义、民权主义之含义；（3）构成民族的要素是哪种？（4）中国现在处在何种地位？其所以致此之原因何在？（5）民族主义具有世界性否？（6）权能分立之理由何在？政权有几种，归谁行使？治权有几种，归谁行使？（7）简单说明唯物史观与民生史观之不同；（8）试以总理的社会盈余价值论批评马克思的劳动盈余价值论之错误；（9）何谓社会政策？民生主义与社会政策之区别何在？

建国大纲试题：（1）建国大纲与三民主义的实施，其关系何在？（2）建国的程序，分几个时期？其理由何在？（3）一县的训政工作，实施到如何程度，始成为一完全自治之县？（4）一完全自治之县，县民得享有几种权？（5）平均的办法如何？（6）各县对于中央的负担，其限度不得少于该县岁收百分之十，不得加于百分之五十；各县既拥有如许款项，应做何种工作？（7）一省在宪政开始时期，中央与省的权限关系，本党对之有何种规定？（8）依建国大纲之规定，中央应设立哪五院？此五院在何种时期当完成之？（9）国民大会应于何时召集？（10）国民政府应于何时解职？解职后政权归何机关行使，治权归何种机关行使？

建国方略及第一次全国代表大会宣言试题：（1）建国方略分几部分，其相互的关系如何？（2）试举例证明知难行易之学说；（3）在计划开发国家经营事业之先，应注意几种原则？（4）试述会议之定义，及其种类；（5）辛亥革命以后，代表反革命的专制阶级者为袁世凯；其所挟持之势力，初非甚强，而革命党人反不能胜之，何故？（6）帝国主义者与军阀勾结之情形若何？其勾结的结果，使中国社会发生何种危机？（7）在民族主义的国家组织

---

① 《江苏省检定党义教师委员会通告》，《江苏省政府公报》，1930 年 8 月 1 日，第 505 期，第 31 页。

② 《江苏省检定党义教师委员会检定合格之各县小学党义教师及训育主任名单》，《江苏省政府公报》，1930 年 8 月 25 日，第 525 期，第 22－23 页。

下，其各民族间的关系若何？（8）节制资本的方法如何？（9）第一次全国代表大会宣言中扶助农工的见解如何？（10）第一次全国代表大会对于不平等条约及外债问题其所规定之政策如何？①

从试题内容分析，党义教师资格考试主要是国民党三民主义课程内容以及建国大纲、建国方略的内容，体现了国民党党义课程的意识形态本质和党化教育目的。

3. 北平市

1928年，教育部颁布的《小学暂行条例》即规定："小学教育应根据三民主义，按照儿童身心发展之程序，培养国民之基本知识技能以适应社会生活"，并将"党义"课程作为小学的必修科目。② 根据要求，北平市公私立小学纷纷设置了党义课。据新晨报记载，"自国民革命军克复北平后，宣传三民主义，不遗余力。兹闻教育当局以北平公私学校林立，自应按照各省成案，对于各级学校学生加以适当训练。特训令北平中小各学校于暑假后，除应授各课程外，每周应添授三民主义一小时，以资普及云"。③ 按照北平市教育局的规定，除普通小学外，暑期小学校也须一律增加包括孙中山先生革命史实、三民主义浅说、民权初步演习在内的党义课程；课程的教授时间每周至少2小时，并由北平市党务指导委员会训练部监督指导。④ 不仅如此，就是一般的教职员也要接受定期的党义培训。

1930年1月，北平特别市教育局特训令各市私立中小学校必须严格按照《各级学校聘用党义教师训育主任规则》聘用党义教师。《规则》规定"各级学校有不聘用合格人员充任党义教师者，一经查知，除由当地高级党部训练部函请该管教育行政机关予以处分外，并责令改聘合格人员"，"各级学校党义教师如违及党义或其他不称职守情事，应由各该校校长详录事实具函向其所属教育行政机关同级之党部训练部申明听候派员查核办理"。⑤

党义教师由专门的检定党义教师委员会检定，合格者方可上岗。检定合格之后要在所在地的党部训练部请求登记。登记时要呈验检定证书并填写登记表。检定党义教师委员会对检定者的入党时间、党证字号、所属党部、入党介绍人、历史是否"清白"都要查明，此外，检定者还要有一定的学术成果。

① 陈钊：《国民党党化教育制度研究：1924—1937》，西北农林科技大学出版社，2014年，第83-84页。
② 徐阶平：《小学教育沿革》，新亚书店，1936年，第3-5页。
③ 桑圣丽：《南京国民政府时期小学党义科述评》，《山东省农业管理干部学院学报》，2011年第5期。
④ 《北平市中小暑期学校增加党义课程简章》，《教育月刊》，1929年第1期。
⑤ 《各级学校聘用党义教师训育主任规则》，《北平特别市市政公报》，1930年第31期，第1-4页。

4. 杭州市兼杭县

1929 年，杭县国民党执行委员会训练部对杭县市各小学党义教育进行调查。调查显示党义教育实施较为欠缺，且杭县第一届检定合格之小学党义教师人数相较于党义教育的需求相差太多。随即呈请浙江省国民党执行委员会训练部核准，会同杭州市市政府教育科、杭县县政府、杭县教育局组织杭州市兼杭县成立检定党义教师委员会，进行第二届小学党义教师检定。检定党义教师委员会于 8 月 10 日正式成立，除训练部长卢伯炎、市教育科长陈纯人、县教育长洪銮为当然委员外，由县训练部聘请黄庆中、张彭年、朱叔清、李尹希、楼兆绵、胡国振等 6 人为聘任委员。

8 月 10 日下午 3 时，杭州市兼杭县第二届小学党义教师检定委员会在杭县县党部会议厅举行第一次会议。卢伯炎、洪銮、陈纯人（胡斗文代）、张彭年、黄庆中、朱叔清、李尹希、楼兆绵等 8 人与会。会议对党义教师检定的各事项进行讨论，最终议决事项如下：（1）推定卢伯炎担任常务委员；（2）由县党部派员负责，遇必要时得请市教育科、县教育局派员协助办理；（3）委员会的经费及预算案由县市政府平均支拨，暂定广告费 30 元，印刷费 20 元，纸张笔墨费洋 15 元，杂费洋 15 元正；（4）规定报名时间为 8 月 12 日至 19 日，地点在杭县县党部训练部，检定日期为 8 月 21 日，地点在法政学校；（5）议决通过《杭州市兼杭县小学党义教师检定须知》；（6）议决由全体委员共同负责审查资格；（7）关于检定试题的拟定，议决孙文学说、建国大纲用问答题，民权初步、三民主义用测验题；孙文学说推朱叔青拟，民权初步推胡国振拟，建国大纲推楼兆绵拟，三民主义推张彭年拟；（8）检定时间安排为：上午 8 时至 10 时，试孙文学说、民权初步；10 时至 12 时，口试；下午 2 时至 4 时，试建国大纲、三民主义；4 时至 6 时，口试；（9）议决试卷应密封；（10）议决三民主义、孙文学说各 30 分，建国大纲、民权初步各 20 分为合格；（11）规定检定合格证书格式照第一届格式修正通过；（12）函市政府、县政府教育局通令各小学不得聘任未检定合格之党义教师及训育主任。[①] 根据以上规定及计划，杭州市及杭县党义教师检定工作逐渐展开。

8 月 12 日，党义教师检定考试开始报名，报名地点为青年路杭县县党部训练部。根据检定党义教师委员会所定《杭州市兼杭县小学党义教师检定须知》，"受检定者须具备下列二项资格：中国国民党党员；合于本市县教育行

政机关所规定之教师资格者（凡合于上列两项资格者均得接受检定，不限于现任教师及服务地点）；报名时应缴党证、照片4张（二寸半身）、毕业证书或其他证明文件、志愿书（向检定党义教师委员会索取照填）、履历书"。①

19日，报名截止。20日上午9时，检定党义教师委员会召又于杭县县党部会议厅召开第二次会议，更为细致地规定了检定考试事宜，主要内容有：（1）审查报名检定人员的资格；（2）规定了口试试验标准，为党义、经历、态度三个方面；（3）推定楼兆绵、朱叔青、卢伯炎等3人担任口试委员；（4）推定洪鏊、胡斗文等2人担任监试委员；（5）重行规定笔试、口试时间，上午8时至12时为笔试，下午3时至5时为口试。②

21日，党义教师检定开始，采取笔试、口试两种方式。22日下午2时，检定党义教师委员会举行第三次会议。经评定，分数计及格者13人，不及格者3人，评定标准以笔试分数及口试成绩决定。会议还讨论规定"凡及格应补具手续者在手续未补具以前，不发给证书；关于该次检定及格人员函请市县教育行政机关通令各小学校尽先任用"。③

5. 广州特别市

1934年，广州特别市对小学训育人员、党义教师进行检定，检定结果为：登记高中训育主任审查合格者6名，检定高中训育主任考试合格者27名；登记高中党义教师审查合格者5名，检定高中党义教师考试合格者7名；登记初中训育主任审查合格者1名，检定初中训育主任考试合格者2人；登记初中党义教师审查合格者3名，检定初中党义教师考试合格者6名；登记小学党义教师审查合格者57名，检定小学党义教师考试合格者6名。④

6. 上海市

1929年，遵照中央党部颁布的党义教师检定规程，由上海市党部执行委员会训练部会同市教育局组织第三届党义教师检定委员会，办理中小学党义教师检定事宜。

6月6日，上海市党义教师检定委员会召开第二次委员会，到委员陈德征、童行白、潘公展、杨嘉椿、朱翊新、吴开先、周斐成、张庸等，由童行白任主席，议决事项如下：（1）党义教师检定标准及资格：中等学校党义教

① 《杭州市兼杭县小学党义教师检定须知》，《训练特刊》，1929年第3期，第5—6页。
② 《杭州市兼杭县第二届小学党义教师检定委员会工作概况》，《训练特刊》，1929年第3期，第3—4页。
③ 《杭州市兼杭县第二届小学党义教师检定委员会工作概况》，《训练特刊》，1929年第3期，第5页。
④ 《广州特别市中小学校训育人员、党义教师检定委员会检定合格人员一览表》，《茂名县政季刊》，1934年第4期，第85—86页。

师的检定，以高中、初中折中程度为标准；中等党义教师受检定的资格，以初中为标准。（2）决定试卷方式，用密封方式。（3）推定杨嘉椿为起草试场规则负责人。[①]

9月8日，上海市教育局在敬业中学举行第三届中小学党义教师检定。[②] 10月底审查告竣，及格者计高中资格311名，初中资格215名，小学资格302名。[③]

对于党义教师的检定是民国时期教师检定制度中比较特殊的存在。国民党在普通教师检定制度的基础上，逐渐建立起一套较为完整的党义教师检定制度。党义教师的检定由中央、省、市、县等各级国民党执行委员会训练部与各级教育行政机关共同组成检定党义教师委员会，在每学期开学前进行。按规定，全国各级学校的党义教师必须一律接受检定。受检定的党义教师须为国民党党员，同时还要有各该地教育行政机关所规定的教员资格。尽管对党义教师资格的要求不断调整，对党务经历和学历的要求不断降低，但是国民党党义教师资格检定制度并不成功，"教师资格检定的现实状况是，学历要求高则无人问津，'党历'要求高，教育效果不免大受影响，二者兼备，更是难乎其难。因此，党义教师不免泥沙俱下，党义课程的教学水平也不敢恭维。至此可以看出，党义教师资格之检定并没有取得预期效果，其借此进行思想控制的企图并没有实现"。[④]

总之，随着时代的发展，许多有识之士已充分认识到教育对于国家发展的重要性，南京国民政府试图通过教员资格检定制度提高师资素质从而推动教育的发展。相较清末民初，南京国民政府期间对于中小学教员的任职资格标准的制定更加详细。在师资严重短缺的条件下，对教师的检定，无疑是提升师资素质、增加师资数量的好办法。但南京国民政府时期所定的教员检定办法及教员检定的具体实施，并未能根本改善当时的师资。首先，关于教师检定的一系列法令虽经颁布，却大多未能得到认真执行。无论是中等学校教员检定还是小学教员的检定，各地在实施检定的过程中，基本不能落实制度的要求。此外，教师检定作为调整师资的重要措施，为充分发挥检定的实效，"对于未受检定者，必须从严限制，不予任用或不予同等待遇，否则检定将毫无意义，将来不特无人愿受检定，即有人愿受检定，亦等于多此一

---

① 《党义教师检定委员会会议》，《上海党声》，1929年6月10日，第14期，第4版。
② 《市教育局举办第三届中小学党义教师检定》，《上海市政公报》，1929年9月30日，第32期，第78页。
③ 《党义教师审查告竣》，《上海市教育局教育周报》，1931年第137期，第3页。
④ 陈钊：《党义教师之检定》，《教育评论》，2008年第6期，第154－157页。

举，故检定之前，应有取缔不受检定者之办法，检定以后，对于合格与不合格者，应分别定其待遇。如此，庶几可使师资检定办法顺利推行，发生实效"。① 但是，由于师资严重缺乏，故各地在检定后，不得不降低教员的录用标准。

其次，教育经费不足的影响。客观来说，国民政府对教育的发展倾注了一定的心力，但是，教育经费的不足一直困扰着民国教育的发展。由于近代以来教育经费严重不足，一直以来中小学教员的薪资都相当微薄，生活艰难。"为养家糊口，许多人改行去做生意，有的甚至走出小学教员短训班就奔下层政府机关去做小官了，留下来的大都是蓬头垢面、破衣烂衫、上了年纪的人。因为人手少，他们常常一个人要应付几个班级的国文、史地、算术等全部课程，课后还要担起工友、伙夫的职责"，"穷苦的教师住在破庙里，与乞丐没有什么两样"。② 为增强小学教师职业的吸引力，北平特别市1929年10月颁布了《北平特别市公立小学校校长教员俸给暂行标准》，增加了小学教职员的俸给额度。《标准》将小学校长、教员的薪级分为十四个等级，如表5.18所示。

表5.18　北平市校长及教员俸给分级表③

单位：元

项别	级别	一级	二级	三级	四级	五级	六级	七级	八级	九级	十级	十一级	十二级	十三级	十四级
校长	完全小学校薪额	105	100	95	90	85	80	75	70	65	60	55	50	45	40
校长	初级小学校薪额	100	95	90	85	80	75	70	65	60	55	50	45	40	35
教员	级任教员薪额	95	90	85	80	75	70	65	60	55	50	45	40	35	30
教员	科任教员薪额	90	85	80	75	70	65	60	55	50	45	40	35	30	25

与此前的小学教职员薪金额度相比，同等级别的教职员都增幅不小，有的甚至超过一倍以上。同时，北平市还颁布了《北平特别市公立小学教职员增薪办法》，规定：完全小学校（即含有高小与初小两级的小学）校长每人

① 刘真：《教育行政》，中华书局，1946年，第168页。
② 刘国平，等：《师典》，上海人民出版社，2004年，第467页。
③ 《北平特别市公立小学校校长教员俸给暂行标准》，《教育月刊》，1929年第4期。

于原薪外一律增加 15 元，初级小学校校长每人于原薪外一律增加 10 元；教员按照在一校任职年数分为四级，分别增加 45 到 65 元不等；现任事务员一律每人每月增加 5 元，此后延聘的事务员月薪 20 元，满三年后月薪 23 元，满五年后月薪 25 元。① 但是，教师职业的薪金的提高虽吸引了部分人员从教，不过，相对于教育发展的需求却依然只是杯水车薪。

另外，从整体上而言，国民政府首重的乃是高等教育，这一点从教育经费的分配方面即可看出。民国时期的教育经费本不充足，而中央教育经费的预算又大半用于了高等教育的维持上。据统计：其时"每学生每年所估之教育经费，在初等小学校为 3.5 元至 4 元，高等小学校为 17 元，在初高级中等学校约达 60 元，而在高等学校则升至 600 元至 800 元，教育经费用于小学生及一大学生之差数，在欧洲各国尚未超过 1∶8 或 1∶10，在中国则达 1∶200"。② 在中小学与大学的经费分配如此悬殊的情况下，中小学教员与大学教授的待遇也失去平衡。在同时期的欧洲小学教师与大学教授薪金之比为 1∶3 或 1∶4，而在中国中小学教师与大学教授薪金之差，则有 10 倍到 20 倍。③ 经费的不足影响了中小学教师职位的吸引力，影响了中小学教员检定制度的落实，并最终影响了小学教育的进一步发展。

此外，南京国民政府时期，军阀林立、政局动荡、灾害频发，这对教育的发展及教师检定制度的落实产生了巨大影响。特别是在全面抗战爆发后，由于日本帝国主义的侵略，教育也转入战时状态，随着局势的恶化，检定制度的实施就更加困难了。在解放战争时期，国民政府更是无暇他顾，检定制度的实施效果可想而知。总的来说，民国时代是中国步入现代国家的开始，作为国家基石的教育也处于摸索阶段，虽然存在缺点与不足，但它与我们当前的教育具有相继性，为今天教育的发展提供了一定的借鉴。近代教育在发展中虽然步履艰难，但毕竟迈出了中国近现代教育的第一步。

---

① 《北平特别市公立小学教职员增薪办法》，《教育月刊》，1929 年第 4 期。
② 永年：《从教育经费问题谈到北平市教育费》，《时代教育（北平）》，1933 年第 1 卷第 2 期。
③ 永年：《从教育经费问题谈到北平市教育费》，《时代教育（北平）》，1933 年第 1 卷第 2 期。

结语
近代中国中小学教员资格检定制度的启示

　　近代中国中小学教员资格检定制度是旧中国教育制度改革的一项重要内容，是通过提高师资水平进而提高教育质量、实现教育救国的制度探索。教员资格检定制度源于西方，于西学东渐之际落地我国，在不同时期政府颁布了关于教员检定的法令法规，可是由于国家整体发展水平落后，百年中国多逢乱世，制度的生成和实施之间产生了巨大落差。教育作为人类社会永恒的现象，在人类文明传承中作用重大，在近现代国家中更被赋予"救国兴邦"的使命，教员资格检定制度作为关系师资质量的微观制度，是现代教师教育改革的重要内容。以史鉴今，对近代中国中小学教员资格检定制度的反思是必要的。

一、教员资格检定制度的实施与国家整体发展状况息息相关

　　近代中国中小学教员资格检定制度肇始于清末，分析百年前的制度文本可以看出，一系列教员检定制度对教员资格内容要求、检定组织、检定过程、资格证管理等都有明确要求，然而制度的生成与实施之间尚有很大的距离。"从教育制度自身的发展逻辑来看，中国教育近代化的主题，是通过学习外国先进的制度和经验，建立一个适合中国国情的近代化教育体系。"① 近代教育制度经历了先学日本再学美国的转变，之后才逐渐开始了结合中国实际的本土探索。教师资格检定制度同样经历了这样一个过程。教师资格制度是建立在一个国家政治经济发展水平的基础上的，不考虑国情，完全舶来的制度难以落地生根，最终在实施的过程中会漏洞百出。任何制度均需要本土化，教员资格检定制度源于日本、美国等国家，当被有识之士引进并移植到千疮百孔风雨飘摇的旧中国后，制度失范是不可避免的结果，因为教育必须

---

　　① 于述胜：《中国教育通史》，北京师范大学出版社，2013年，导言第5页。

植根于社会的现实土壤。

近代中国中小学教员资格检定制度经历了清末、北洋政府、南京国民政府三个阶段。每个阶段，社会都处在战乱、政权更迭动荡中，整个时代也处于新旧思想的交替中，传统旧制与西方引进的新学在斗争中交锋。教育作为一种社会活动在其中承载了太多的不可承受之重，政治上它被作为斗争工具，经济上它被作为西方工业文明时期在国家存亡之际"师夷长技以制夷"的有力武器，文化上它被赋予更复杂的使命，旧制度的守护者希望它传承旧文化，新思想的开拓者希望它革新社会积弊。在各种因素的相互斗争和纠缠中，教育成为政府紧抓不放的一件大事。中小学教员资格检定制度就是在清末新政广修新学、开启民智的背景下出台的，后来历经半个世纪的发展，这项制度只是在某些方面做出调整，并没有改变其出台伊始的基本范式。

中小学教员资格检定制度在实施的过程中遇到很多问题。比如申请教员资格检定的人数稀少，或者申请者中检定合格者少，或者在最终考试日期真正应试的人数少，最普遍的情况是中小学教员整体情况堪忧，师资数量和质量都没有达到要求，面对这样的现实，不同地区根据各自情况都做出了权宜之计的调整。可是无论怎么"降格"，教员资格检定的制度初衷与制度实践之间还是有巨大落差，即使在教育一向比较发达的地区，比如江浙，制度实施与制度目标仍然存在很大的鸿沟。这是因为，教员资格检定制度是建立在社会政治经济发展水平基础之上的，教育发展需要稳定的政治经济基础，在政治动荡、经济凋敝的社会，教育是一种奢侈品，国力衰微之际不会有更多力量发展教育。学校发展规模、办学质量、教师地位和待遇都难以保障。近代中国教员特别是小学教员收入微薄，尽管政府多次发文改善教员待遇，但是一个社会呼吁的恰恰是这个社会缺失的，很多小学教员由于无法养家糊口而弃教，教师职业没有吸引力就难以落实教员资格检定制度。加上社会的动荡导致师范教育、高等教育培养的人数有限，符合教员资格检定要求的人数也很少，最终规范的制度只能在实践中失范。

中小学教员资格检定制度建立在国家政治经济发展的基础上，建立在各级各类教育全面发展的基础上。没有国家强大，没有政治稳定和经济的发展，就不会有教育的发展，教师资格认证制度也就难以彻底落实。还有，教育制度的本土化也是我们一直需要考虑的问题，西方引进的所有制度理念不能照搬，要有本土化的意识，否则即使如法炮制也会水土不服，最终难以实施。教师资格认证制度在不同的时期都有来自国外的经验，适当借鉴的同时兼顾传统和现实的本土意识是必要的，这方面历史已经有了很多的教训。

二、近代中小学教员资格检定制度为当下教师资格政策提供了基本制度范式

近代中小学教员资格检定制度尽管在内容和实施方面有很多局限性，但是作为一项教育制度，它在教员资格内容、检定组织和检定方式、检定内容、检定过程和资格证管理等方面为后来的教师资格政策改革提供了初步范式，为教师教育改革提供了历史参照。

教师资格检定的依据是什么？近代中小学教员资格检定的内容最根本的依据是教师职业素养，直接依据则是师范教育课程标准。教师职业素养、师范教育培养目标和课程标准、教师资格检定这三者之间的匹配关系在近代中小学教员资格检定制度中获得比较明确的体现。百年前确立的中小学教员检定制度在后来半个世纪的时间里，在不同时期稍有变化，但是基本没有做出太大调整，其检定内容一直以师范教育课程标准为根基，在检定科目、检定形式和要求上围绕师范教育培养目标和课程目标设计，这种资格检定与资格培养的一致性，不仅仅满足了简单的逻辑自洽，更重要的是体现了对师范教育的信念，坚信师范教育对教师培养的科学性和规范性，坚信师范教育能够培养合格的教师。师范教育经历是近代教员资格检定的一个基本条件，在某些时期，凡是有师范教育毕业证书者直接享有免于检定的权利。近代师范教育在课程设置、培养模式方面积累了宝贵的百年师范传统，为后来师范教育的发展提供了经验。

近代教师资格证的有效期制度为今天对教师资格进行动态管理提供借鉴。教师作为专业性职业，应该有不断的研究做基础，专业资格证不应该是一劳永逸的。近代不仅对资格证期限提出要求，而且通过讲习科（会）等形式为教师职后培训提供条件。为了救济师资匮乏的现实，对达不到教师资格要求者通过培训进修的形式提升其素质。对职后教师培训的考核制度也为今天在职教师培训评价提供参考。当下教师培训普遍低效，原因在于缺乏有效的评价机制，民国教师培训后通过成绩考核，不合格者要承担培训成本甚至被惩罚，这避免了培训流于形式。

我国的教师教育进入新的世纪，其办学模式和培养模式已经发生了很大变化。比如将近一个世纪前讨论的师范教育大学化问题、师范教育独立性问题、师范教育的学术性和师范性之争等，在今天仍然是问题，只不过问题的背景发生了变化。今天的教师教育已经走向开放，"师范办在大学中"已经

是教师教育面临的现实。与此同时，教师资格政策也逐渐发生变化。从师范生免于教师资格证考试到今天所有申请教师资格的人都要参加国家教师资格考试，教师资格政策处于不断调整中，这种动态改革说明作为教育政策的教师资格制度与教育发展对教师职业需求、教师专业化水平、教师职业的社会地位、教师培养方式等都有千丝万缕的关系，根据不同时期的特点做出调整是必要的。

近代中小学教员检定组织、检定过程的规范性和专业性为今天教师资格考试提供了可借鉴思路。当下教师资格考试过程中，在命题设计、考试组织等过程中都体现了良好的专业性，不同类型教师资格考试内容、方式等都体现了各自特点，但是某些环节尚需规范，比如面试考官的专业性、考试组织的专业性及后续评阅试卷的规范性等，尚需进一步加强。

另外，我国当下教师教育课程改革与教师资格考试之间的关系尚存疏离，二者之间的匹配关系需要在理论研究和实践改革中加强。有的高师院校为了教师资格考试而在教师教育课程设置中加强应试，忽视了教师教育本身的价值，降低了学生专业情感体验，这背离了教师资格政策改革的初衷。如果一味地迎合教师资格考试，势必影响教师教育课程质量，为了解决这个问题，应提高教师资格考试内容与教师教育课程标准匹配程度，资格考试内容要充分体现教师教育课程标准。教师资格审查要严格按照教师专业素养要求，在学历、师范教育经历、专业知识和专业能力、教学经验、专业道德等方面严格要求，这样才能保证教师资格考试的信效度。近代中国中小学教员资格检定制度在资格内容要求和资格审查方面提供了思路，其重视师范教育经历、重视教学经验、重视教员综合素养的检定内容，皆是值得借鉴的经验。

三、近代中国教师资格制度与师范教育紧密相关

从民国教员资格检定要求、检定的具体内容分析，民国教员资格检定制度与近代师范教育紧密关联。

（一）民国中小学教员资格检定特别重视师范教育经历

从民国时期各个阶段出台的有关教员资格检定规程来看，师范教育文凭或免于资格检定，或为无试验检定的条件。民国时期对小学校长的要求较普通教员更高，其必须有师范教育经历或作为合格教员服务两年以上。20世纪30年代以后，师范教育体系基本形成，在课程标准、训育制度、实习制度、

招生制度等方面形成了标准化的制度体系，师范教育质量作为中小学教员质量的重要保障已经被认可，在小学教员资格要求中，师范教育经历作为首要资格，具有师范教育经历者无需经过检定。中小学教员资格对师范教育经历的重视说明了社会对师范教育功能和质量的认可，也是社会对教员职业训练必要性的认同。

（二）民国教员资格检定内容依据师范教育课程标准

民国教员资格检定内容基本依据师范教育课程标准。教员资格考试科目依据当时的师范教育课程设置，具体考试内容亦依据该科目的课程标准。这体现了当时的制度设计主体对培养教师的师范教育的充分认可和尊重，即使当时没有今天的师范专业认证制度，但师范教育培养师资的权威依然被普遍认可，教员资格检定内容充分体现了师范教育课程标准。

见习、实习在师范教育课程结构中占了很大比例，而且见习、实习作为实践性课程具有明确的课程标准。根据这个课程标准，民国中小学教员资格检定内容重视教学实践经验，除了对学历的要求，实践经验是重要指标。由于当时师范教育难以提供社会需要的师资数量，资格检定制度规定学历不达标者以实践经验作为补充，这种对教师资格申请者的实践经验的要求，既是教师知识特质的体现，又体现了师范教育课程标准对教师的要求。

民国中小学教员检定内容对身心和道德品质皆有明确要求，这体现了师德在教员任职资格中的重要性。职业道德是现代社会对专业性职业的基本要求，是作为专业的职业的重要特质。近代教员资格对师德的要求，体现了教师资格的专业化趋向。民国师范教育课程标准中对师范生道德素养有明确要求，民国政府公布的有关师范教育的法律法规，对师德素养及其训育皆有涉及。师范院校对师德的培育以国家颁布的训育制度为基础，对师范生的道德教育在当时民国政府颁布的系列法令法规基础上，通过训育完善其师德。民国师范教育在训育实践方面积累了丰富的教育遗产，为后来师范教育的师德养成教育提供了可借鉴的资源。

（三）教师资格证书应该有对师范教育经历或者教育实践经验的要求

教师资格证书作为一种行业入职证书，师范教育过程该不该是获得此证书的必要条件？这是一直有争议的问题。在教师数量没有满足社会需求的情况下，对教师职业资格的要求无法苛责，在制度设计时采取"宽容"原则吸引有志从教的人通过考试获得证书即可任教，但是在教师数量已经基本饱和，追求教师专业内涵发展的情况下，对教师职业资格的要求显然不能仅仅限于通过考试获得证书，证书获得的条件应该加上"具有师范教育的经历或者教育实践的经历"。为什么教师职业资格要强调师范教育经历或者教育实践经历？最根本的原因在于教师知识的特质。教师知识结构至少包括两个维度，关于任教学科的知识和关于如何教的知识，前者通过"学"而获得，甚至可以是自学，后者必须通过"习"而获得，也就是没有经过训练和实践，在教室里无法关起门来教出来，而是必须在讲台上练出来，合格教师的培养必须经过任教学科的知识教育和如何教的知识的训练，也正是在这个意义上说，教师是"双专业"，没有"如何教"的师范教育过程，教师的专业特质就是可疑的。师范教育经历除了给师范生两种知识的学习和训练，还有很重要的功能，就是培养师范生专业情感，塑造师范生专业道德。情感的培养和道德的训练是师范教育的重要目标，没有师范教育经历，难以实现专业情感认同和师德规范。如果不经过师范教育，而仅仅通过考试就能成为教师，那教师的专业性又从何而来？退而求其次，即使在开放的教师招考条件下，为给有志从教者实现教师职业理想的机会，也应该加上"实践教育经历"作为资格证获得的必要条件，而不仅仅是一场考试就能让从来不曾接触教育场景的人直接登上讲台。

我国教师资格考试一直在改革中不断完善，教师资格考试的专业性不断提高。教师资格考试在国家考试类型中成为越来越引人关注的"国考"，报考人数不断增加，这说明教师职业的社会声望不断提升，教师职业逐渐成为越来越吸引人从事的职业，社会对教师的需求已经基本从追求数量满足到追求质量提升的阶段，因此接下来应该思考的问题是，如何提高教师职业资格考试的信效度，如何通过改革教师职业资格制度来提升教师专业水平。目前我国教师资格考试仍然重在通过知识考核获取证书，每年有大量没有接受过师范教育的人员通过教师资格证考试入职，他们的素质结构中严重缺少教育专业素养，他们只通过记忆背诵一些教育知识就通过教师资格考试，其作为教师的专业情感和专业道德素养难以通过考试予以评价。虽然师范教育也未必能够很好地成就师范生的"师范性"，但是没有师范教育的经历，其"师范性"的缺失则不可避免。

在今天开放的教师教育环境下，如果师范教育不是从事教师职业的必要条件，那么根据民国教师职业资格检定的历史经验和教师专业特质，在教师资格检定内容上尽力遵照教师教育课程标准，在检定资格要求上增加教育实践经验的内容，则是当下教师资格制度改革的必要选择。

主要参考文献

一、图书

1. 李友芝，等：《中国近代师范教育史资料》，北京师范学院内部交流资料，1983 年。

2. 舒新城：《中国近代教育史资料》，人民教育出版社，1981 年。

3. 宋恩荣，等：《中华民国教育法规选编》，江苏教育出版社，2005 年。

4. 毛礼锐，沈灌群：《中国教育通史》（第 5 卷），山东教育出版社，1989 年。

5. 璩鑫圭，等：《中国近代教育史资料汇编》，上海教育出版社，1994 年。

6. 于述胜：《中国教育制度通史》（第 7 卷），山东教育出版社，2000 年。

7. 陈学恂：《中国近代教育史教学参考资料》，人民教育出版社，1987 年。

8. 李桂林，等：《中国教育史资料汇编·普通教育》，上海教育出版社，2007 年。

9. 李国钧，等：《中国教育制度通史》，山东教育出版社，2000 年。

10. 李华兴，等：《民国教育史》，上海教育出版社，1997 年。

11. 熊明安：《中华民国教育史》，重庆出版社，1997 年。

12. 于述胜：《中国教育通史》，北京师范大学出版社，2013 年。

13. 舒新城：《中国教育思想史》，大东书局，1946 年。

14. 孙邦正：《六十年来的中国教育》，台湾正中书局，1971 年。

15. 徐阶平：《小学教育沿革》，新亚书店，1936 年。

16. 北平市政府秘书处第一科统计股：《北平市统计览要》，1936 年。

17. 董宝良：《中国教育史纲（近代之部）》，人民教育出版社，1990 年。

18. 金林祥：《中国教育通史·清代卷（下）》，北京师范大学出版社，2013 年。

19. 王坦：《山东考试通史》，山东教育出版社，2011 年。

20. 璩鑫圭，唐良炎：《中国近代教育史资料汇编·学制演变》，上海教育出版社，1991 年。

21. 李超英：《中国师范教育论》，商务印书馆，1938 年。

22. 刘婕，谢维和：《栅栏内外——中国高等师范教育百年省思》，北京师范大学出版社，2002 年。

23. 李国钧，王炳照：《中国教育制度通史》（第 7 卷），山东教育出版社，2000 年。

24. 《第一次中国教育年鉴》，上海开明书店，1934 年。

25. 《第二次中国教育年鉴》，商务印书馆，1948 年。

26. 张达善：《师范教育的理论和实际》，商务印书馆，1947 年。

27. 舒新城：《我和教育：三十五年教育生活史》，中华书局，1945 年。

28. 中国第二历史档案馆：《中华民国史档案资料汇编（第五辑）·第一编教育（二）》，江苏古籍出版社，1997 年。

29. 朱有瓛：《中国近代学制史资料》，华东师范大学出版社，1993 年。

30. 陈钊：《国民党党化教育制度研究：1924—1937》，西北农林科技大学出版社，2014 年。

31. 梁漱溟：《中国文化要义》，学林出版社，1987 年。

32. 俞子夷：《一个乡村小学教员的日记》，商务印书馆，1927 年。

33. 方健华：《嬗越与创新：中国百年师范教育传统与现代意蕴》，南京大学出版社，2011 年。

34. 张季信：《地方教育行政》，南京书店，1934 年。

35. 文明国：《舒新城自述》，安徽文艺出版社，2013 年。

36. 汤志钧，陈祖恩：《中国近代教育史资料汇编》，上海教育出版社，1993 年。

37. 北平特别市教育局第三科：《北平特别市初等教育统计（民国十七年度）》，1929 年。

38. 海淞，等：《云南考试史》，云南人民出版社，2012 年。

39. 陈光春：《生成与失范：民国时期中学教师管理制度研究（1912—1949）》，华中科技大学出版社，2016 年。

40. 刘英杰：《中国教育大事典》，浙江教育出版社，1993 年。

41. 璩鑫圭，等：《中国近代教育史资料汇编·实业教育·师范教育》，上海教育出版社，2007 年。

42. 王维新，等：《中国百年师范教育图志》，上海辞书出版社，2009 年。

43. 贾丰臻：《师范学校论》，商务印书馆，1915 年。

44. 罗廷光：《师范教育》，正中书局，1940 年。

45. 马啸风：《中国师范教育史》，首都师范大学出版社，2003 年。

46. 田正平，等：《世纪之理想——中国近代义务教育研究》，浙江教育出版社，2000 年。

47. 熊贤君：《千秋基业——中国近代义务教育研究》，华中师范大学出版社，1998 年。

48. 崔运武：《中国师范教育史》，山西教育出版社，2006 年。

49. 刘问岫：《中国师范教育简史》，人民教育出版社，1984 年。

50. 吴洪成：《中国小学教育史》，山西教育出版社，2006 年。

51. 邓菊英，李诚：《北京近代小学教育史料》，北京教育出版社，1995 年。

52. 杨学为，等：《中国考试制度史资料选编》，黄山书社，1992 年。

53. 廖世承：《中学教育》，商务印书馆，1947 年。

54. 王炳照，阎国华：《中国教育思想通史》，湖南教育出版社，1994 年。

55. 钱曼倩，金祥林：《中国近代学制比较研究》，广东教育出版社，1996 年。

56. 刘问岫：《当代中国师范教育》，教育科学出版社，1993 年。

57. 朱有瓛，等：《中国近代教育史资料汇编·教育行政机构及教育团体》，上海教育出版社，1993 年。

58. 陈学恂：《中国近代教育文选》，人民教育出版社，1983 年。

59. 霍益萍：《近代中国的高等教育》，华东师范大学出版社，1999 年。

60. 刘英杰：《中国教育大事典（1840—1949）》，浙江教育出版社，2001 年。

61. 王伦信：《清末民国时期中学教育研究》，华东师范大学出版社，2002 年。

62. 夏晓虹：《梁启超文选》，中国广播电视出版社，1992 年。

二、学位论文

1. 冯卫斌：《清末民国时期我国小学教师在职培训研究》，北京师范大学博士学位论文，2002 年。

2. 周宁之：《近代中国师范教育课程研究》，湖南师范大学博士学位论文，2003 年。

3. 刘瑜：《我国教师资格证书制度研究》，首都师范大学硕士学位论文，2006 年。

4. 黄飙：《民国时期义务教育师资培养与管理研究》，东北师范大学硕士学位论文，2007 年。

5. 王向文：《民国时期湖南师范教育研究》，湖南师范大学博士学位论文，2009 年。

6. 张汶军：《教师专业化的初步尝试：民国后期小学教师检定的定制与实践》，华中师范大学硕士学位论文，2009 年。

7. 汪丞：《理想与现实——中国近代小学教师任用制度研究》，华中师范大学博士学位论文，2009 年。

8. 陈少国：《民国时期小学教师资格检定制度研究》，北京师范大学硕士学位论文，2009 年。

9. 范星：《民国时期山东小学教员检定研究》，山东师范大学硕士学位论文，2010 年。

10. 杨文海：《壬戌学制研究》，南京大学博士学位论文，2011 年。

11. 韦潇梅：《江苏省小学教师考核制度研究》，北京师范大学硕士学位论文，2011 年。

12. 刘岩：《民国时期中小学教师资格检定制度及其实施研究》，北京师范大学硕士学位论文，2011 年。

13. 杨红兰：《清末民初直隶师范教育研究（1902—1922）》，河北大学硕士学位论文，2012 年。

14. 张德忠：《异质的移植与内化：民国时期北京地区的师范教育》，首都师范大学博士学位论文，2013 年。

15. 魏莹：《民国时期乡村师范教育研究》，东北师范大学硕士学位论文，2013 年。

16. 徐广丽：《民国时期普通中学教师管理制度变迁研究》，南京师范大学硕士学位论文，2013 年。

17. 胡文静：《民国时期乡村师范学校健全人格养成》，浙江师范大学硕士学位论文，2015 年。

18. 段彪瑞：《民国山西师范教育研究》，山西大学博士学位论文，2016 年。

19. 李刚：《1928—1937 年的河南师范教育研究》，安徽大学硕士学位论文，2017 年。

20. 霍东娇：《中国百年师范教育制度变迁研究》，东北师范大学博士学位论文，2018 年。

21. 曹彦杰：《师范为何下乡：民国时期乡村师范教育的兴起》，华东师范大学博士学位论文，2018 年。

22. 燕蕾：《近代学制背景下我国高等师范教育人才培养研究》，西华师范大学硕士学位论文，2018 年。

三、期刊论文

1. 石静：《民国初期的师范教育》，《广西社会科学》，2003 年第 7 期。

2. 胡艳：《民国时期综合大学参与教师教育的特点》，《教育学报》，2006 年第 6 期。

3. 俞启定，杨瑾：《关于中国教师资格的历史考察》，《河北师范大学学报（教育科学版）》，2009 年第 7 期。

4. 张旸：《中国百年教师教育政策的演变及特点》，《河北师范大学学报（教育科学版）》，2011 年第 4 期。

5. 李进江：《民国时期小学教师资格制度的考察及启示》，《教师教育研究》，2012 年第 3 期。

6. 孟鑫：《中国近代中学教师资格制度的考察及启示》，《现代教育论丛》，2014 年第 3 期。

7. 熊贤君：《民国时期中小学教师与训育》，《河北师范大学学报（教育科学版）》，2015 年第 6 期。

8. 李汉平，邱均平：《民国时期中小学教师的考核制度》，《高教发展与评估》，2015 年第 5 期。

9. 曾煜：《民国时期综合大学的教师教育研究》，《中国成人教育》，2015 年第 5 期。

10. 曲铁华，苏刚：《民国时期乡村师范教育制度变迁的内在逻辑与当代启示》，《教育科学》，2015 年第 6 期。

11. 施扣柱：《民国时期上海教师管理制度述略》，《史林》，2015 年第 3 期。

12. 霍东娇，曲铁华：《清末至民国时期师范学校教师聘任政策的历史审视》，《中南大学学报（社会科学版）》，2016 年第 5 期。

13. 刘海燕，孙杰：《1912 年—1927 年山西初等小学教师培养机构及资格检定研究》，《史志学刊》，2017 年第 3 期。

14. 刘海燕，孙杰：《我国教师资格制度的历史变迁》，《现代教育科学》，2017 年第 7 期。

15. 林钧，蔺艳娥：《近代中国教师检定机构专业性发展路径分析》，《教育评论》，2018 年第 6 期。

16. 胡金平：《暑期学校与民国中小学教师专业培训》，《教师发展研究》，2018 年第 2 期。

17. 程思辉，代小芳：《民国时期著名中学的管理特色初探》，《教育理论与实践》，2018 年第 2 期。

18. 刘海燕，孙杰：《民国时期山西小学教师的聘任制度研究》，《社科纵横》，2017 年第 7 期。

19. 高盼望：《民国乡村教师生命形态探微》，《教师发展研究》，2017 年第 2 期。

20. 张松祥：《民国时期师范生教育实践考察与当代启示》，《当代教育科学》，2017 年第 5 期。

四、近代报纸杂志

1.《教育杂志》

2.《教育公报》

3.《申报》

4.《江苏教育》

5.《闽政月刊》

6.《四川月报》

7.《教育周报》

8.《教育通讯》

9.《中华教育界》

10.《福建师范》

11.《京师教育报》

12.《东方杂志》

13.《浙江教育》

14.《江苏省教育厅公报》

15. 《江苏省政府公报》

16. 《北平教育》

17. 《教育月刊》

18. 《时代教育》

19. 《教育论文摘要》

20. 《福建教育》

21. 《教育时报》

22. 《浙江省政府公报》

23. 《北平市市政公报》

24. 《上海市政府公报》

25. 《中央周报》

26. 《上海市教育局教育周报》

后 记

　　本书是教育部人文社会科学研究规划基金项目"民国时期我国中小学教员资格检定制度研究（1912—1949）"（14YJA880059）的研究成果。本项目研究范围最初拟定在民国时期（1912—1949），后来在研究过程中发现，整个民国时期中小学教员资格检定制度皆是建立在清末基础之上，清末新政以来特别是新学制以来的中小学教员资格检定制度为我国近代教师资格检定奠定了基本制度范式。鉴于此，本书的重点研究仍为民国时期，但是将研究范围界定为清末以来的整个近代。

　　本书导言、第一章、第二章、第三章由申卫革撰写，第四章由申卫革、申海涛合作完成，第五章由申海涛撰写，全书由申卫革统稿和校对。

　　感谢本书所有参考文献的编著者，感谢你们为本书提供了重要的研究基础；感谢河南理工大学米卫娜老师在本书写作过程中贡献的智慧；感谢扬州大学教科院薛晓阳、陈秋苹、潘洪建、翟楠等各位领导和老师的无私帮助；特别感谢江苏大学出版社米小鸽老师一如既往的督促、理解和支持。

　　本书的出版获得教育部人文社会科学研究规划基金和扬州大学出版基金资助，一并致谢。

　　由于作者研究能力和精力所限，书中缺点甚至错误难免，恳请读者批评指正。

申卫革
2018 年 12 月